W0177641

Thomas Junker

DIE VERBORGENE
NATUR DER LIEBE

Thomas Junker

DIE VERBORGENE
NATUR DER LIEBE

Sex und Leidenschaft
und
wie wir die Richtigen finden

C.H.Beck

© Verlag C.H.Beck oHG, München 2016
Gesetzt aus der ITC Legacy bei Fotosatz Amann, Memmingen
Druck und Bindung: CPI – Ebner & Spiegel, Ulm
Umschlaggestaltung: Rothfos & Gabler, Hamburg
Umschlagabbildung: Detail aus dem Fresko «Triumph der Galatea» von Raffael,
Villa Farnesina, Rom, 1512–1514, © Bridgeman Images
Gedruckt auf säurefreiem, alterungsbeständigem Papier
(hergestellt aus chlorfrei gebleichtem Zellstoff)
Printed in Germany
ISBN 978 3 406 69789 0

www.chbeck.de

INHALT

WIE MAN DIE RICHTIGEN FINDET

ANHANG

WARNHINWEIS

Es ist riskant zu lieben. Wie riskant, davon berichten die Dichter, wenn sie die Liebespaare in ihren Geschichten sterben lassen. Schließen sich Glück und Liebe aus? Nicht unbedingt. Gerade weil die Gefahren so groß sind, muss auch der Lustgewinn besonders verlockend sein. Nicht umsonst spricht man von den Wonnen der Liebe und vom Orgasmus als dem höchsten der Gefühle.

Wer wenig riskiert, der wird meist nur wenig gewinnen. Wer viel riskiert, der kann viel erreichen, aber auch scheitern. Zu leben, ohne es zumindest versucht zu haben – das werden wohl nur die wenigsten Menschen wollen. Denn die romantische Liebe liegt in unserer Natur. Sie gibt dem Leben Sinn und verspricht einzigartige Momente der Lust. Sie kann aber auch in tiefe Verzweiflung führen und zur Quelle des Leidens werden – denn «nichts auf dieser Welt» ist «schwieriger als die Liebe», wie der Schriftsteller Gabriel García Márquez gesagt hat.[1]

Welche Rolle kann die Biologie, das Wissen über die Natur des Menschen, bei der Suche nach Liebesglück und sexueller Lust spielen? Es wäre unrealistisch, einfache Rezepte für alle Lebenslagen zu erwarten, die zehn besten biologischen Sex- und Liebestipps sozusagen. Dazu sind die persönlichen Wünsche zu unterschiedlich und die Chancen zu ungleich verteilt. Die Wissenschaft predigt auch keine neue Moral, die dem, was wir aus der Familie, den Medien, den Religionen und der Philosophie kennen, einen weiteren Katalog mit Vorschriften und Ermahnungen hinzufügt.

Sie kann aber etwas anderes leisten: Sie kann falsche Ideen über das menschliche Liebesleben richtigstellen. Sie kann die Weltfremdheit der traditionellen Sexualmoral ebenso wie die Lebensfeindlichkeit gerade angesagter gesellschaftspolitischer Utopien aufdecken. Und sie kann Empfehlungen geben, welche Formen der Liebe in welchen Situationen erfolgversprechend sind und welche eher nicht.

Der Blick in die Welt der Tiere zeigt eine bunte Vielfalt an sexuellen Optionen und Beziehungsformen. Wenn ich einige davon näher schildere und auf Parallelen zum Verhalten der Menschen aufmerksam mache, dann heißt das nicht, dass alle Varianten gut oder vorteilhaft sind. Und es bedeutet noch viel weniger, dass sie mir persönlich gefallen oder dass sie den Leserinnen und Lesern gefallen sollen. Es bedeutet zunächst nur, dass unser Liebesleben Formen annehmen kann, die so ähnlich auch bei anderen Tieren zu beobachten sind. Diese Übereinstimmungen können entstehen, weil ursprüngliche Instinkte in uns geweckt werden oder weil ähnliche Umwelten ähnliche Reaktionen hervorrufen.

Im Folgenden werde ich unterschiedliche Strategien der Liebe in ihren Vor- und Nachteilen betrachten, ohne sie zu bewerten. Ich werde mich sogar bemühen, auch negativ einzuschätzende Verhaltensweisen erst einmal stark zu machen. Warum? Weil ich der Überzeugung bin, dass man nur zu einem begründeten Urteil kommen kann, wenn man eine Sache von möglichst vielen Seiten betrachtet, ohne sie von vorneherein unter politischen, moralischen oder ästhetischen Bedenken zu begraben.

Es ist ja nicht nur aufschlussreich zu erfahren, was uns gefällt. Ebenso viel können wir aus Dingen lernen, die wir seltsam oder angsterregend finden. Die Biologie ist kein kitschiges Idyll, aber sie ist auch kein Horrorfilm. Sie hat etwas von beidem. Vor allem aber bietet sie einen unermesslichen Schatz an kulturell unberührter Lebenswirklichkeit. Davon können wir in unserem von der Natur oft so entfremdeten Leben kaum genug bekommen.

Die Biologie zeigt, dass das, was wir Liebe nennen, nichts Selbstverständliches ist, sondern dass alles auch ganz anders sein könnte. Und sie gibt einen Eindruck davon, wie sehr wir im Grunde unseres Herzens Naturwesen geblieben sind, denen der kulturelle Zuckerguss von Moral und Erziehung nur wenig anhaben konnte.

Die in den Genen gespeicherten evolutionären Erfahrungen verraten uns, welches Verhalten erfolgversprechend ist und welches nicht. Dieses Wissen entstand indirekt, weil diejenigen unserer Vorfahren, die sich mehr oder weniger zufällig richtig verhielten, mehr Nachwuchs hatten als diejenigen, die die falschen Entscheidungen trafen. Deshalb werden praktische Ratschläge, die auf persönlicher Erfahrung oder auf Intuition beruhen, oft ins Schwarze treffen.

Wenn die Umwelt sehr komplex ist oder wenn sie sich schnell ändert – beides ist im modernen Leben der Fall –, dann können die bewährten Strategien an Grenzen stoßen. Wenn der Instinkt für die Liebe zudem durch Erziehung und lebensfremde Ideale verformt und verschüttet wurde, dann weiß man eben nicht mehr automatisch, was richtig und was falsch ist. Dann kann es nicht schaden zu verstehen, warum wir so fühlen, wie wir fühlen. Warum beispielsweise das Leben in einer Zweierbeziehung so erstrebenswert ist, und warum gleichzeitig das Fremdgehen, angefangen mit einem harmlosen Flirt, so unwiderstehlich sein kann.

Im ersten Abschnitt des Buches werde ich schildern, *warum wir Sex haben*. Und zwar sehr viel häufiger und sehr viel spielerischer, als es zur Fortpflanzung nötig ist. Im zweiten Abschnitt geht es um die *Vielfalt der Beziehungsformen*. Entspricht das Singleleben, die Zweierbeziehung, der Harem oder die Kommune der menschlichen Natur? Im dritten Abschnitt steht die *Suche nach dem richtigen Partner oder der Partnerin* im Vordergrund. Im Leben jedes Einzelnen kommt diese Suche vor dem Sex und vor der Liebe. Hier aber steht sie am Schluss, da man erst sagen kann, wer zu uns passt, wenn man weiß, welchen Sex wir haben und welche Beziehungen wir führen wollen.

Wie sicher kann man sein, dass die biologischen Antworten auf die Rätsel des menschlichen Liebeslebens richtig sind? Es kommt darauf an. Manche Fragen lassen sich relativ eindeutig beantworten, bei anderen bleibt ein Rest von Zweifel, bei wieder anderen versteht man nur einen Teilaspekt und bei manchen tappt die Wissenschaft noch weitgehend im Dunklen. Ich werde zu den einzelnen Themen nicht nur gesichertes Wissen vorstellen, sondern auch umstrittene Hypothesen und Spekulationen. Bewährte Erkenntnisse sind das Fundament, ohne das es nicht geht. Aber die offenen Fragen und Kontroversen sind oft besonders interessant. In ihnen wird die Wissenschaft lebendig und blüht auf.

Ob eine Erklärung als überzeugend empfunden wird, hängt nicht nur von ihrer Anerkennung durch die Wissenschaft ab. Ebenso wichtig sind persönliche Erfahrungen. Gerade bei Themen wie Sexualität und Liebe, bei denen jeder in gewisser Weise Experte ist, wird es unterschiedliche Sichtweisen geben, die alle ihre Berechtigung haben können.

Besonders aufschlussreich sind in diesem Zusammenhang künstlerische Darstellungen, wie man sie aus der Literatur, dem Film oder dem Theater kennt. Denn sie erzählen nicht nur von individuellen Wünschen und Erlebnissen, sondern müssen ein größeres Publikum überzeugen. Das aber kann nur gelingen, wenn sie Fragen von allgemeiner Bedeutung auf eine Art und Weise behandeln, die es den Leserinnen und Zuschauern erlaubt, sich einzufühlen.

Wenn ich also im Folgenden aus Romanen und Filmen zitiere, dann soll das die biologischen Theorien illustrieren und ihnen zusätzliche Plausibilität verleihen. Damit ist nicht gesagt, dass jede fantasievolle Übertreibung und jede künstlerische Zuspitzung die Lebenswirklichkeit unmittelbar widerspiegelt. Selbstverständlich nicht. Aber sie müssen einen Kern Wahrheit enthalten, sonst würden sie uns nicht berühren. Wenn also beispielsweise sexuelle Untreue und Eifersucht sowohl im Tierreich als auch in Romanen und Filmen intensive Emotionen auslösen, dann bestätigt das die Vermutung, dass es sich um Reaktionen handelt, die aus der menschlichen Natur entstehen und nicht nur künstlich anerzogen sind.

Wenn unsere Sehnsüchte ihre Kraft und Richtung einem in uns angelegten genetischen Programm verdanken, das sich über viele Millionen Jahre bewährt hat, dann ist zu erwarten, dass sie über alle Zeitströmungen und Moden hinweg vergleichsweise stabil geblieben sind. Und tatsächlich gibt es, von Ausnahmen abgesehen, kein Volk, das nicht in Geschichten und Liedern von der romantischen Liebe, ihren Glücksmomenten, ihrer unbedingten Macht und ihren Gefahren erzählt.

Sexuelles Begehren und Liebe gehören zu den stärksten biologischen Instinkten und sie geben den Liebenden eine beeindruckende Stärke und Unabhängigkeit. Vertraute Gewohnheiten und weltanschauliche Überzeugungen, Familienehre und berufliche Karriere, Moral, Gewissen und Freundschaften können dann zweitrangig werden. Und nicht zuletzt nehmen Sex und Liebe wenig Rücksicht auf die Liebenden selbst.

Das Liebesleben der Menschen ist nicht annähernd so vielfältig wie das der Tiere. Nichtsdestoweniger ist es für einen Einzelnen kaum möglich, alle Varianten aus eigener Erfahrung zu kennen. Wissenschaft und Kunst können weitere Aspekte beisteuern, aber sie haben ihre jeweils eigenen Grenzen.

Mein besonderer Dank gilt von daher all jenen, die mich an ihren persönlichen Erfahrungen teilhaben ließen. Deren Anregungen und Kommentare halfen, meine Argumente zu überdenken und meine Einschätzungen zu korrigieren. In diesem Sinne sei herzlich gedankt: Carola Schlüter und Hans Zitko, Ulla Hebel-Zipper und Thomas Pechar, Annegret Weeke, Hans Kantereit, Andrea und Eckhard Wolscht, Katharina Queck, Lucie Beppler, Silke Kellermann, Rolf Lauer, Maria Angeles Adillo, Nina Griesbach, Christoph Bartscherer, Eva Sumera, Andrea Alaoui, Ulrike Volles, Jennifer Hein, Walter Mann und ganz besonders Sabine Paul, ohne deren Unterstützung und Inspiration das Buch nicht zu dem geworden wäre, was es ist. Stefan Bollmann und Angelika von der Lahr vom Verlag C.H. Beck möchte ich für das engagierte Lektorat und die gute Zusammenarbeit danken.

WARUM WIR SEX HABEN

KAPITEL 1

LUST OHNE LAST

Wie oft schlafen Menschen miteinander, bevor sie ein Kind bekommen? Manchmal geht es sehr schnell, oft dauert es aber auch lang, klappt gar nicht oder ist nicht gewollt. Im Durchschnitt heißt das: Jedem einzelnen Kind stehen sage und schreibe tausendmal Sex gegenüber. Oder umgekehrt: In 999 von 1000 Fällen führt Sex nicht zur erfolgreichen Zeugung eines Kindes. Woher weiß man das?

Umfragen zufolge schlafen Frauen und Männer, die in Partnerschaften leben, zwischen ein- und dreimal pro Woche miteinander. Für die beiden fruchtbarsten Jahrzehnte – von Anfang zwanzig bis Ende dreißig – addiert sich das im Mittel auf die beachtliche Zahl von 2000. Da dem statistisch gesehen etwa zwei Kinder pro Frau gegenüberstehen, ergibt sich eine durchschnittliche Trefferquote von 1:1000. Dieser Wert dürfte einigermaßen realistisch sein.[1]

Wie kann es sein, dass das scheinbar Normalste auf der Welt, die Fortpflanzung, zu einer Geschichte von tausendundeiner Nacht wurde? Ist dieses extreme Missverhältnis eine Folge der modernen Lebensweise und letztlich unnatürlich? In diesem Zusammenhang wird man zunächst an Verhütungsmittel denken, die die Fruchtbarkeit gezielt herabsetzen. Es könnte sich auch um ein medizinisches Problem handeln, das beispielsweise durch Umweltgifte hervorgerufen wird. Aus biologischer Sicht ließe sich noch anmerken, dass ein so ineffizientes System, bei dem fortwährend kostbare Lebenszeit und Energie verschwendet werden, in einer natürlichen Umwelt längst zum Aussterben der Menschheit hätte führen müssen.

Diese und ähnliche Argumente klingen plausibel, aber sie beruhen auf der noch unbewiesenen Annahme, dass die enge Verbindung von Sex und Fortpflanzung erst vor vergleichsweise kurzer Zeit, vor wenigen Jahrzehnten, gekappt wurde. Aber ist das überhaupt richtig? Stehen wir hier vor einer neuen Entwicklung? Wurde unser Liebesleben tatsächlich durch die Erfindung der Antibabypille und die Lockerung der Sexualmoral revolutioniert? Ganz falsch ist diese Vermutung sicher nicht. Sie ist aber nur ein – eher kleiner – Teil der Wahrheit. Das zeigt ein Blick in die Frühzeit der Menschheit und auf unsere nächsten Verwandten im Tierreich.

Wie oft hatten unsere Vorfahren Sex?

Ich meine nicht unsere Großeltern und Urgroßeltern, sondern unsere frühen Vorfahren, die vor mehr als zehntausend Jahren als Jäger und Sammler umherstreiften. Dazu gibt es leider keine direkten Informationen. Nach allem, was wir wissen, waren sie aber nicht prüde.

So findet man aus der Altsteinzeit dreieckige oder kreisförmige, mit einem Einschnitt versehene Zeichen, die Vulven, das heißt weibliche Genitalien, darstellen. Weitere Beispiele sind die Venusfiguren mit ausladenden Brüsten und Hinterteilen. Auf der Schwäbischen Alb wurde erst kürzlich ein rund 28 000 Jahre alter, knapp zwanzig Zentimeter langer Steinphallus entdeckt, über dessen Funktion gerätselt wird. Der Größe und Form nach könnte es sich durchaus um ein Sexspielzeug, einen Dildo, gehandelt haben.[2]

Wir können also ziemlich sicher davon ausgehen, dass die Sexualität im Leben unserer Vorfahren eine wichtige Rolle gespielt hat, aber es gibt nur indirekte Hinweise darauf, wie sie ausgelebt wurde. Diese Lücke lässt sich durch Berichte über das Sexualleben heutiger Jäger und Sammler schließen. Noch gibt es einige wenige Völker, bei denen weder die Lebensweise noch die technischen Errungenschaften der Moderne Einzug gehalten haben. Die weder Ackerbau noch Viehzucht, weder das Internet noch chemische Verhütungsmittel kennen. Und deren soziales Leben, Familienstruktur und sexuelles Verhalten aller Wahrscheinlichkeit nach dem unserer Vorfahren ähnelt.

Die im südlichen Afrika lebenden !Kung gehören zu den am besten untersuchten Jäger-und-Sammler-Völkern. Wie die Ethnologin Marjorie Shostak berichtet, sehen sie «in Sex so etwas wie Nahrung. Ein Mensch kann ohne Essen nicht überleben, und der Hunger nach Sex kann dazu führen, dass jemand stirbt.» Man schätzt, dass die !Kung zwischen einmal täglich und einmal pro Woche Sex haben. Da sie auch in der Schwangerschaft und Stillzeit miteinander schlafen, kommt es pro Geburt einige hundertmal zum Geschlechtsverkehr.[3] Diese Zahlen sind etwas niedriger als in den Industrienationen der Gegenwart, was auch daran liegt, dass die Geburtenrate und die Kindersterblichkeit höher sind. Die Zahlen bewegen sich aber in einer ähnlichen Größenordnung und sie weisen ein fast ebenso gravierendes Missverhältnis auf.

Wenn die !Kung und andere Jäger-und-Sammler-Völker einen einigermaßen realistischen Eindruck vom Liebesleben unserer Vorfahren vermitteln, dann ist die Trennung von Sex und Fortpflanzung keine neue Entwicklung, sondern in der Natur des Menschen angelegt. Dann haben Verhütungsmittel und eine lockerere Sexualmoral zu einem moderaten Anstieg geführt, aber sie haben die menschliche Sexualität nicht revolutioniert. Dann war es nicht die Antibabypille, die «neue Formen der Liebe» entstehen ließ und «die Frau zur [Sex-] Bombe» machte, wie die Zeitschrift *Konkret* in ihrer Titelstory aus dem Jahr 1969 behauptete.[4] Was aber war es dann?

Die sexuelle Revolution – ein animalisches Erbe

Ist die Trennung von Sex und Fortpflanzung wenigstens etwas typisch Menschliches, eine Besonderheit, die uns von anderen Tieren unterscheidet? Auch hier ist die Antwort Nein. Bei Schimpansen werden einige hundert Kopulationen pro Geburt gezählt, bei Bonobos mit bis über tausend sogar noch wesentlich mehr. Ähnlich sieht es bei einigen Pavianarten aus (Anhang, Tabelle 1).

Häufigen Sex gibt es aber nicht bei allen Affen- und Menschenaffenarten. Gibbons, Orang-Utans und Gorillas beispielsweise begnügen sich mit wenigen Paarungen. Allgemein können im Tierreich zwei oder drei Kopulationen zur Befruchtung ausreichen. Alles, was darüber hinausgeht, ist von dieser Warte aus überflüssig, mit Gefahren und Anstrengungen verbunden und erfordert eine andere Erklärung.[5]

An dieser Stelle sei zunächst festgehalten, dass «Lust ohne Last», die Parole der 1960er Jahre, die Sex ohne Kinderwunsch propagierte, weder eine Laune unserer Zeit noch eine Besonderheit des Menschen ist. Auch einige Tierarten haben unter natürlichen Lebensbedingungen sehr viel häufiger Sex, als zur Fortpflanzung nötig wäre. Wenn es sich aber weder um eine Verhaltensstörung noch um eine Folge der modernen Lebensweise handelt, dann könnte man vermuten, dass häufiger Sex doch einen biologischen Nutzen hat. Aber welchen? Und vor allem – für wen?

Eine weibliche Erfindung

Betrachtet man die Zahlen zur Paarungshäufigkeit bei den verschiedenen Tierarten genauer, dann stellt man fest, dass die Zunahme zum einen auf eine *erhöhte Häufigkeit pro Tag* zurückgehen kann. Bei Schimpansen beispielsweise kopulieren die Weibchen an einem Tag zwanzigmal und öfter mit zehn und mehr Männchen.

Zum anderen kann es zu einer *Verlängerung des Zeitraums* kommen, in dem die Frauen bzw. Weibchen sexuell aktiv sind. Während das bei den Gorillas nur an zwei Tagen pro Zyklus der Fall ist, sind es bei den Schimpansen zehn, bei den Bonobos zwanzig Tage. Frauen schließlich sind während des gesamten Zyklus sexuell aktiv. Bei Menschen und Bonobos kommt noch hinzu, dass die sexuellen Aktivitäten während der Schwangerschaft und Stillzeit weitergeführt werden (Anhang, Tabelle 1).

Das Sexualverhalten der Männer bzw. Männchen hängt in dieser Hinsicht ganz wesentlich vom Verhalten der Frauen bzw. Weibchen ab. Das heißt, die Männchen paaren sich im Allgemeinen immer, wenn die Weibchen es zulassen. Verlängern diese die zeitliche Dauer und die Intensität der Signale, dann kommt es zu entsprechend mehr Kopulationen. Die Vermutung, dass es den häufigen nichtreproduktiven Sex vor allem deshalb gibt, weil er den Weibchen nützt, wird auch durch die Beobachtung bestätigt, dass sie die wie-

derholten Kopulationen nicht nur tolerieren. Bei den meisten sich
häufig paarenden Arten geht die Initiative sogar überwiegend von
den Weibchen aus.[6]

Und beim Menschen? Wie die !Kung-Frau Nisa erzählt, hat eine
Frau «immer sexuelles Verlangen. Und selbst wenn sie keinen bestimmten Mann will, spürt sie doch das Verlangen. [...] Das Verlangen kommt direkt aus dem Herzen einer Frau.»[7] Einen Unterschied
allerdings gibt es: Während die weiblichen Schimpansen und Bonobos ihre Bereitschaft durch auffällige Farben und Schwellungen der
Genitalien weithin signalisieren, sind die zyklusabhängigen Frucht-
barkeitssignale bei Frauen fast völlig verschwunden.

Der Effekt ist aber in beiden Fällen gleich: Die fruchtbaren Tage
sind schwer erkennbar. Das gilt ebenso für die sich daraus ergebende
Notwendigkeit, über einen längeren Zeitraum hinweg Sex haben zu
müssen. Als Mann weiß man in der Regel nicht, ob die Frau, mit der
man schläft, gerade schwanger werden kann oder nicht. Und die Frau
selbst weiß es oft auch nicht.

Dazu passt, dass die Menschen die einzige Primatenart sind, bei
der es zu einer Dauerschwellung der weiblichen Brust kommt. So
prosaisch lässt sich der Busen in der Sprache der Wissenschaft beschreiben. Das Besondere ist nun, dass die weiblichen Brüste ihre
charakteristische Form in der Pubertät erhalten, das heißt mit der
sexuellen Reife, und nicht während des Stillens. Auch deshalb werden sie – kaum überraschend – als permanentes sexuelles Signal auf-
gefasst.

Da Frauen auf diese und andere Weise kontinuierlich mehr oder
weniger subtile Signale der Fruchtbarkeit aussenden, können sie
während des gesamten Zyklus, zu allen Jahreszeiten, während
Schwangerschaft und Stillzeit und im Alter sexuell aktiv sein und
sind es oft auch. Damit soll nicht gesagt werden, dass Frauen ständig
sexuell bereit sind. Selbstverständlich nicht. Sie sind es ebenso wenig
wie die Männer.

Aber da ihr sexuelles Begehren weder direkt von Hormonen gesteuert wird noch zeitlich eng begrenzt ist, können sie ihr Verhalten
davon abhängig machen, ob die Situation und der Partner geeignet
sind. Damit aber gewinnen sie einen entscheidenden Zuwachs an
Handlungsfreiheit.[8]

♀ Fazit ♂

Die genannten Zahlen zur Häufigkeit, mit der Menschen und andere Tiere Sex haben, sind grobe Schätzungen, es gibt große individuelle Unterschiede, und eine rein quantitative Betrachtungsweise sagt wenig über die Qualität des sexuellen Erlebens und über die mit ihm verbundenen Gefühle aus. Nichtsdestoweniger kann man zwei Ergebnisse festhalten:

> Der Wunsch, Sex zu haben, ohne dass es zur Schwangerschaft kommt, ist keine menschliche Erfindung, kein Ausdruck von Verantwortungslosigkeit und Sittenverfall, sondern Teil unseres evolutionären Erbes. Und er ist eine weibliche Erfindung: Das Missverhältnis zwischen der Häufigkeit des Geschlechtsverkehrs und der Seltenheit der daraus resultierenden Schwangerschaften entsteht, weil die Weibchen bzw. Frauen auch in Zeiten, in denen sie nicht fruchtbar sind, sexuelles Interesse signalisieren.

Die Lockerung der Verbindung zwischen Sexualität und Fortpflanzung jedenfalls hatte weitreichende Folgen für unser emotionales Wohlergehen und Lebensglück, für die Partnerwahl, für die Art unserer Beziehungen, für das Familienleben und nicht zuletzt für das soziale Zusammenleben.

KAPITEL 2

AUF DER SUCHE NACH DEM
BESONDEREN ERLEBNIS

Noch nach Jahrzehnten rief die Offenheit, mit der D. H. Lawrence in seinem berühmten Roman *Lady Chatterley's Lover* «eine Nacht sinnlicher Leidenschaft» geschildert hatte, die Zensoren auf den Plan:

> Die «rücksichtslose, schamlose Sinnlichkeit erschütterte sie in ihren Grundfesten, legte sie bloß bis auf den Kern und machte eine andere Frau aus ihr. Es war nicht eigentlich Liebe. Es war nicht Wollust. [...] Was für Lügner Dichter und alle anderen waren! Sie machten einen glauben, man wollte Gefühl. Während doch das, was man vor allem anderen wollte, diese durchbohrende, verzehrende, entsetzliche Sinnlichkeit war.»[9]

«Es war nicht Wollust.» Beobachtet man Liebende beim leidenschaftlichen Sex und beim Orgasmus, dann sieht man Anstrengung, höchste Konzentration und einen Gesichtsausdruck, der eher nach Schmerz als nach Vergnügen aussieht. An der Herausforderung, dieser besonderen Emotion gerecht zu werden, scheitern fast alle Schauspieler, von Pornodarstellern ganz zu schweigen. Zu den wenigen mir bekannten Ausnahmen zählt Michael Fassbenders meisterhafte Darstellung im Spielfilm *Shame* aus dem Jahr 2011.

Ähnlich selten gelingt es Literaten, den sexuellen Höhepunkt angemessen zu beschreiben. Einer der besser geglückten Versuche findet sich in Harold Brodkeys Erzählung *Unschuld*. Sie schildert auf über 30 Seiten die Bemühungen eines Mannes, seiner Freundin zum Orgasmus zu verhelfen. Und dann passiert es:

«Irgend etwas zog sie über den Rand, und irgend etwas gab nach [...]. Sie war bleich und gerötet zugleich; die Haare hingen ihr ins Gesicht; sie war schweißnaß und schlug um sich. Es war, als würde sie von einer unglaublich seltsamen und wilden Kraft [...] gehoben. [...] ihr Körper bäumte sich auf, fiel zurück, bäumte sich abermals auf; ihre Hände schlugen auf das Bett; sie stieß sehr laute, heisere, zerrissene Laute aus – ich hatte Angst um sie.»[10]

Das Gefühl des Orgasmus und seine körperlichen Begleiterscheinungen lassen sich auch in der Sprache der Wissenschaft beschreiben. Weitgehende Einigkeit besteht, dass es sich um die plötzliche Entladung großer sexueller Erregung handelt, die als extrem lustvoll und entspannend empfunden wird. Beim Mann ist damit meist eine Ejakulation verbunden, bei der Frau kommt es zu Kontraktionen von Vagina und Uterus. Begleitet wird der Orgasmus bei beiden Geschlechtern von rhythmischen Muskelkontraktionen im ganzen Körper, unwillkürlichen Lautäußerungen wie Stöhnen oder Schreien, Bewusstseinstrübung und einem Gefühl der Euphorie. Hauptsächlicher Auslöser ist die Stimulation des Penis bzw. der Klitoris bei der Masturbation, beim Geschlechtsverkehr oder bei anderen erregenden Aktivitäten.[11]

Ein so komplexer Vorgang, bei dem verschiedene Reaktionen ineinandergreifen, aufeinander aufbauen und genau abgestimmt sein müssen, kann im Grunde nur ein biologisch zweckmäßiges Merkmal, eine Anpassung, sein. Worin aber besteht sein Zweck?

Für den Mann ist das scheinbar leicht zu beantworten: Der Orgasmus geht meist mit einer Ejakulation einher, was wiederum eine Voraussetzung für die Zeugung eines Kindes ist. Schwieriger ist diese Frage für den Höhepunkt der Frau zu beantworten, da er für eine Schwangerschaft nicht nötig ist. Ausgehend von dieser Beobachtung haben einige Autoren bestritten, dass der weibliche Orgasmus einen biologischen Nutzen hat. Stattdessen soll er ein an sich funktionsloses Nebenprodukt der Evolution sein, ähnlich wie man das umgekehrt für die Brustwarzen des Mannes unterstellt.[12]

Haben Tiere einen Orgasmus?

Wenn es sich beim Orgasmus um ein biologisch nützliches Merkmal handelt, dann sollte er auch bei anderen Tieren vorkommen. Damit ist nicht gesagt, dass er die gleiche emotionale Qualität und Bedeutung haben muss wie für uns Menschen, aber es sollte ähnliche körperliche Reaktionen geben.

Für männliche Tiere ist das der Fall. Während der Ejakulation kommt es bei den Männchen vieler Primatenarten zu muskulärer Anspannung und zum Zittern der Beine, des Beckens und des Rumpfes. Begleitet werden diese Reaktionen von typischen Veränderungen des Gesichtsausdrucks und charakteristischen Lautäußerungen. All das stimmt recht gut mit dem überein, was man bei Männern beobachtet. Insofern wird allgemein akzeptiert, dass männliche Primaten während der Ejakulation einen Orgasmus erleben.[13]

Sehr viel umstrittener ist die Frage, ob nichtmenschliche weibliche Primaten Orgasmen haben. Noch vor wenigen Jahrzehnten vertraten zahlreiche Biologen und Psychologen die These, dass dies nicht der Fall ist. Der Zoologe Desmond Morris war sich sicher: Wenn es bei anderen Primaten «überhaupt so etwas wie einen Orgasmus gibt, kann es sich nur um eine im Vergleich mit dem Orgasmus der Frau unserer Art völlig unbedeutende Reaktion handeln».[14]

Warum aber sollte eine Frau den Höhepunkt sehr viel intensiver empfinden als beispielsweise eine Schimpansin? Darauf gibt es mehrere Antworten: 1) Die Paarbindung beim Menschen könnte einen zusätzlichen Kitt in Form sexueller Lust erfordern. 2) Männer sollen beim Sex einfühlsamer und ausdauernder sein als die Männchen anderer Tierarten. 3) Nur bei der Paarung von vorne, und nicht wie bei anderen Primaten üblich von hinten, soll es zu einer ausreichenden Stimulation der Klitoris kommen.[15]

Inzwischen hat sich herauskristallisiert, dass die Einzigartigkeitsthese so nicht haltbar ist. Natürlich kann man nicht wissen, was ein Makaken- oder ein Schimpansen-Weibchen wirklich fühlt. Es ließen sich aber körperliche Reaktionen nachweisen, die für einen sexuellen Höhepunkt bei der Kopulation sprechen: Kontraktionen der Vagina und des Uterus, das Anschwellen der Klitoris, ein Gesichtsausdruck, der dem Ausdruck der Männchen bei der Ejakulation ähnelt, und charakteristische Lautäußerungen, um nur die auffälligsten zu nennen.[16]

Bedeutet dies, dass der menschliche Orgasmus aus biologischer Sicht nichts Besonderes ist? Nicht unbedingt. Denn es könnte auch quantitative Verschiedenheiten beispielsweise bei der Intensität des Lustgefühls geben. Wie wir im zweiten Abschnitt sehen werden, unterscheidet sich das menschliche Liebesleben so grundlegend von dem unserer Verwandten im Tierreich, dass zu erwarten ist, dass damit auch Veränderungen im sexuellen Erleben einhergingen.

Durch Lust zur Schwangerschaft?

Beim Mann gibt es einen Zusammenhang zwischen Orgasmus, Ejakulation und Zeugung. Ist das bei Frauen ähnlich? Eine Frau muss zwar keine Lust empfinden, um schwanger zu werden. Aber könnte sich dadurch die Wahrscheinlichkeit erhöhen, dass es dazu kommt? Schon zu Beginn des 20. Jahrhunderts hatte die Psychoanalytikerin Helene Deutsch die Vermutung geäußert, dass die Kontraktionen der Scheidenmuskulatur beim Höhepunkt einen Saugeffekt erzeugen und so den Transport der Spermien beschleunigen.[17]

Die neueren experimentellen Ergebnisse sind widersprüchlich. Einige Autoren glauben, einen solchen «Upsuck»-Mechanismus nachweisen zu können, andere finden ihn nicht.[18] Insofern bleibt unklar, ob die Kontraktionen beim Orgasmus eine Funktion haben oder ob sie nur als Begleiterscheinung der körperlichen Erregung und Entspannung auftreten.

Noch geheimnisvoller ist die weibliche Ejakulation. Dabei wird während des Orgasmus Drüsenflüssigkeit aus der Harnröhre ausgestoßen. Die Reaktion ähnelt der männlichen Ejakulation; da sie aber weder für die Befruchtung noch für den Geschlechtsverkehr an sich eine Bedeutung zu haben scheint, ist unklar, warum es sie gibt.

Selbst wenn sich also bestätigen sollte, dass der weibliche Orgasmus die Fruchtbarkeit nicht unmittelbar erhöht, dann folgt daraus noch nicht, dass er ein funktionsloses Nebenprodukt der Evolution sein muss. Es könnte auch indirekte Wirkungen geben. Beispielsweise dadurch, dass eine Frau, die beim Sex Lust verspürt, häufiger Geschlechtsverkehr hat, als wenn sie keine oder wenig Freude empfindet. Zudem wird oft übersehen, dass der männliche Höhepunkt genauso erklärungsbedürftig ist. Notwendig für die Zeugung ist ja nur die Ejakulation, nicht aber das damit einhergehende Lustgefühl.[19]

Und nicht zu vergessen: Wenn es stimmt, dass der Sex beim Menschen biologische Aufgaben erfüllt, die nichts mit der Fortpflanzung zu tun haben, dann muss man miteinander schlafen können, ohne dass es gleich zur Schwangerschaft kommt. Dann wäre es sogar schädlich, wenn ein Orgasmus der Frau die Wahrscheinlichkeit zu stark erhöhen würde. Denn dadurch gäbe es kaum noch die Möglichkeit, beim folgenlosen Sex etwas über sich selbst und über den Partner oder die Partnerin zu erfahren und eine Beziehung zu intensivieren. Insofern ist es eher unwahrscheinlich, dass der Saugeffekt oder etwas Ähnliches eine nennenswerte Rolle spielt.

Multiple Orgasmen

Die sexuelle Lust der Frauen wurde jahrhundertelang unterdrückt und verteufelt, verleugnet und entwertet. Noch Anfang des 20. Jahrhunderts sollen viele Männer und Frauen gar nicht gewusst haben, dass es einen weiblichen Orgasmus gibt, und wenn, hielten sie ihn oft für «schimpflich».[20] Ist das der Grund, warum weniger Frauen als Männer masturbieren und seltener zum Orgasmus kommen? Umfragen zufolge masturbieren fast alle Männer zu irgendeinem Zeitpunkt ihres Lebens, während es bei Frauen nur rund zwei Drittel sind. Neueren Schätzungen zufolge hat ein Drittel der Frauen beim Geschlechtsverkehr selten oder nie einen Orgasmus, ein Viertel nur manchmal. Zudem scheinen Frauen in festen Beziehungen eher die Lust am Sex zu verlieren als die Männer.[21]

Warum ist das so? Einige Autoren vermuten, dass die Zurückhaltung vieler Frauen eine biologische Basis hat. Dass sie tatsächlich seltener sexuelle Lust suchen und sie auch weniger vermissen. Für diese These ließe sich anführen, dass auch weibliche Primaten seltener als die Männchen Reaktionen zeigen, die auf einen Orgasmus hindeuten.[22] Wenn Frauen sexuell weniger leicht erregbar sind, dann könnte das also ein Ausdruck der Tatsache sein, dass sie wählerischer sein müssen, weil sie bei einer Schwangerschaft mehr zu verlieren haben.

In den 1960er und 70er Jahren wollte man davon nichts mehr wissen. Man hielt es oft für ausgemacht, dass das durchschnittlich geringere Interesse der Frauen am Sex ein Resultat patriarchalischer Unterdrückung ist. Und man entdeckte ihr «biologisch beinahe unerschöpfliches» sexuelles Potential:

> «Die fundiertesten wissenschaftlichen Ergebnisse neigen heute zu der Folgerung, daß die Frau biologisch eine weit größere Kapazität für den Geschlechtsverkehr besitzt als der Mann. Dies gilt sowohl für die Häufigkeit des Koitus als auch für die Häufigkeit der Orgasmen.»[23]

Wegweisend für das neue Bild der weiblichen Sexualität wurden die experimentellen Arbeiten der Sexualforscher William Masters und Virginia Johnson. Besonders einer ihrer Funde befeuerte die Spekulationen über die unbegrenzte Lust der Frauen: die Tatsache, dass einige, vielleicht alle Frauen zu mehreren Orgasmen innerhalb weniger Minuten in der Lage sind. Der Journalistin Natalie Angier zufolge soll eine «sexuell athletische Frau» in ein oder zwei Stunden fünfzig oder hundert Orgasmen haben können.[24]

Das Motiv der unersättlichen Frau hat eine lange Tradition in der Folklore und Literatur. Das gilt auch für andere Kulturkreise. So berichtet die Vorgeschichte zu *Tausendundeiner Nacht* von «einer wunderschön gebauten jungen Frau, einem Mädchen von vollkommener Gestalt mit einem lieblichen Lächeln und einem Gesicht, so schön wie der Vollmond», die sexuell völlig hemmungslos ist. Obwohl sie von ihrem Bewacher, einem «gehörnten, dreckigen Ifrit [Dämon]», gefangen gehalten wird, gelingt es ihr, mit allen Männern, derer sie habhaft wird, zu schlafen. Wie sie stolz erzählt, kam sie so bereits auf einhundert Liebhaber. Denn: «Wenn eine Frau etwas will, kann sich ihr niemand verweigern!»[25]

Männer sind normalerweise nicht zu mehreren schnell aufeinanderfolgenden Orgasmen in der Lage. Auf die Ejakulation folgt eine Phase sexueller Inaktivität und Reizunempfindlichkeit, in der es nicht zur Erektion kommt. Dabei handelt es sich um eine körperliche Reaktion, die hormonell gesteuert wird und die auch bei anderen Säugetieren vorkommt. Ihre Funktion könnte darin bestehen, das Reservoir an Samenzellen vor der nächsten Kopulation wieder aufzufüllen. Wie lang die inaktive Phase andauert, unterscheidet sich zwischen den Arten und hängt auch von den äußeren Umständen ab.[26]

Auch die multiplen Orgasmen der Frauen haben eine Entsprechung im Tierreich: die Bereitschaft der weiblichen Schimpansen, Paviane und Makaken, unmittelbar nacheinander mit mehreren Männchen zu kopulieren. Dadurch, dass Frauen mehrere Orgasmen erleben können, ohne zunächst völlige Befriedigung und Entspannung zu erreichen, könnte sich ihre Bereitschaft erhöhen, mit mehreren Männern zu schlafen. Auf der anderen Seite könnte das bedeuten, dass sie in Zweierbeziehungen sexuell chronisch unterfordert werden.

Heißt das, dass monogame Paarbindungen scheitern müssen, weil ein einzelner Mann dem sexuellen Appetit einer Frau nicht gewachsen ist? Einige Autoren sind dieser Meinung.[27] Andere wollen nicht so schnell aufgeben und setzen auf verbesserte Liebestechniken der Männer: Sie können ihre Frauen beispielsweise durch orale oder manuelle Stimulation zum Orgasmus bringen. Oder lernen, ihre Frauen zu mehreren Orgasmen zu bringen, «bevor sie sich selbst erlauben, das erste Mal zu ejakulieren».[28]

In den letzten Jahren wurde noch eine weitere Option ins Gespräch gebracht. Da die Reizunempfindlichkeit der Männer hormonell gesteuert wird, lässt sie sich chemisch blockieren. Dann sind auch sie zu weiteren Erektionen und multiplen Orgasmen in der Lage. Ganz nebenwirkungsfrei ist diese «Therapie» allerdings nicht: Die beim Orgasmus freigesetzten Hormone Prolaktin und Oxytocin führen nicht nur zu Entspannung und Müdigkeit, sondern sorgen auch für emotionale Nähe und Verbundenheit.[29]

Das könnte bedeuten, dass ein Mann durch ein Medikament, das die Wirkungen von Prolaktin und/oder Oxytocin blockiert, zwar schnell wieder sexuell aktiv wird, aber kein gesteigertes Interesse an seiner Sexualpartnerin entwickelt. Das ist kein Problem, wenn sich auch die Frau auf der Suche nach weiteren Orgasmen zu neuen

Ufern aufmacht. Dann gehen beide ihrer Wege, wie man das von den Schimpansen kennt. Es ist aber zu vermuten, dass diese Option nur für manche Menschen und in bestimmten Lebenssituationen erstrebenswert ist.

Warum haben einige Frauen mehrere Orgasmen, während andere bereits nach einem einzigen Höhepunkt ein Gefühl der Zufriedenheit und Entspannung und ein wohliges Gefühl der Verbundenheit empfinden? Die individuellen Unterschiede lassen sich möglicherweise als alternative Strategien verstehen.[30]

Bei der ersten, der «multiplen» Option wird die evolutionär ursprüngliche Fähigkeit aktiviert, in kurzer Zeit mit mehreren Partnern Sex zu haben. Bei der zweiten Option steht die Verbundenheit mit einem einzigen Partner im Vordergrund. Beide Reaktionen haben ihre Vor- und Nachteile, wenn es darum geht, ein erfülltes Sexual- und Liebesleben zu führen. Vielleicht ist es aber auch nicht entscheidend, ob eine Frau beim Sex einen, mehrere oder auch keinen Orgasmus erlebt – wichtig ist nur, dass sie dabei Freude hat.

Empfinden Frauen die sexuelle Ekstase wirklich intensiver und häufiger als Männer? Oder ist das Gegenteil der Fall und Esther Vilar hatte recht, als sie in *Der dressierte Mann* schrieb:

> «Sex ist zwar ein Vergnügen für die Frau, aber lang nicht das größte. Die Freude, die einer Frau ein Orgasmus verschafft, rangiert auf ihrer Wertskala weit hinter der, die ihr zum Beispiel der Besuch einer Cocktailparty bereitet oder der Kauf von einem Paar auberginefarbenen Lackstiefeln.»[31]

Vielleicht lässt sich die Frage entscheiden, wenn Hirnforscher Gefühle objektiv messen können. Bis dahin sind wir auf subjektive Berichte angewiesen. Hier aber gibt es interessanterweise kaum Unterschiede. Wenn man aus Beschreibungen der Gefühle beim Orgasmus die anatomischen Details entfernt, dann lässt sich oft nicht sagen, ob sie von einer Frau oder von einem Mann stammen.[32]

Extreme Gefühle

Die Tatsache, dass Sex sehr lustvoll sein kann, ist ein überzeugender Hinweis darauf, dass er biologisch nützlich ist. Denn wenn wir etwas als angenehm empfinden oder wenn das Gegenteil der Fall ist, dann ist dies ein sehr präzises Abbild dessen, was sich in vielen Millionen Jahren der Evolution als vorteilhaft bzw. als schädlich erwiesen hat. Vorteilhaft für das Überleben und Wohlergehen der Individuen und vorteilhaft für die Verbreitung der Gene.

Da die Fortpflanzung zu den biologisch wichtigsten Verhaltensweisen gehört, ist schon von daher zu erwarten, dass Sex mit positiven Gefühlen belohnt wird – ähnlich wie wir es genießen, zu essen und zu schlafen, weil wir nur so überleben können. Das erklärt aber noch nicht, warum die Lust beim Sex so besonders groß ist; warum wir dabei mehr Lust empfinden als beispielsweise beim Niesen. Und warum ein Mensch bei Liebeskummer so verzweifelt sein kann.

> Die Stärke der mit dem Sex und der Liebe verbundenen Emotionen lassen nur einen Schluss zu: Es muss sich um etwas biologisch ausgesprochen Wichtiges handeln, das zugleich mit Anstrengungen und Gefahren verbunden ist.

Letzteres ist tatsächlich oft der Fall. Bei vielen Tierarten kommt es nur zum Sex, nachdem die Männchen in einem Kampf auf Leben und Tod erfolgreich waren. Auch beim Menschen endet sexuelle Rivalität nicht selten tödlich, beispielsweise wenn sich junge Männer auf waghalsige Kletterpartien, Motorradrennen oder kriegerische Auseinandersetzungen einlassen, um ihre Freundinnen und Konkurrenten zu beeindrucken. Ähnlich erbittert können die Rivalitäten von Frauen ausfallen. Immer wieder gehen Freundschaften in die Brüche, weil sich zwei Freundinnen in denselben Mann verlieben.

Der Sex mit einem begehrten Partner muss nicht immer mit Gefahren verbunden sein, aber ohne Anstrengung geht es kaum. Um attraktiv zu sein, sind teure Kleidung, Schmuck, Möbel oder Autos hilfreich. Körperpflege ist nicht nur finanziell, sondern vor allem zeitlich aufwändig, von kunstvollen Frisuren, Gesichtsbemalungen und der Verzierung der Finger- und Fußnägel ganz abgesehen. Wer durch andere Qualitäten überzeugen will, muss jahrelang Tanzschritte erlernen oder ein Musikinstrument üben, beim Sport trainieren oder ausgiebig lesen, um durch Bildung und Wissen zu punkten.

Hat man es dann ins Bett geschafft, gibt es keine Garantie auf die besondere Lustprämie, den Orgasmus. Diese gibt es nur, wenn die Situation richtig und der Partner geeignet ist. Andernfalls bleibt es bei der Enttäuschung und der Gefahr, sich mit einer Geschlechtskrankheit anzustecken. Wenn man dann noch die Belastung einer Schwangerschaft, den Stress der Geburt und die jahrelange Sorge für die Kinder berücksichtigt, dann wirken die besonderen Lustgefühle beim Sex nicht mehr übertrieben.

Warum so laut?

Warum sind manche Menschen beim Sex so laut? Warum stöhnen und schreien sie in einer Lautstärke, bei der unbeteiligte Personen mithören müssen, ob sie wollen oder nicht? Und für wen ist dieses akustische Signal gedacht – für den Partner oder für die mehr oder weniger unbeteiligten Zuhörer? Oder handelt es sich gar nicht um ein Signal, sondern nur um eine unwillkürliche Lautäußerung?

Beobachtet man, bei welchen Gelegenheiten Menschen und andere Tiere laute Töne von sich geben, dann spricht viel für die dritte Option. Starke Emotionen werden fast immer von entsprechenden Lautäußerungen begleitet. Es ist erstaunlich, wie lange und laut kleine Babys schreien können. Jugendliche und Erwachsene brüllen vor Wut oder Schmerz. Musik, die Sprache der Gefühle, ist oft ohrenbetäubend und sie wird vom Klatschen und Pfeifen des Publikums begleitet. Zu den unverzichtbaren Bestandteilen jedes Mannschaftssports zählen Lärmen und Johlen; der Torjubel aus einer Fußballkneipe ist unüberhörbar.

Treten die Laute beim Sex auf diese Weise mehr oder weniger automatisch auf, werden sie zudem unvermeidlich zum Signal. Adressat ist zunächst der Sexualpartner, der aus der Art und Stärke auf den Erregungszustand und die empfundene Lust schließen kann. Wie wir sehen werden, legen sowohl Männer als auch Frauen großen Wert darauf, beim Gegenüber die richtigen Gefühle zu erzeugen. Und Lautäußerungen sind eine Möglichkeit zu überprüfen, wie gut das gelingt. Insofern haben die deutlich hörbaren Anzeichen des sexuellen Höhepunkts eine wichtige kommunikative Funktion.

Was ist mit anderen Gruppenmitgliedern? Menschen sind soziale Tiere, ihr Sexualleben ist niemals nur Privatsache, vielmehr interessiert sich eine ganze Reihe von Personen dafür, wer mit wem beim Sex welche Gefühle hat. Das beginnt mit den Kindern, die schon präventiv eifersüchtig auf weiteren Nachwuchs sind.[33] Auch Eltern, Verwandte und Freunde reden dabei gerne mit. Und nicht zuletzt gibt es Rivalen und Neider.

An dieser Stelle möchte ich noch eine besonders kontrovers diskutierte Option ansprechen: Haben die lauten Lustschreie mancher Frauen den Zweck, dem Mann emotionale Sicherheit zu geben, oder sollen sie weitere Sexualpartner anlocken? Wahrscheinlich spielen beide Optionen eine Rolle und es kommt auf die Situation an, welche im Vordergrund steht. Die Lustschreie einer Frau, die in ihrer Beziehung glücklich ist, werden also etwas anderes bedeuten, als wenn sie gerade auf dem Absprung ist.[34]

> Allgemein aber gilt: Sobald Menschen sich ihren Gefühlen hingeben, werden sie fast zwangsläufig laut. Und da der sexuelle Höhepunkt zu den intensivsten Emotionen überhaupt gehört, ist zu erwarten, dass die Geräusche entsprechend deutlich ausfallen. Insofern ist es nicht verwunderlich, dass Menschen beim Sex laut sind, sondern es ist erklärungsbedürftig, warum sie oft auch leise sind.

Warum es sich in manchen Situationen nicht empfiehlt, beim Sex laute Geräusche zu machen, zeigen Tierbeobachtungen. So lässt sich bei Schimpansen und Pavianen von der Lautstärke beim Sex auf den sozialen Rang, vor allem der Männchen, schließen. Dabei gilt: je höher, umso lauter. Der Grund ist, dass höherrangige Männchen keine Angst haben müssen, beim Sex gestört und attackiert zu werden. Alle anderen schon. Entsprechend müssen sie ihre sexuelle Erregung unterdrücken und verbergen.

Diese Zurückhaltung überträgt sich auch auf die Weibchen. Wenn sie mit einem Alphamännchen kopulieren, sind ihre Rufe lauter und länger. Bei Paarungen mit niederrangigen Individuen vermittelt ihr «lautloser Schrei» dagegen «den Eindruck von heftigen Emotionen, die nur mit der größten Anstrengung beherrscht werden».[35]

Gilt das auch für Menschen? Die Tatsache, dass viele Paare beim Sex eher leise und unauffällig sind, passt dazu, dass sie sich dabei ins Private zurückziehen, um nicht gestört zu werden. Hinzu kommt, dass Gefühlsausbrüche schon in der Kindheit durch die Erziehung unterdrückt werden. Auch später werden sie in unserer Gesellschaft nur in stark reglementierter Form toleriert. Das aber hat wohl seinen Preis. Schon Sigmund Freud hat vermutet, dass die Zähmung der «Liebestriebe» mit einer «fühlbaren Einbuße an Lust» erkauft wird.[36]

Das gilt zumindest für all diejenigen, die ihren Emotionen, wann immer möglich, freien Lauf lassen. Wer hingegen daran gewöhnt ist oder es bevorzugt, die eigenen Freuden still zu genießen, der wird auch beim Sex weder die Notwendigkeit noch das Bedürfnis verspüren, sich anders zu verhalten. Dann wird das Gefühl, durch lauten Sex Aufmerksamkeit zu erregen, eher Unbehagen als Lust bereiten.

Insofern gibt es auch hier nicht die eine Lösung für alle Situationen. Aber man kann versuchen, die äußeren Umstände so zu gestalten, dass sie der eigenen Lust nicht im Wege stehen. Und bei der Urlaubsplanung nicht unbedingt an eine hellhörige Hotelanlage denken, sondern an eine allein stehende Finca. Dann muss man weder die Freuden der anderen Gäste hautnah miterleben noch die eigene Lust öffentlich machen.

♀ Fazit ♂

Durch Begehren und Lust werden wir dazu motiviert, Sex zu haben. Und zwar sehr viel häufiger, als es zur Fortpflanzung nötig wäre. Auch der Orgasmus ist keine Erfindung der Menschen oder der Moderne, sondern eine evolutionär alte Reaktion, die wir von einem frühen Vorfahren übernommen haben.

Stimmt es also, dass Sex Spaß machen soll, wie eine Forderung unserer Zeit besagt? Natürlich wollen wir sexuelle Lust. Aber ist «Spaß» wirklich das richtige Wort, wenn man darunter ein nettes und letztlich harmloses Vergnügen versteht? Manchmal wird dies der Fall sein, und daran ist nichts auszusetzen. Aber Sex kann auch ganz anders sein und mit extremen Gefühlen, körperlichen Strapazen und verzehrender Leidenschaft einhergehen. Denn letztlich geht es dabei um mehr und um anderes als um Spaß und Entspannung.

Der Schriftsteller Sándor Márai hat vermutet, dass das instinktive Wissen über die verborgenen Seiten der Liebe nie ganz verloren gegangen ist:

> «In der Tiefe des menschlichen Bewußtseins lebt die Erinnerung an eine Liebe, die einst mehr und anderes war als eine gesellschaftliche Konvention, und auch anderes als Zeitvertreib und vergnügliches Spiel wie Bridge und Gesellschaftstanz. Es gibt die Erinnerung, daß einst jedes Lebewesen eine schreckliche Aufgabe hatte, nämlich die Liebe, also den vollständigen Ausdruck des Lebens, das Daseinsgefühl mit allen Konsequenzen, bis hin zur Vernichtung. Doch das erfährt man erst sehr spät.»[37]

Wenn Márais Worte auch für die körperliche Liebe gelten, wenn sie mehr ist als Lust um der Lust willen, dann sollte die Befriedigung am intensivsten sein, wenn wir das biologisch Richtige tun. Und es ist zu erwarten, dass der Genuss größer ist, wenn sich Verlangen aufgebaut hat, ein Hunger nach Sex. Ist das richtig? Ich denke, ja.

Vielleicht wäre es ja ganz nett, wenn die Natur etwas von einer großmütigen Pharmafirma hätte, die Lustpillen erfindet, um sie dann kostenfrei an alle zu verteilen, die glauben, ein Anrecht auf Lebensfreude zu haben, ohne etwas dafür leisten zu müssen. Aber so funktioniert unser Körper nicht. Und jeder Versuch, die Natur zu überlisten und sich die Lustprämie an den biologischen Notwendigkeiten vorbei zu verschaffen, wird an Grenzen stoßen.

Konkret: Es lässt sich wahrscheinlich nicht verhindern, dass die Lust am Sex verloren geht oder schal wird, wenn sie dauerhaft zu einfach und zu mühelos zu haben ist. Wenn das stimmt, dann hört auch das Rätsel, warum so viele Menschen über Lustlosigkeit und Langeweile in ihrem Sexleben klagen, auf, ein Rätsel zu sein. Denn warum sollten unser Körper und unser Geist auf gedankenlosen Konsum und chronische Übersättigung mit etwas anderem reagieren als mit ebenso chronischer Appetitlosigkeit?

Die Tatsache, dass der Sex auch eine «schreckliche Aufgabe» ist, bedeutet nicht, dass er den Preis nicht wert wäre. Im Gegenteil. Er ist es oft wert – subjektiv, für unser Wohlbefinden, und objektiv, aus Sicht der Evolution. In den nächsten Kapiteln werde ich schildern, worin diese Aufgabe besteht und warum sie nicht immer schrecklich sein muss. Warum Sex für Menschen wichtig ist, auch wenn es nicht darum geht, ein Kind zu zeugen. Und ich werde zeigen, wie lustvoller Sex die Partnerwahl verbessert, die Paarbindung festigt und das Selbstvertrauen stärkt.

KAPITEL 3

DER ULTIMATIVE PARTNERTEST

Wer oder was entscheidet, ob die Beziehung zweier Menschen eine Zukunft hat? Das Bankkonto, die soziale Herkunft oder doch eher das Sternzeichen? Gemeinsame Weltanschauungen, Hobbys oder politische Überzeugungen? Der Zufall oder das Computerprogramm einer Partnervermittlung? Bei der Vorauswahl mag all das und vieles mehr eine Rolle spielen – aber wenn es ernst wird, zählen ganz andere Dinge: Dann übernimmt unser Körper das Kommando und signalisiert, wen wir gerne anschauen und riechen, wen wir küssen und berühren wollen und wer uns im Bett besonders viel Freude bereitet.

Die Lust beim Sex ist nicht das einzige Kriterium, natürlich nicht. Aber es dürfte bis zu einem bestimmten Alter schwierig werden, eine Partnerschaft am Leben zu erhalten, wenn es mit dem Sex nicht oder nicht mehr klappt. Selbst dann, wenn viele andere Gründe dafürsprechen. Umgekehrt geht das schon viel eher. Wenn der Sex gut ist, dann kann anderes leicht nebensächlich werden.

Im Erotikthriller *Basic Instinct* aus dem Jahr 1992 soll der Ermittler Nick Curran, gespielt von Michael Douglas, den grausamen Sexualmord an einem Rocksänger aufklären. Hauptverdächtige ist die von Sharon Stone verkörperte Schriftstellerin Catherine Tramell. Curran ist fasziniert von ihrer kühlen Schönheit und lässt sich auf eine Affäre ein. Nachdem er mit ihr im Bett erlebt hat, was er den «Sex des Jahrhunderts» nennt, werden die letzten Bedenken über Bord geworfen: Es spielt kaum mehr eine Rolle, ob er seinen Job bei der Polizei verliert, ob Tramell ihren früheren Liebhaber tatsächlich mit dem Eispickel erstochen hat und was seine Freunde an Ermahnungen und Bedenken vorbringen.

Die gegenteilige Situation ist ebenso aussagekräftig. Im autobiographisch inspirierten Spielfilm *Die weiße Massai* von 2005 verliebt sich eine Schweizer Touristin in den Krieger Lketinga aus einer der traditionellen Viehzüchterkulturen Kenias. Obwohl sie ihn nur für wenige Augenblicke gesehen hat, ist sie von seiner körperlichen Präsenz und seiner Ausstrahlung so beeindruckt, dass sie ihrem Freund den Laufpass gibt und sich auf die abenteuerliche Suche nach dem schönen Massai macht.

Schließlich kommt es zur ersehnten Begegnung – mit einem mehr als ernüchternden Resultat. Ohne Vorspiel, ohne Sinnlichkeit und ohne Leidenschaft gerät der sexuelle Akt zu einem banalen und frustrierenden Erlebnis. Nichtsdestoweniger beschließt sie, die Signale ihres Körpers zu überhören und bei Lketinga zu bleiben. Letztlich zerbricht die Beziehung an den kulturellen Unterschieden, aber sie scheitert auch daran, dass es nicht gelingt, eine gemeinsame sexuelle Basis zu finden.

Worüber man nicht spricht

Es gilt nicht mehr als moralisch verwerflich, sich bei der Suche nach dem idealen Partner von etwas so Schnödem wie der sexuellen Lust leiten zu lassen. Als besonders vorbildlich gilt es allerdings auch nicht. Wie schwer es vielen Menschen fällt, die Bedeutung der sexuellen Zufriedenheit für die Partnerwahl zu akzeptieren, wird augenfällig, wenn man sich entsprechende Umfragen ansieht.

Als wichtige Qualitäten gelten beispielsweise «Gute finanzielle Perspektiven» und «Geselligkeit», und erwähnenswert ist, dass der Wunschpartner gut kochen und putzen können sollte. Im Gegensatz dazu wird schamhaft verschwiegen, dass es schon einen Unterschied macht, ob er oder sie im Bett Talente hat oder nicht (Anhang, Tabelle 3). Wer kann das glauben? Natürlich wollen die meisten Menschen nicht nur aus diesem einen Grund lieben und geliebt werden. Aber das gilt für andere Kriterien – für Geld, Aussehen und sozialen Status – ebenso. Die Präferenzen bei der Partnerwahl, die aus Umfragen gewonnen wurden, müssen noch aus einem anderen Grund mit Vorsicht interpretiert werden.

In einer aktuellen Studie wurden frisch verheiratete Paare um eine Einschätzung ihrer Partnerschaft gebeten. Ergänzend wurden mit Hilfe einer trickreichen Versuchsanordnung ihre unbewussten Gefühle ermittelt: Zunächst zeigte man den Probanden für eine drittel Sekunde die Fotografie ihres Partners. Unmittelbar danach wurde ein Wort mit einer positiven oder einer negativen Bedeutung eingeblendet (z. B. «entzückend» oder «abstoßend»). Anschließend wurde die Zeit gemessen, die die Probanden brauchten, um es als positives oder negatives Wort zu identifizieren. Wenn sie bei einem positiven Wort schnell antworteten, schloss man auf eine positive Einstellung zum Partner. Wenn die Reaktion bei einem negativen Wort schnell erfolgte, auf eine negative Einstellung.

Vier Jahre später wurde überprüft, ob die bewussten oder die unbewussten Antworten die Zukunft der Beziehungen besser vorausgesagt hatten. Das Resultat: Menschen sind meist nicht in der Lage, bewusst eine realistische Einschätzung abzugeben. Ganz anders sah es bei den automatisch ablaufenden Reaktionen aus: Sie sagten die Zukunft der Partnerschaften sehr zuverlässig voraus.[38]

Wie entsteht dieses geheime Wissen? Eine Möglichkeit ist, dass es auf den subtilen Informationen beruht, die unser Körper ständig mit allen Sinnen aufnimmt, ohne dass uns das bewusst wird. Bei Berührungen, beim Küssen und – besonders intensiv – beim Sex. Wie unsere Körper diese Informationen bewerten, das erfahren wir dann in Form von Lust oder Unlust.

Wenn eine Frau, schrieb Natalie Angier, in ihren sexuellen Entscheidungen frei ist und ihrer Lust folgt, dann «stehen die Chancen gut, dass das Ergebnis vernünftig ausfällt». Dann wird sie «wahrscheinlich Sex mit Männern haben, die sie attraktiv findet», und kann «so ihre persönlichen, politischen und genetischen Pläne fördern».[39] Bei Männern, so kann man ergänzen, verhält es sich ebenso.

Warum wir wählen können

Die sexuelle Lust kann nur zum Mittel der Partnerwahl werden, wenn zwei Voraussetzungen gegeben sind. Zum einen muss es möglich sein, Sex zu haben, ohne dass es zur Schwangerschaft kommt und ohne dass daraus weitere Verpflichtungen erwachsen. Nur so lassen sich mehrere Partner testen. Man muss, heißt es in den *Gefährlichen Liebschaften*,

> «vergleichen, um zu wählen, und wie soll man das können, wenn ein einziger Gegenstand uns erfüllt, wenn man diesen selbst nicht kennen kann, berauscht und verblendet, wie man ist?»[40]

Zum anderen muss es Unterschiede beim Lustempfinden geben. Warum erwähne ich diesen Punkt überhaupt? Ist es nicht selbstverständlich, dass Orgasmus nicht gleich Orgasmus, Liebesnacht nicht gleich Liebesnacht ist?

Bei Frauen steht das außer Frage, da sie bekanntermaßen nicht immer, sondern nur mehr oder weniger häufig zum Höhepunkt kommen. Insofern spricht vieles dafür, dass der weibliche Orgasmus nicht nur die biologische Aufgabe hat, Frauen dazu zu bewegen, überhaupt Sex zu haben, sondern dass er als Entscheidungshilfe dient, wenn es darum geht, den Richtigen zu finden.[41]

Für Männer soll das nicht gelten. So behauptete der Evolutionspsychologe Donald Symons, dass der männliche Orgasmus wissenschaftlich unergiebig und langweilig sei, da er «mit monotoner Regelmäßigkeit vorkommt und im Wesentlichen nur für Leute interessant ist, die unmittelbar an einem beteiligt sind».[42]

Wenn das richtig wäre, dann hätte der männliche Orgasmus tatsächlich nichts mit der Partnerwahl zu tun. Wenn Männer bei einer langweiligen, abweisenden und unattraktiven Frau das Gleiche empfinden würden wie bei einer interessanten, sinnlichen und attraktiven, dann hätten sie keinen Grund, diesen Eigenschaften irgendeine Bedeutung beizumessen. Aber natürlich ist das nicht der Fall.

Es ist ein Irrtum zu glauben, der Orgasmus der Männer wäre wie ein Reflex, der – egal wie die Umstände sind – in der immer gleichen Weise auftritt. Seltsam, dass männliche Autoren zu dieser Einschätzung kommen. So abgestumpft, dass sich der Sex, egal mit wem, immer gleich anfühlt, dürften wohl die wenigsten sein. Mehr ist aber nicht zu fordern, damit die sexuelle Lust auch für Männer zu einem Kriterium der Partnerwahl wird.

Was ist zur ersten Voraussetzung zu sagen, dass es nicht gleich beim ersten Mal zur Schwangerschaft kommen darf? Das kann ab und zu vorkommen. Aber die Regel ist es nicht, da es verschiedene physiologische Mechanismen gibt, die als natürliche Verhütungsmittel wirken und für vergleichsweise lange Zeiten stark reduzierter Fruchtbarkeit sorgen.

Das ist zunächst in der Pubertät der Fall. Die körperlichen Signale sexueller Reife – das Wachstum der Schamhaare und der Brust, die Veränderung der Körperform – werden rund zwei Jahre vor der ersten Regelblutung sichtbar. Auch zu diesem Zeitpunkt ist ein Mädchen aber noch nicht fruchtbar, da die Regelblutungen für etwa zwei weitere Jahre ohne Eisprung erfolgen. Zwischen dem Beginn der Pubertät und der frühesten Möglichkeit einer Schwangerschaft liegen also mehrere Jahre.[43]

Tatsächlich werden den Jugendlichen bei vielen Völkern vergleichsweise große Freiheiten zugestanden. Da es als wichtig angesehen wird, dass Heranwachsende vor der Ehe sexuelle Erfahrungen sammeln, werden voreheliche Kontakte bis hin zum Geschlechtsverkehr toleriert und sogar gefördert. Bronisław Malinowski berichtete in seinem viel diskutiertem Buch über das Sexualleben der Trobriander:

> «Ein Junge oder Mädchen möchte viele weitere [sexuelle] Erfahrungen durchleben; er oder sie genießt noch die Aussicht auf völlige Freiheit und hat keinen Wunsch, Verpflichtungen einzugehen. Obwohl erfreut von der Vorstellung, dass sein Partner treu ist, fühlt sich der jugendliche Liebende nicht verpflichtet, diese Treue zu erwidern.»[44]

Auch später im Leben gibt es immer wieder Zeiten der Unfruchtbarkeit. Bei einem durchschnittlichen Zyklus sind das immerhin drei von vier Wochen. Da der Eisprung, das heißt die fruchtbaren Tage, kaum wahrnehmbar ist, kommt es meist erst nach mehreren Versuchen zur Empfängnis. Weitere Möglichkeiten ergeben sich während der Schwangerschaft und Stillzeit. Schätzungen bei heutigen Naturvölkern haben ergeben, dass bei Frauen zwischen 17 und 39 Jahren nur an einem von hundert Tagen überhaupt die Möglichkeit besteht, schwanger zu werden.[45]

Unsere Vorfahren hatten also mehr als genügend Gelegenheiten, verschiedene Kandidaten und Kandidatinnen zu testen. Je nachdem, wie zufriedenstellend das Erlebnis ausfiel, konnte man die Beziehung intensivieren oder auf eine Wiederholung verzichten.

Mit allen Sinnen

Beim Sex ist man nackt. Nicht nur körperlich, sondern auch emotional. Die Konzentration auf das sinnliche Erleben und die Unwillkürlichkeit der körperlichen Reaktionen machen es ab einem bestimmten Punkt fast unmöglich, das eigene Verhalten zu kontrollieren. Dem kann man sich verweigern und versuchen, die Kontrolle durch das Bewusstsein aufrechtzuerhalten. Aber auch das ist ein Signal – ein Signal der Distanz, der Vorsicht und des Misstrauens.

Natürlich kann man versuchen, beim Sex etwas vorzuspielen oder vorzutäuschen – durch chemisches Doping, kosmetische Operationen oder psychologische Tricks. Für eine Weile mag das funktionieren. Wenn die Evolutionsbiologie recht hat, dann lässt sich eine solche Fassade aber nicht auf Dauer aufrechterhalten. Denn zusammen mit den sexuellen Signalen hat sich auch ein feines Gespür für ihre Echtheit entwickelt.

Wenn es beim Sex darum geht, etwas über sich und den Partner zu erfahren, dann kann das Betrachten, Küssen und Streicheln des gesamten Körpers, Oral- und Analverkehr, unterschiedliche Stellungen und vieles mehr aussagekräftiger sein, als wenn man in traditioneller Weise miteinander schläft. Im Fokus stehen dann nicht mehr nur die Genitalien, sondern ebenso wichtig werden andere Körperregionen, die gesamte Haut, die Körperbewegungen, die Geschicklichkeit und das Einfühlungsvermögen. Das erklärt, warum der Geschlechtsverkehr in menschlichen Kulturen «selten, wenn überhaupt jemals, als die einzige Form der Sexualbetätigung» vorkommt. Und es bedeutet, dass man bei der Abwertung vieler Sexualpraktiken als Perversionen von einer unzutreffenden Sicht unserer biologischen Natur ausging.[46]

Gibt es diese Dinge auch im Tierreich? Das ist der Fall. So wird beispielsweise das Schnüffeln und/oder das Lecken an den Genitalien bei zahlreichen Primatenarten, bei Fledermäusen und anderen Säugetieren beobachtet. Auf diese Weise werden chemische Informationen über den Status und die Attraktivität des Sexualpartners übermittelt. Ebenso verbreitet ist das genaue Betrachten der Genitalien.[47]

Die verborgene weibliche Wahl

Ergänzt wird die sinnliche Wahl durch rein körperliche Reaktionen. Besonders interessant ist in diesem Zusammenhang die verborgene weibliche Wahl.[48] Sie ist verborgen, weil sie in der Vagina, im Uterus und im Eileiter stattfindet. Zu dieser Form der Partnerwahl kommt es erst, wenn die Entscheidung schon gefallen zu sein scheint – während und nach der Kopulation.

Aber auch zu diesem späten Zeitpunkt kann der weibliche Körper noch differenzieren: zwischen dem Sperma verschiedener Männchen, bei der Form des Penis, bei der Art der Kopulation und bei weiteren, noch weitgehend unbekannten Merkmalen. Es scheint beispielsweise eine Rolle zu spielen, ob die Immunkomplexe der Sexualpartner zusammenpassen oder nicht.[49] Die weiblichen Geschlechtsorgane sind also kein passives Behältnis, sondern ein Sinnesorgan, das in der Lage ist, das Sperma eines bestimmten Partners aktiv zu bevorzugen.

Bei vielen Tierarten ließ sich eine verborgene weibliche Wahl nachweisen; insofern ist es nicht unwahrscheinlich, dass es ähnliche Mechanismen auch beim Menschen gibt. Wie muss man sich das vorstellen?

Indem die Frau «das Auftreten, die Reihenfolge und das Timing» ihrer Orgasmen verändert, könnte beispielsweise das Sperma unterschiedlich angenommen werden. Dadurch ließe sich in einer monogamen Beziehung der Zeitpunkt der Empfängnis beeinflussen. Schläft eine Frau mit mehreren Männern, dann kann sie auf diese Weise vielleicht auch unbewusst steuern, von welchem ihrer Liebhaber sie am ehesten schwanger wird. Den Männern soll diese Wahl weitgehend verborgen bleiben.[50] Falls es diese und ähnliche Mechanismen tatsächlich geben sollte, würde die Partnerwahl eine äußerst interessante Erweiterung erfahren.

Insofern ist es nicht verwunderlich, dass entsprechende Hypothesen in der Wissenschaft und in den Medien beträchtliches Aufsehen erregten, als sie in den 1990er Jahren vorgestellt wurden. Zumal es dabei nicht nur um physiologische Detailfragen geht: Da die verborgene weibliche Wahl vor allem Sinn macht, wenn eine Frau mehrere Sexualpartner hat, ergeben sich Konsequenzen für das allgemeine Verständnis des menschlichen Liebeslebens.

Bis heute ist es in der Wissenschaft allerdings umstritten, ob und welche Mechanismen verborgener weiblicher Wahl es beim Menschen tatsächlich gibt. Im Moment überwiegen eher die Zweifel.[51] Aber auch so kann sich eine Frau bei der Partnerwahl an einer Vielzahl von Kriterien orientieren.

Wenn der Höhepunkt ausbleibt

Die schöne Orra hat alles, was ein Mann begehrt: Intelligenz, Charakter und Charme. Nur eines fehlt – sie kann nicht zum Orgasmus kommen:

> «Sie war nicht gekommen. Sie sagte, sie sei noch nie gekommen, bei niemandem. Sie sagte, es mache ihr nichts aus.»

Ihrem Freund lässt das keine Ruhe, obwohl ihm Orra beim Sex alle anderen Wünsche erfüllt:

> «Aber es brachte keine Freude oder Befriedigung; es ärgerte, beunruhigte mich, daß sie nicht kam. Die Freude oder Befriedigung blieb auch im Hinblick auf mich selber aus.»

Das Zitat stammt aus Harold Brodkeys Erzählung *Unschuld*. Brodkey schildert hier, wie ein Student seine Freundin aus etwas erwecken will, was er als sexuelle Totenstarre empfindet. Männliche Eitelkeit und Angeberei schwingen sicher mit. Aber da sind noch andere Motive: ein Unbehagen, dass der Partnerin die Lust verwehrt bleibt, die er selbst empfindet. Die Unzufriedenheit, dass zwei Menschen wegen dieser Grenze nicht wirklich «großartige Liebende» werden können. Der Ärger, dass seine Freundin im Bett zur «zwanghaften Lügnerin» werden muss, um ihm zu gefallen. Und die Befürchtung, dass «eine minderwertige sexuelle Erfahrung, selbst wenn sie sich auf Liebe» gründet, seine eigene sexuelle Potenz untergraben und letztlich die Beziehung zerstören wird.[52]

Männer interessieren sich nicht immer für den Orgasmus der Frau: wenn ihnen die Zufriedenheit der Partnerin nicht wichtig ist oder wenn sie sich ihrer Sache auch so sicher sind. Wenn sie keine Ambitionen haben, die Beziehung zu vertiefen, oder wenn die eigenen Bedürfnisse ganz im Vordergrund stehen. Auf der anderen Seite kann der Orgasmus der Frau für einen Mann sogar wichtiger werden als für sie selbst. So wie umgekehrt eine Frau Dinge tut, von denen sie weiß, dass sie ihrem Freund oder Mann gefallen. Indem sie erotische Wäsche anzieht, sich hübsch macht und im Bett liebevoll ist. Und es genießt, wenn sie ihm Lust bereitet.

Diese Form des Werbens kann nur funktionieren, wenn der Orgasmus des Partners oder der Partnerin erkennbar ist. Und wenn ein Interesse an seiner bzw. ihrer sexuellen Zufriedenheit besteht. Die Biophilosophin Elisabeth Lloyd hat argumentiert, dass beides höchst zweifelhaft ist. Denn Frauen täuschen den Höhepunkt häufig erfolgreich vor. Und den meisten Männern soll das körperliche Glück der Frauen sowieso egal sein.[53] Vielleicht ist die Realität ja wirklich oft so ernüchternd. Und selbst in einer so leidenschaftlichen Liebesbeziehungen wie der zwischen Anaïs Nin und Henry Miller gibt es dieses dunkle Geheimnis:

> «Irgend etwas muss immer geheim bleiben. Vor Henry verberge ich die Tatsache, daß ich kaum jemals zu einer wirklichen sexuellen Befriedigung komme [...]. Ich möchte seine Lust nicht schmälern. Außerdem empfinde ich eine Art breitgefächerte Lust, die zwar weniger stark ist, aber länger anhält als ein Orgasmus.»[54]

Vielleicht muss das Liebesspiel aber auch nicht immer auf Kosten der Frauen gehen. Denn wenn es stimmt, dass der «weibliche Orgasmus der ultimative Ausdruck der weiblichen Partnerwahl» ist, dann macht es für einen Mann Sinn, auf die Anzeichen sexueller Lust bei der Frau zu achten. Nicht zuletzt aus eigenem Interesse: Je mehr Wert Männer auf den Orgasmus ihrer Partnerin legen, umso glücklicher sind sie selbst in der Beziehung.[55]

Die Erektion oder Warum so lang?

Woran kann eine Frau ihrerseits erkennen, ob ein Mann sexuell interessiert und zufrieden ist? Am Orgasmus, aber der kommt relativ spät. Ein anderes Zeichen ist dagegen schon früher wahrnehmbar: die Erektion. An diesem Punkt ähnelt die Erektion des Mannes dem Orgasmus der Frau. Beide sind kapriziös und gerade dadurch, dass sie auch ausbleiben können, aussagekräftige Signale. Immerhin zehn bis zwanzig Prozent der Männer klagen über sexuelle Versagensängste und Erektionsprobleme.[56] Der enorme kommerzielle Erfolg von Potenzmitteln wie Viagra spricht dafür, dass das eher die Untergrenze ist.

In gewisser Weise sind diese Probleme in der männlichen Anatomie angelegt: Der menschliche Penis ist in einer Weise konstruiert, die eine Erektion schwieriger und damit aussagekräftiger macht. Im Unterschied zu den meisten anderen Primaten fehlt ihm ein Knochen, er ist relativ lang und ungewöhnlich dick.[57] Zudem muss die Erektion länger aufrechterhalten werden als bei Schimpansen und Bonobos. Das gilt, selbst wenn man eher niedrige Zahlen zugrunde legt: Im Durchschnitt kommen Männer fünfeinhalb Minuten nach dem Beginn der Penetration zum Orgasmus. Bei Schimpansen dauert das gerade einmal sieben, bei Bonobos vierzehn Sekunden.[58]

Die Initiative zur zeitlichen Verlängerung des Geschlechtsverkehrs ging wahrscheinlich von den Frauen aus, ähnlich wie ich das in Kapitel 1 für die Häufigkeit beschrieben habe. Dafür sprechen zum einen Tierbeobachtungen. Löwen und andere Großkatzen beispielsweise kopulieren an sieben aufeinanderfolgenden Tagen bis zu 100-mal pro Tag. Die Initiative geht dabei von den Weibchen aus, die auf diese Weise die Vitalität der männlichen Tiere testen. Bären kopulieren aus demselben Grund ausdauernd (20 Minuten), aber weniger häufig.[59]

Zum anderen brauchen Frauen meist länger, um beim Geschlechtsverkehr zum Orgasmus zu kommen. Man hat das als Ausdruck der stärkeren Sexualunterdrückung erklärt; es könnte sich aber auch um eine biologisch sinnvolle Reaktion handeln. Denn auf diese Weise lassen sich nicht nur die körperliche und geistige Fitness eines Mannes, sondern auch seine Ausdauer und seine Gefühle auf die Probe stellen.

Aber auch die Männer profitieren von der Intensivierung der sexuellen Kontakte. Denn man kann sich nur näher kennenlernen, wenn man sich Zeit nimmt. Und ist der Penis dann «glücklich, wird sein Besitzer eher in einer Langzeitbeziehung mit einer Frau bleiben».[60] Insofern lässt sich die zeitliche Ausdehnung des Geschlechtsverkehrs beim Menschen aus der Partnerwahl erklären, die wegen der Paarbindung eine größere Bedeutung hat als bei Schimpansen und Bonobos.

♀ Fazit ♂

Beim Sex kann man viel über sich und andere Menschen erfahren. Deshalb sind fantasievoller, ausdauernder Sex und häufige Berührungen am Anfang einer Beziehung wichtig: um sich kennenzulernen, um die Qualitäten und Talente des anderen einzuschätzen und um zu sehen, ob man zusammenpasst.

Die körperliche Unmittelbarkeit macht die Sexualität zu einem aussagekräftigen und schwer zu fälschenden Abbild der eigenen Gefühle und des Zustandes einer Beziehung. Das wird noch dadurch intensiviert, dass beim Sex alle Sinne zum Einsatz kommen und wir gleichermaßen sehen, hören, riechen, schmecken und fühlen.

Man muss nicht so weit gehen wie die Sexualforscher William Masters und Virginia Johnson, die jeden Geschlechtsverkehr penibel dokumentierten und über der Faszination an den physiologischen Details vergaßen, dass es dabei auch um Gefühle und Nähe geht. Regelmäßiges Küssen und Schmusen sind ebenso wichtig und effektiv wie sexuelle Zärtlichkeiten, wenn es darum geht, emotionale Nähe und Vertrauen aufzubauen und eine glückliche Beziehung zu führen.

Auch bei anderen Tieren kommt es in der Anfangsphase der Paarbildung zu vermehrten Kopulationen. Haben die Paare dann zusammengefunden, wird der Sex selten und dient nur noch zur Zeugung von Nachwuchs. Beim Menschen ist das ganz anders. Oder doch nicht?

KAPITEL 4

SEX ALS BEZIEHUNGSKITT

Frauen verlassen ihre Männer, wenn die Liebe schwindet und das sexuelle Begehren stirbt. Von diesem Schicksal erzählen einige der berühmtesten Romane der Weltliteratur. In Leo Tolstois *Anna Karenina* klagt die Titelheldin, dass die Menschen ihren Ehebruch verurteilen werden. Zu Unrecht, wie Anna meint, denn sie wissen nicht, wie ihr Mann

> «acht Jahre lang mein Leben erstickt hat, alles erstickt hat, was an Lebendigem in mir war, wie er kein einziges Mal darüber nachgedacht hat, dass ich eine lebendige Frau bin, die Liebe braucht. [...] Aber eines Tages sah ich ein, dass ich mich nicht länger selbst täuschen kann, dass ich lebendig bin, dass ich nicht schuld bin, wenn Gott mich so geschaffen hat, dass ich lieben und leben muss.»[61]

Anna und ihr Mann haben nur ein einziges Kind: einen achtjährigen Sohn. Nach seiner Zeugung, so deutet Tolstoi an, war es mit der Liebe und dem Sex im Hause Karenin vorbei. Als Anna von ihrem Liebhaber Wronski schwanger wird, besteht jedenfalls kein Zweifel, dass das Kind von ihm ist.

Männer empfinden an diesem Punkt kaum anders: Sexueller Frust führt nicht selten zu Untreue oder Trennung. Die beiderseitige Zufriedenheit im Bett scheint also eine wichtige Voraussetzung für eine funktionierende Beziehung zu sein. Zweifelhaft ist lediglich, ob die sexuelle Lust die Ursache dafür ist, dass sich Menschen in einer Beziehung wohlfühlen. Oder ob sie mehr Lust empfinden, wenn es in der Beziehung ganz allgemein besser läuft. So wie es aussieht, stimmt beides, und die Freude im Bett und die generelle Zufriedenheit beeinflussen sich wechselseitig im positiven wie negativen Sinn.[62]

Es ist auch keine große Überraschung, dass die Liebe bei jung verheirateten Paaren erst durch die gemeinsam genossene sexuelle Lust ihre volle Erfüllung findet. In einer aktuellen Studie wurde untersucht, ob die Häufigkeit und Qualität des Geschlechtsverkehrs einen Einfluss darauf hat, ob sich ein Paar innerhalb der ersten fünf Jahre Ehe trennt oder nicht.[63] Das Ergebnis war, dass es nicht entscheidend ist, ob man einmal oder fünfmal in der Woche miteinander schläft, sondern ob der Sex als lustvoll empfunden wird. Während die Männer mehr Wert auf die sexuelle Qualität der Beziehung legten, betonten die Frauen ihre allgemeinen Qualitäten, zu der auch die Zufriedenheit mit dem Sex beiträgt.

Die Studie ist noch aus einem anderen Grund aufschlussreich: Sie wurde im US-Bundesstaat Louisiana durchgeführt. Louisiana ist Teil des sogenannten Bible Belt im Süden der USA, einer Gegend, die als konservativ und streng religiös bekannt ist. Es ist also nicht von vorneherein klar, ob sich die Ergebnisse auf andere Regionen der USA und auf Europa übertragen lassen. Aber gerade weil die Daten in einem traditionellen Umfeld gewonnen wurden, bestätigen sie die These, dass guter, aber nicht unbedingt sehr häufiger Sex ein wichtiger Beziehungskitt ist.

Was aber, wenn die Flitterwochen nur noch eine ferne Erinnerung sind? Ist dann der Gang der Dinge unvermeidlich der, dass der «Reiz des Neuen», wie Gustave Flaubert in *Madame Bovary* schreibt, langsam abfällt «wie ein Kleid» und «die ewige Monotonie der Leidenschaft» entblößt, «welche stets die gleichen Formen hat und die gleiche Sprache»?[64]

Dass die Suche nach dem Reiz des Neuen keine Erfindung unserer Zeit ist, belegt auch Boccaccios mittelalterliche Geschichtensammlung, das *Dekameron*. In einer der Geschichten wird erzählt, wie unvermittelt Leidenschaft aufflammen kann, wenn es nicht um die eheliche Pflicht, sondern um einen Seitensprung geht:

«Ach, ich Elende! für wen habe ich so viel Jahre lang eine so innige Liebe gehegt? Für diesen ruchlosen Hund, der mir in der Meinung, eine andere im Arme zu halten, in dieser kurzen Zeit, die ich hier bei ihm bin, mehr Liebkosungen und Zärtlichkeiten geschenkt hat, als in der ganzen übrigen Zeit, die ich seine Frau bin. Heute bist du üppig gewesen [...] und zu Hause, da bist du schwach und matt und kraftlos!»

Wie sich herausstellt, war Catella aber nicht zu ihrem Mann ins Bett gestiegen, sondern zu Ricciardo, der zu einer List gegriffen hatte, um sie zu verführen. So oder so handelt es sich um einen Seitensprung, und so beschließt Boccaccio die Geschichte mit den Worten:

«Und da nun die Dame erfahren hatte, um wieviel würziger die Küsse des Geliebten als die des Gatten sind, verwandelte sie ihre Härte gegen Ricciardo in süße Liebe [...] und richtete es mit Vorsicht und Bedachtsamkeit so ein, daß sie sich noch zu oft Malen ihrer Liebe erfreuten.»[65]

Glaubt man einer neueren Studie, dann ist das von Flaubert und Boccaccio beschworene Versiegen der Lust ein vielleicht häufiges Schicksal, aber es ist nicht unabwendbar. Selbst in langjährigen Beziehungen von durchschnittlich 25 Jahren gehörte bei den Teilnehmern dieser Studie die sexuelle Zufriedenheit zu den Faktoren, die am meisten zur Stabilität und zum Wohlbefinden in der Partnerschaft beitrugen. Je besser es im Bett klappte, umso zufriedener waren sowohl die Männer als auch die Frauen mit der Beziehung.[66]

Wird Sex überschätzt?

Interessanterweise scheint es keinen Zusammenhang zwischen der Häufigkeit zu geben, mit der zwei Menschen miteinander schlafen, und ihrer sexuellen Zufriedenheit. Aus dieser Beobachtung hat der Mediziner und Journalist Werner Bartens kürzlich geschlossen, dass «häufiger, guter Sex als Kitt für eine dauerhafte Ehe» überschätzt wird. Da sich beides sogar ausschließen soll, lautet seine Empfehlung an alle, die eine Beziehung aufrechterhalten wollen: nicht häufigen, sondern «sparsamen» Sex.[67]

Aber wie sparsam ist sparsam? Bartens wird wahrscheinlich nicht so weit gehen und dafür plädieren, nur ein- oder zweimal pro Jahr miteinander zu schlafen. Aus biologischer Sicht ist das nicht so abwegig, wie es zunächst klingt. So werden bei den Gibbons, die als Menschenaffen vergleichsweise nah mit uns verwandt sind, nur drei Kopulationen pro Geburt gezählt. Was würde ein Gibbon-Pärchen wohl zum exzessiven Liebesleben der Menschen sagen? Dass selbst prüde und sittenstrenge Exemplare von *Homo sapiens* vom Sex besessen zu sein scheinen? Wären sie evolutionsbiologisch interessiert, dann kämen sie wohl zu dem Schluss, dass regelmäßiger Sex für menschliche Paare aus irgendeinem Grund wichtig ist.

Es ist ja nicht so, dass der Sex mit der Zeit zum seltenen Ereignis werden oder gänzlich verschwinden muss. Vielmehr verringert sich seine Häufigkeit nach rund sechs Jahren Beziehungsdauer von durchschnittlich zweimal auf einmal die Woche. Danach bleibt der Wert für mehrere Jahrzehnte stabil.[68]

In der medialen Berichterstattung wird diese Abnahme oft als Mangel beschrieben und unterstellt, es sei wünschenswert, die hohe Frequenz der ersten Jahre beizubehalten. Das entspricht aber weder dem subjektiven Empfinden der meisten Menschen, die die niedrigere Frequenz eben gerade nicht als Beeinträchtigung empfinden, noch den biologischen Erwartungen. Im Gegenteil: Verglichen mit anderen paarbindenden Arten haben Menschen erstaunlich häufig Sex, und das über lange Zeit. Warum das so ist, werde ich in Kapitel 12 noch näher diskutieren.

In ihrer starken Form ist die These, dass «schlechter und seltener Sex» keinen nennenswerten Einfluss auf die Trennungsrate hat,[69] jedenfalls mit Sicherheit falsch. Natürlich gibt es Paare, die zusammenbleiben, obwohl sie sich sexuell auseinandergelebt haben; die anderes als die körperliche Anziehung verbindet. Mindestens ebenso häufig bedeutet es jedoch den Anfang vom Ende einer Beziehung, wenn man kaum noch oder nicht mehr miteinander schläft. Und spätestens, wenn man den Partner oder die Partnerin nicht mehr riechen kann, sollte man sich neu orientieren, wenn nicht triftige Gründe dagegensprechen.

Die Bedeutung des Sex für die Haltbarkeit einer Beziehung wird auch deutlich, wenn man sich die Gründe für eine Scheidung oder

Trennung ansieht. Bis heute steht sexuelle Untreue ganz oben auf der Liste, auch wenn sie etwas von ihrer früheren Bedeutung verloren zu haben scheint.[70]

In Tolstois *Anna Karenina* versucht der bei einem Seitensprung ertappte Oblonski seine Frau mit den Worten zu besänftigen:

«Erinnere Dich, können denn neun Lebensjahre nicht ein paar Minuten aufwiegen, [...] Minuten ... Minuten einer flüchtigen Passion ...»

Das Einzige, was er mit seinem Beschwichtigungsversuch erreicht, ist, dass ihr Schmerz und ihre Wut noch intensiver werden:

«Sie sind mir widerwärtig, ein Greuel! [...] Ihre Tränen sind Wasser! Sie haben mich nie geliebt; Sie haben weder Herz noch Edelsinn! Sie sind mir widerwärtig, abscheulich, fremd, ja, fremd!», schreit sie dem untreuen Ehemann entgegen.[71]

Warum kann ein Seitensprung so extreme Emotionen hervorrufen? Weil wir alle wissen, dass es von lustvoller Sexualität zu emotionaler Verbundenheit oft nur ein Schritt ist. Insofern demonstriert die Angst vor dem Fremdgehen des Partners auf eindrucksvolle Weise, wie wichtig körperliche Verbundenheit für eine Beziehung ist.

Eifersucht muss nicht immer zu Wut und Ablehnung führen, sondern sie kann den gegenteiligen Effekt haben und das sexuelle Begehren sogar noch intensivieren. Besteht die Gefahr, dass sich der Partner oder die Partnerin anderweitig orientiert, dann kann es eine gute Strategie sein, ihn oder sie im Bett auf Trab zu halten. Wenn häufiger Sex dazu dient, den Partner zu bewachen und davon abzuhalten, mit anderen zu schlafen, spricht man in der Zoologie von «mate guarding». Ist das die Erklärung dafür, dass Menschen im Gegensatz zu den meisten anderen paarlebenden Tierarten so oft und so vielfältigen Sex haben?

Wie aus Lust Nähe wird

Wer mag, der soll das Rauschmittel Sex sparsam genießen. Aber ohne es kommen wohl nur wenige Menschen aus. Das wird selbst von Autoren zugestanden, die kein gutes Haar an der sexuellen Lust lassen; die glauben, dass «die geschlechtliche, die fleischliche Liebe» die «stärkste, bösartigste und hartnäckigste aller Leidenschaften ist». Das Zitat ist einem der extremsten Beispiele für Sexualablehnung entnommen, das die Weltliteratur kennt: Tolstois Novelle *Die Kreutzersonate*.

Der Erzähler berichtet hier von seiner Ehe, die von «kalter, giftiger Feindseligkeit» geprägt war. Es gab nur ein Gegengewicht, das stark genug war, den wechselseitigen Hass für eine Weile in Schach zu halten: die «neu aufsteigende erhitzte Sinnlichkeit». Sobald der «sinnliche Trieb gestillt war», herrschte wieder «eisige Kälte».[72]

Wie aber lässt sich das flüchtige sexuelle Begehren in eine emotionale Bindung verwandeln? Der reine Sexualtrieb kann das nicht leisten, da er nach dem Orgasmus gestillt ist und erst nach einer gewissen Zeit wieder an Stärke gewinnt. Ein ständiger Zustand der Erregung wäre mit den Anforderungen des Lebens nicht vereinbar und eher quälend als lustvoll. Zudem führt Sex nicht notwendigerweise zu emotionaler Nähe: Bei der Mehrzahl der Säugetierarten gehen die Geschlechter nach der Paarung getrennte Wege.

Auch bei Menschen kommt es vor, dass ein oder auch beide Partner den Ort des Geschehens nach einer Liebesnacht fluchtartig verlassen, ohne die Handynummer zu hinterlassen oder gar das gemeinsame Frühstück abzuwarten. Ist der Fluchtreflex nur bei einem von beiden vorhanden, wird der andere das als schwere Kränkung erleben. Und selbst wenn sich beide davonmachen, wird man in vielen Fällen wohl nicht vom optimalen Ausgang eines Abenteuers sprechen.

Wenn aus Lust emotionale Nähe entsteht, dann beruht das zum einen auf einem Lernvorgang. Ein schönes Erlebnis wird man wiederholen wollen.[73] Diese psychologische Reaktion wird durch rein körperliche Mechanismen verstärkt. So nimmt bei Vätern, die sich um ihre Kinder kümmern, der Testosteronspiegel im Blut um rund ein Drittel ab. Testosteron, das Männlichkeitshormon, erhöht das sexuelle Begehren und damit die Chance, Vater zu werden. Aber es verringert die Bereitschaft, sich um den Nachwuchs zu kümmern. Wenn es so weit ist, werden die Männer deshalb chemisch gleichsam umprogrammiert – aus dem feurigen Liebhaber wird der treusorgende Vater. Damit dieser Mechanismus funktioniert, muss der Vater vergleichsweise intensiven Kontakt zu seinem Kind haben.[74] Ein zweiter machtvoller chemischer Botenstoff ist das Oxytocin. Wenn wir Hautkontakt durch Berührungen, Kraulen, Streicheln, Schmusen und beim Sex als angenehm empfinden, dann wird dieser Botenstoff ausgeschüttet und erzeugt ein Gefühl von Bindung zwischen den beteiligten Personen. Die Wirkungen des Oxytocin wurden intensiv an verschiedenen Wühlmausarten erforscht. Während sich bei den Präriewühlmäusen dauerhafte Paare bilden, leben die nahe verwandten Bergwühlmäuse einzelgängerisch. Wie sich experimentell zeigen ließ, sind diese Verhaltensunterschiede davon abhängig, wie stark die Tiere auf Oxytocin und das chemisch verwandte Vasopressin ansprechen.[75]

Beim Menschen scheint Oxytocin ähnlich zu funktionieren und alle möglichen sozialen Bindungen zu stabilisieren: zwischen Eltern und Kindern, zwischen Männern und Frauen, zwischen Haustieren und ihren Besitzern und nicht zuletzt innerhalb einer größeren Gruppe.[76]

Die positiven Wirkungen körperlicher Berührungen für unser Wohlempfinden sind aus Sicht der Verhaltensforschung nicht weiter verwunderlich: Primaten verbringen bis zu 20 Prozent der Tagzeit mit der gegenseitigen Fellpflege, deutlich mehr, als aus Gründen der Hygiene erforderlich wäre. Dieses Verhalten hat den Zweck, persönliche Bindungen aufzubauen sowie Aggressionen und Stress abzubauen; sein Entzug führt zu schweren psychischen Schädigungen.

Beim Menschen sind aus der Fellpflege allgemeine körperliche Zärtlichkeiten geworden. Ihre Wirkung ist ähnlich wie bei lustvollem Sex.[77] Über dem Sex sollte man also das Schmusen nicht vergessen.

Liebesorgien

Der Sozialutopist Charles Fourier hielt die körperliche Liebe für das wichtigste Mittel, um ein harmonisches Zusammenleben der Menschen zu gewährleisten, denn «die Natur hat die Liebe erfunden, um die sozialen Beziehungen unendlich zu vermehren». Am besten sei das durch «Liebesorgien» zu erreichen.[78]

Mittlerweile kennt man Beispiele aus der Tierwelt, die Fouriers Liebeswelt vorwegnehmen: am bekanntesten sind die Bonobos. Sie nutzen sexuelle Kontakte, um Aggressionen abzubauen und Bündnisse zu festigen. Und zwar nicht nur in heterosexuellen Konstellationen, sondern zwischen allen Mitgliedern der Horde. Bei homosexuellen Kontakten reiben die weiblichen Bonobos die Genitalien aneinander («G-G-Reiben»). Seltener wird das analoge Verhalten der Männchen beobachtet, das sogenannte «Penisfechten».[79] Auch die Schimpansen berühren sich an den Genitalien, um sich zu begrüßen und zu beruhigen.

Ganz allgemein ist bei vielen Primatenarten das wechselseitige Aufreiten und das Präsentieren der Genitalien verbreitet, ohne dass damit eine unmittelbar sexuelle Bedeutung verbunden ist. Es geht vielmehr um soziale Kommunikation und darum, Beziehungen aufzubauen.[80] Manche dieser Verhaltensweisen erinnern an den Versöhnungssex der Menschen. Bekanntermaßen gibt es kaum eine bessere Methode, um den bei einem Streit aufgestauten Groll abzubauen. Je leidenschaftlicher der Sex ausfällt, umso besser kann er seine Aufgabe als reinigendes Gewitter meist erfüllen. Andere Verhaltensweisen von Primaten ähneln Umarmungen und Begrüßungsküssen beim Menschen. So weit, so harmlos.

Sollten wir aber noch einen Schritt weitergehen und uns an den Bonobos ein Beispiel nehmen? Sollten wir häufigen Sex mit mehreren Personen beiderlei Geschlechts haben, um das soziale Miteinander zu verbessern? Und können wir das überhaupt? Christopher Ryan und Cacilda Jethá haben das in ihrem Buch Sex at Dawn behauptet. Die Menschen, so behaupten sie, hätten ursprünglich «zu jeder Zeit mehrere fortdauernde sexuelle Beziehungen» gehabt. Diese Beziehungen «verstärkten wichtige soziale Bande, indem sie die im höchsten Maße aufeinander angewiesenen Gemeinschaften zusammenhielten».[81]

Die Idee ist also, dass die Menschen im Naturzustand, das heißt vor der Entstehung der Zivilisation, in Gruppen lebten, die durch sexuelle Netzwerke zusammengehalten wurden – in etwa so, wie man das von den Bonobos kennt. Diese Netzwerke konnten sich ausbilden, weil die Frauen kontinuierlich sexuell ansprechbar waren. Dadurch ergaben sich «reichlich sexuelle Gelegenheiten für Männer» mit der Folge, dass «Konflikte abgeschwächt und größere Gruppengrößen, ausgedehntere Zusammenarbeit und mehr Sicherheit für alle möglich wurden».[82] Es klingt fast zu schön, um wahr zu sein. Und wer würde unseren Vorfahren – und nicht zu vergessen: uns selbst – ein sexuelles Paradies verwehren wollen?

Warum die freie Liebe nicht frei ist

Dass es sich bei der Gemeinschaftsbildung durch Sex nicht um ein Hirngespinst handelt, haben medizinische Studien gezeigt. Sie belegen, dass sich der soziale Zusammenhalt tatsächlich ohne den Umweg über einen bewussten Gedankengang durch reinen Körperkontakt auf unmittelbar biochemischem Weg festigen lässt. Besondere Beachtung fand in diesem Zusammenhang das oben erwähnte «Kuschel-» und «Treuehormon» Oxytocin.

Oxytocin hat aber einen doppelten Effekt: Es intensiviert nicht nur das Wir-Gefühl, sondern zugleich die Ablehnung der anderen, der Fremden und Außenseiter. Wenn dem so ist, dann muss man erwarten, dass es sexuelle Freiheit nur innerhalb einer verschworenen Gemeinschaft geben kann, während die Fremden, die politischen und sozialen Gegner ausgeschlossen bleiben müssen.[83]

Lässt sich dieser doppelte Effekt im wirklichen Leben beobachten? Die Schwulen trafen und treffen sich in geschlossenen Bars, Saunen und Clubs. Ganz ähnlich verhielten sich viele Vertreter der Achtundsechziger-Bewegung. Mit Spießern, die sich in die Szene verirrt hatten, wollte man nichts zu tun haben. Die «unpolitischen, liberalen oder konservativen Männer», die Biedermänner, waren nicht eingeladen, da sie die sexuelle Freizügigkeit als «Möglichkeit zur kostenlosen Prostitution missverstanden».[84]

Bei dem Philosophen Franz Josef Wetz sind die «Partygänger» an die Stelle der Politaktivisten getreten. Die neue Avantgarde der Raver stählt sich mit «Aufputschmitteln und Designerdrogen», um in «kollektive Ekstase» zu geraten. Als Gegenfolie müssen wieder die braven Normalbürger herhalten, die nicht wissen, wohin mit dem «Animalischen, Dämonischen oder Wilden» des eigenen Körpers, wohin mit den «eigenen geheimen Sehnsüchten».[85]

Die Abgrenzung zwischen der In-Group und der Out-Group, zwischen Uns und den Anderen, findet sich bei vielen Verfechtern der freien Liebe. Sie scheint ihnen nicht weiter aufzufallen, zumindest wird sie nicht als problematisch empfunden. Wahrscheinlich machen sie sich auch nicht bewusst, wie sehr dieses Verhalten einem Mechanismus folgt, der im Tierreich weit verbreitet ist. Bei den Schimpansen beispielsweise wird der Sex von Weibchen außerhalb der eigenen Horde mit tödlicher Aggression gegen ihren Nachwuchs geahndet.

Auch die künstlerische Fantasie hat sich dieses Themas angenommen. Im Kinofilm *Matrix Reloaded* aus dem Jahr 2003 feiern die Menschen eine orgiastische Feier, um sich ihrer Verbundenheit zu versichern («The rave scene»). Es ist der Abend vor der entscheidenden Schlacht, bevor der letzte Zufluchtsort der Menschen, eine riesige unterirdische Stadt, von den Maschinen angegriffen und vernichtet zu werden droht. Und natürlich dürfen die Feinde, die Maschinen, nicht an der Tanz- und Sexorgie teilnehmen. Das Argument, dass Maschinen kein Interesse am Sex mit Menschen haben können, zählt hier nicht, da sich die Maschinen im Film wie Lebewesen verhalten. Insofern bleibt offen, ob sie mitgemacht hätten, wenn sie zur Party eingeladen worden wären.

♀ Fazit ♂

Guter Sex ist für Männer sehr wichtig, für Frauen auch wichtig, und die Qualität des Sexlebens wirkt sich auf die Haltbarkeit von Beziehungen aus. Damit ist nicht gesagt, dass Sex der wichtigste oder gar der einzige Kitt ist. Natürlich nicht. Aber hat jemand behauptet, dass es in einer Partnerschaft *nur darum* geht?

Nicht nur Begehren und Liebe, sondern auch Angst und Hass können zwei Menschen aneinanderketten. In manchen Beziehungen wird Sex eine geringere, in anderen eine größere Rolle spielen. Zudem ändert sich sein Stellenwert im Laufe des Lebens und mit der Dauer einer Partnerschaft.[86]

Bindung durch Sex und «freie» Liebe gibt es in der Regel nur innerhalb einer verschworenen Gemeinschaft. Deren Grenzen werden meist eifersüchtig bewacht, egal ob es sich um eine Zweierbeziehung oder um eine größere Clique handelt. Auch Diskos und Clubs sind ja nicht jedem zugänglich, sondern es gehört zu ihren eisernen Ritualen, dass der Zutritt von grimmig blickenden Türstehern bewacht wird.

Der natürliche Gegenpol zu den abgrenzenden Tendenzen ist die sexuelle Neugierde. Die Lust, andere, ungewohnte Erfahrungen zu machen, exotische Schauplätze und fremde Menschen kennenzulernen. Auch sie hat ihre Schattenseiten; nicht zuletzt die Gefahr, die bestehenden Bindungen zu schwächen. Und so kann es kein allgemeines Patentrezept geben, sondern nur mehr oder weniger gute Antworten auf konkrete Lebenssituationen. Aber so ist es eigentlich immer in der Biologie. Es geht nicht um Perfektion, sondern darum, einigermaßen praktikable Lösungen zu finden.

KAPITEL 5

DER KINDERWUNSCH

Stellt man Menschen die Frage, warum sie Sex haben, dann sagen sie: «Ich war erregt; es passierte einfach; meine Hormone waren außer Kontrolle; sie war zu sexy, um zu widerstehen ...» So und so ähnlich haben junge Studierende in den USA die Frage beantwortet, und sie haben die genannten Motive unter die Top 50 von insgesamt 237 Gründen gewählt. Und der Kinderwunsch? Er landete abgeschlagen auf einem der hinteren Ränge.[87]

Dieses Ergebnis ist eigenartig. Es mag zustande gekommen sein, weil die Teilnehmer der Studie erst um die zwanzig Jahre alt waren, das heißt sich in der Phase des sexuellen Suchens und Experimentierens befanden. Und natürlich muss man als Mensch ebenso wenig wie ein anderes Tier verstehen, warum man Sex hat. Es ist nur wichtig, dass man Sex hat. Man muss ja auch nicht wissen, warum es wichtig ist zu atmen, um den unüberwindbaren Drang zu verspüren, Luft zu holen.

Insofern ist es vielleicht nicht so verwunderlich, dass Menschen alle möglichen Gründe angeben, warum sie Sex haben, nur nicht den ursprünglich entscheidenden. Die Tatsache, dass der Kinderwunsch kaum genannt wird, bedeutet also nicht, dass es ihn nicht gibt und dass er keine Rolle spielt.

Warum gibt es Männer?

Sex ist eine notwendige Voraussetzung, um Kinder zu bekommen, wenn man von technologischen Neuerungen wie der künstlichen Befruchtung absieht. Das ist richtig, erklärt aber noch nicht, warum es die sexuelle Fortpflanzung überhaupt gibt. Bei vielen Pflanzen und einigen Tieren geht es sehr wohl auch ohne Sex, was letztlich heißt: ohne Männer. Notwendig ist dazu nur, dass sich die Eizellen ohne vorherige Befruchtung entwickeln. Im Endeffekt produziert die Mutterpflanze bzw. das Weibchen so eineiige Zwillinge von sich selbst. Beobachtet wurde das bei Insekten wie Blattläusen, bei einigen Amphibien- und Reptilienarten, bei Truthennen und bei Haien.

Verglichen damit ist die sexuelle Fortpflanzung wenig effektiv und störungsanfällig. Um einen geeigneten Partner zu finden und von sich zu überzeugen, müssen Tiere oft beträchtliche Anstrengungen auf sich nehmen und große Risiken eingehen. Ist das gelungen, muss die Verbindung der beiden Genome fehlerfrei erfolgen, ohne dass es eine Gewähr gibt, dass die Nachkommen eine vorteilhafte Mischung an Genen aufweisen.

Sex ist aufwändig und umständlich und zur Fortpflanzung nicht nötig. Warum aber ist er dann entstanden? Und warum gibt es bei den meisten Tierarten physiologische Mechanismen, die verhindern, dass sich die Weibchen ohne männliche Hilfe vermehren?

Die sexuelle Fortpflanzung wirkt wie eine genetische Lotterie, durch die jedes Junge eine einzigartige Zusammensetzung von Genen erhält. Dadurch erhöht sich die Chance, dass zumindest einige von ihnen neuen Umweltbedingungen, Krankheitserregern und Parasiten etwas entgegensetzen können. Aus Sicht der Weibchen und der Gene kann man die sexuelle Fortpflanzung also als eine Strategie auffassen, die beim Nachwuchs auf die maximale Quantität verzichtet, um die Chance auf Vielfalt zu wahren.[88]

Wenn sich die Sexualität in der Evolution durchgesetzt hat, weil sie für genetische Vielfalt und Qualität sorgt, dann können wir uns fragen, wie viel davon noch in uns steckt. Ist das der Grund, warum die Menschen bei der Auswahl ihrer Sexualpartner auf Abwechslung Wert legen? Und begehren wir sexuell am intensivsten, wenn die Chance auf gesunden und fitten Nachwuchs am höchsten ist?

Tatsächlich werden in der Kunst, in der Werbung und in den Medien kulturübergreifend diejenigen Merkmale als sexuell attraktiv dargestellt, die biologisch vorteilhaft sind: Jugendlichkeit, Gesundheit und sexuelle Reife, um nur einige zentrale Punkte herauszugreifen. Natürlich gibt es Ausnahmen, wie immer in der Biologie, aber als Ausnahmen bestätigen sie die Regel.

Sex nach Plan

Obwohl Sex im Bewusstsein und im Leben vieler Menschen nichts mit Fortpflanzung zu tun hat, ist es also nicht gerechtfertigt, den Kinderwunsch gleichsam mit dem Bade auszuschütten. Viele Menschen sehnen sich nach eigenen Kindern und sie leiden, wenn dieser Wunsch nicht in Erfüllung geht. Trotzdem scheint er nicht ausschließlich im Vordergrund stehen zu dürfen. Wenn man sich die Literatur zum unerfüllten Kinderwunsch ansieht, dann wird man immer wieder mit einem schwer lösbaren Problem konfrontiert: Sobald der Sex einseitig dem Ziel einer Schwangerschaft untergeordnet ist, wird er stressig und quälend.

Das war schon der Fall, bevor die Medizin hoffnungsvollen Eltern Hormonspritzen und andere technische Hilfestellungen anbieten konnte. In den 1970er Jahren gab man Paaren mit unerfülltem Kinderwunsch folgendes Rezept mit auf den Weg: Der eheliche Koitus hatte nach einem strengen Zeitplan zu erfolgen – in der zwölften Nacht, am vierzehnten Morgen und in der fünfzehnten Nacht des Zyklus. Empfohlen wurde die sogenannte Missionarsstellung mit einem Kissen unter der Hüfte der Frau, damit das Sperma in die richtige Richtung fließt. Nach der Ejakulation sollte sich der Mann sofort zurückziehen, während die Frau für eine Stunde auf dem Rücken liegend die Knie an die Brust zu pressen hatte. Als nachteilig für die Empfängnis galt auch ein Orgasmus der Frau, da er zum Verlust von wertvollem Samen führen könne.[89]

Gegen den Sex nach Plan scheinen sich interessanterweise oft die Männer aufzulehnen, da sie sich auf die Rolle des Samenspenders reduziert fühlen. Das gilt natürlich ganz besonders, wenn es in einer Beziehung nicht stimmt. George Orwell hat das Alptraumhafte dieser Situation in seinem berühmten Roman *1984* so geschildert:

«Sie mußten [...] nach Möglichkeit ein Kind machen. Also fand die Veranstaltung weiterhin statt, recht regelmäßig einmal pro Woche, sofern überhaupt nur irgendwelche Erfolgsaussichten bestanden. Sie pflegte ihn sogar morgens daran zu erinnern, daß man an diesem Abend ja nicht vergessen dürfe, etwas Bestimmtes zu tun. [...] Schon bald verspürte er ein regelrechtes Grauen, wenn der verabredete Tag nahte.»[90]

Wenn der Sex die lustvollen und erotischen Anteile verliert, dann kann das zu schwerwiegenden Störungen und Beziehungsproblemen führen.[91] Es ist ein deutliches Signal, dass hier etwas nicht stimmt – und zwar biologisch nicht stimmt.

Insofern entspricht die von der traditionellen Sexualmoral geforderte Ausrichtung aller sexuellen Aktivitäten auf die Fortpflanzung gerade nicht der Natur des Menschen. Man kann diese Überzeugung selbst noch bei einem so vorurteilsfreien Denker wie Sigmund Freud beobachten. Er lehnte zwar die Gleichsetzung von Sexualität und Fortpflanzung als zu «engherzig» ab, schrieb aber zugleich: «Schon der Kuß hat Anspruch auf den Namen eines perversen Aktes, denn er besteht in der Vereinigung zweier erogener Mundzonen an Stelle der beiderlei Genitalien.»[92] Aus biologischer Sicht ist das schlichtweg falsch, denn beim Menschen und bei anderen Tieren umfasst der Sex von Natur aus mehr als die Vereinigung der Genitalien und die Fortpflanzung.

Warum es auch ohne geht

Vielen Menschen fällt das Aufschieben des Kinderwunsches erstaunlich leicht. Und das nicht erst, seitdem es Verhütungsmittel gibt. Dafür gibt es zwei Gründe. Zum einen hängen die Lebenschancen eines Kindes entscheidend davon ab, ob der Zeitpunkt und der Partner geeignet sind.[93] Wie andere Tiere sind Menschen deshalb darauf programmiert, die Zeugung des Nachwuchses hinauszuschieben, bis die bestmöglichen Bedingungen gegeben sind. Die verzögernden Tendenzen werden im Naturzustand durch den Sexualtrieb ausbalanciert, der dafür sorgt, dass es oft auch unter nichtoptimalen Umständen zur Schwangerschaft kommt.

Masse statt Klasse konnte erst mit der Einführung des Ackerbaus und der Nachfrage nach billigen Arbeitskräften zum Programm werden. In den letzten Jahrzehnten hat sich das Gleichgewicht in den Industrieländern auf die andere Seite verschoben. In Anbetracht langer Ausbildungszeiten, zunehmender beruflicher Anforderungen und staatlicher Altersversorgung scheint der optimale Zeitpunkt nie gegeben zu sein. Und irgendwann ist es dann zu spät.

Zum anderen kann der Kinderwunsch der Suche nach Lebensfreude widersprechen. Sexualität ist zwar an sich lustvoll, und Kinder können viel Freude bereiten. Aber diese Lust und diese Freude sind mit Gefahren und Mühen verbunden. Sexuelle Konkurrenz und Schwangerschaft beispielsweise sind oft gesundheitsgefährdend und lebensverkürzend. Und später beschert die Sorge um den Nachwuchs den Eltern manche schlaflose Nacht. Aus Sicht des Individuums kann es also Sinn machen, den Kinderwunsch hintanzustellen und sich auf das persönliche Wohlergehen und andere Lebensziele zu konzentrieren.

Biologisch gesehen muss das nicht weiter dramatisch sein, da die Gene eines Individuums in seinen Verwandten weiterleben. Auch bei der Fortpflanzung kann Arbeitsteilung die bessere Lösung sein, wie die sozialen Insekten beweisen. Bei den Ameisen, Bienen und Termiten produziert nur eine einzige Königin Nachwuchs, während Hunderttausende von Arbeiterinnen steril sind.

Anders sieht es aus, wenn eine ganze Gemeinschaft auf Fortpflanzung verzichtet oder nur noch wenige Kinder bekommt. Dann wird sie früher oder später aussterben. Insofern ist zu erwarten, dass diese Lebensweise eher selten vorkommt und nicht von Dauer ist. Aber es gab sie.

Ein aufschlussreiches Beispiel sind die Shaker, eine christliche Freikirche, die Anfang des 19. Jahrhunderts in den USA aufblühte und einige tausend Mitglieder hatte. Grundlage ihres Zusammenlebens waren Ehelosigkeit und völlige sexuelle Enthaltsamkeit.[94] Wie auch immer man diese Lebensweise moralisch bewertet, biologisch tragfähig ist sie nicht. Als die Shaker nicht mehr ausreichend neue Mitglieder anwerben konnten, nahm die Zahl ihrer Anhänger kontinuierlich ab. Heute sind sie so gut wie ausgestorben.

Die Lebensweise der Shaker war sicher extrem. Es ist aber kein Zufall, dass auch andere politische und soziale Bewegungen, die sich an neuen Formen des Zusammenlebens versuchten, in Konflikt mit der Biologie gerieten. Gilt das auch für die modernen Industriegesellschaften mit ihrer einseitigen Betonung der Karriere und des kurzfristigen wirtschaftlichen Erfolgs? Vielleicht mehr, als uns lieb ist.

♀ Fazit ♂

Es gibt tausend und einen Grund, warum Menschen miteinander schlafen. Gute Gründe wie Liebe und Zuneigung, aber auch schlechte wie Hass, Neid und Rache. Manchmal geht es um die eigene Lust und manchmal darum, jemand anderem eine Freude zu bereiten. Und zuweilen ist das körperliche Verlangen so übermächtig, dass man nicht auf die Idee kommt, nach Gründen zu fragen.

Inzwischen haben sogar einige Evolutionspsychologen vergessen, wozu der Sex einmal gut war. In dem vor wenigen Jahren erschienenen Buch *Warum Frauen Sex haben*, das umfassend über das Thema informieren will, fehlt der Kinderwunsch völlig. Schwangerschaft und Kinder werden zwar kurz erwähnt – aber nur als Ursachen für ein Abflauen der sexuellen Lust.[95]

Aus biologischer Sicht wäre es höchst verwunderlich, wenn sich etwas so Grundlegendes wie der Sexualtrieb völlig von seinem ursprünglichen Zweck entfernt hätte. Dass unser sexueller Appetit nichts mit der Fortpflanzung zu tun haben soll, ist ungefähr so seltsam wie die Vorstellung, dass unser Appetit beim Essen nichts damit zu tun hat, dass wir Nahrung brauchen, um zu überleben.

Lässt sich der Widerspruch zwischen der Offenheit unseres sexuellen Begehrens und der Tatsache, dass Sex der Zeugung von Kindern dient, auflösen?

Die Frage lässt sich in allgemeiner Hinsicht relativ einfach beantworten: Wenn ein körperliches Merkmal oder ein Verhalten mehrere Aufgaben zu erfüllen hat, dann kommt es zu Kompromissen, bei denen jede Funktion Abstriche machen muss. So ist die bunte Schmuckfeder eines Vogels nicht gleichzeitig perfekt als Kälteschutz oder zum Fliegen geeignet. Bei technischen Geräten ist das nicht anders: Je mehr unterschiedliche Aufgaben sie zu bewältigen haben, umso mehr lassen sie bei jeder einzelnen Funktion zu wünschen übrig.

Das gilt auch für den Sex. Da er beim Menschen der Partnerwahl, der Paarbindung, dem Kinderwunsch und noch vielen anderen Dingen dient, muss es zwangsläufig zu Abstimmungsproblemen kommen, für die es oftmals keine gute Lösung gibt. Insofern lässt sich der Widerspruch zwischen dem ursprünglichen reproduktiven Zweck der Sexualität und ihren vielen anderen Aufgaben nicht ganz überwinden.

Das Beste, was man erreichen kann, sind pragmatische Antworten, die jedoch in der einen oder anderen Weise unzulänglich sein werden. Diese Erkenntnis ist nur schwer mit unserem schier unersättlichen Wunsch nach Glück vereinbar; aber da sie vor übertriebenen Hoffnungen warnt, kann sie vor der einen oder anderen Enttäuschung bewahren.

KAPITEL 6

DIE ZUKUNFT DES SEX

Sex kann einzigartige Empfindungen der Lust erzeugen, aus Fremden Liebende werden lassen und einer Zweierbeziehung Dauer und Leidenschaft verleihen. In den Medien wird er oft als harmloses Vergnügen präsentiert, das für Fitness, Gesundheit und Wellness sorgt. Im wohligen Schaumbad der Wollust soll dann nichts stören, weder Eifersucht noch Liebeskummer, noch Scham, noch die Angst vor dem Versagen.

Für die negativen Seiten hat man oft die traditionelle, vor allem die religiöse Sexualmoral verantwortlich gemacht und sich von einer liberaleren Gesellschaft eine bessere, angst- und stressfreiere Sexualität erhofft. Ganz falsch ist das sicher nicht. Aber es ist auch nicht die ganze Wahrheit. Denn die Tatsache, dass Sex gefährlich, anstrengend und mit Schmerz verbunden ist, liegt in seiner biologischen Natur.

Sex kostet Zeit, in der man arbeiten oder ausruhen, lesen oder spazieren gehen könnte. In früheren Zeiten war man den Gefahren der Umwelt ausgeliefert, und noch heute gibt es Risiken – unerwünschte Schwangerschaft, Ansteckung, seelische Verletzung. Und nicht zuletzt kostet Sex Kraft.

Der eine oder andere wird sich darüber freuen, wenn auf so angenehme Weise ein paar Kalorien verbrannt werden. Wer aber nach einem anstrengenden Tag im Büro nach Hause kommt, für den kann das schon zu viel der Mühe sein. Der mag versucht sein, Herrn Domingo aus Eckhard Henscheids Roman *Die Vollidioten* zuzustimmen, der «einmal einen ‹Verein zur Abschaffung der Sexualität wegen unerträglicher Trivialität der dabei anfallenden Vorgänge› hatte gründen wollen».[96] Und der mag der Versuchung erliegen, sich in die Welt der Fantasie zu flüchten oder sich mit einem Aufputschmittel in Stimmung zu bringen.

Sexuelles Doping

Menschen haben viele trickreiche Methoden ersonnen, um dem biologischen Lust-Unlust-Mechanismus eine Extraportion an guten Gefühlen abzutrotzen. Ein Beispiel ist Süßstoff, das energiereichen Zucker ersetzen soll. Weniger harmlos sind Drogen wie Opium, das die Ausschüttung körpereigener Endorphine vortäuscht, zu der es normalerweise nur nach besonderen Anstrengungen kommt. Wie man an diesen Beispielen sehen kann, lässt sich unser Körper nur für begrenzte Zeit überlisten. Gilt das auch für Versuche, sich Liebe oder sexuelle Befriedigung durch einen chemischen oder anderen Trick zu verschaffen? Der Orgasmus, die Erektion und die Gefühle für den Partner lassen sich kaum erzwingen. Oder vielleicht doch?

Ich habe beschrieben, dass guter Sex zur Ausschüttung von Oxytocin und das wiederum zu einer stärkeren emotionalen Bindung führt (Kapitel 4). Warum also nicht den ersten Schritt überspringen und das Oxytocin gleich direkt geben? Auf diese Weise ließen sich Liebe und sexuelle Treue chemisch durch eine Droge erzeugen.

Einer neueren Studie zufolge könnte das sogar funktionieren: Wenn man Männern, die in einer Beziehung leben, Oxytocin über ein Nasenspray appliziert, dann versuchten sie, engen körperlichen Kontakt mit einer neu hinzukommenden, attraktiven Frau eher zu vermeiden als die Kontrollgruppen aus Singlemännern und Männern, die kein Oxytocin bekamen.[97] Vielleicht werden sich die Ärzteverbände und die WHO eines Tages dazu entschließen, sexuelle Untreue als Krankheit zu definieren. Dann würde Oxytocin zum Heilmittel und die Krankenkassen müssten für die Kosten aufkommen.

Aber warum sollte man ein Oxytocin-Spray benutzen, wenn man

die Ausschüttung des Kuschelhormons durch Streicheln, Schmusen und guten Sex erzeugen kann? Um einer erkalteten Beziehung auf die Sprünge zu helfen? Vielleicht ist das in Einzelfällen angebracht. Nichtsdestoweniger wird die ganze Herangehensweise nicht nur auf altmodische Gemüter befremdlich wirken. Das zeigt ein anderes potentielles Anwendungsgebiet: das Verhältnis von Menschen zu ihren Haustieren.[98] Wenn eine Katze oder ein Hund nicht anhänglich genug sind oder wenn man nicht die Zeit hat, die Tiere zu streicheln, dann kann man ja zum Oxytocin-Spray greifen. Aber wenn man das einem Tier nicht antun will, warum einem Kind oder einem Partner?

Unproblematischer als Beziehungsdoping scheint Doping bei Erektionsstörungen zu sein. Im Roman *Der menschliche Makel* erzählt Philip Roth, wie die blaue Pille das Leben des einundsiebzigjährigen Coleman völlig verändert. Er beginnt eine leidenschaftliche Affäre mit der vierunddreißigjährigen Faunia:

> «All dieses Glück, all diese Turbulenzen verdanke ich nur Viagra. Ohne Viagra wäre das alles nicht passiert. Ohne Viagra hätte ich ein zu meinem Alter passendes Weltbild und vollkommen andere Ziele. [...] Ohne Viagra könnte ich [...] fortfahren, tiefgründige philosophische Schlüsse zu ziehen und stützenden moralischen Einfluß auf die junge Generation zu nehmen, anstatt mich dem sexuellen Rausch [...] hinzugeben.»

Man mag Colemans erotische Gier unangemessen finden, aber wer möchte Roth widersprechen, wenn er um Verständnis für seinen müden Helden wirbt?

> «Mit einundsiebzig ist man natürlich nicht mehr das begeisterte, geile Tier, das man mit sechsundzwanzig war. Doch die Reste des Tiers, die Reste dieses natürlichen Drangs – er spürt jetzt diese Reste. Und dafür ist er dankbar, deswegen ist er glücklich. [...] Ein alter Mann und, ein letztes Mal, die sexuelle Kraft. Was könnte für irgend jemanden anrührender sein?»

Natürlich weiß Coleman, dass «diese Dinge ihren Preis haben». Aber für den Augenblick ist ihm «das eben einfach egal».[99]

In Anbetracht der gesundheitlichen und sozialen Risiken ist es

also vielleicht doch zu empfehlen, sich an Gabriel García Márquez'
Rat zu halten und die Veränderungen des Alters nicht nur mit einem
weinenden, sondern auch mit einem lachenden Auge zu begrüßen:

> «Der einzige Trost [des Alters], selbst für jemanden wie ihn, der ein
> guter Liebhaber gewesen war, war das langsame und barmherzige Ver-
> löschen des Geschlechtstriebs: der sexuelle Frieden.»[100]

Allerdings: Ganz so leicht wird sich die Versuchung, dem unerbitt-
lichen Lauf der Zeit einen Aufschub abzutrotzen, wohl nicht abschütteln lassen. Wenn sexuelles Doping tatsächlich die Wirkung
hat, von der Roth berichtet, dann wird es kaum aufzuhalten sein.
Dann werden wir uns nicht nur daran gewöhnen, sondern auch an
kosmetische Operationen, die Falten verschwinden lassen und Brüsten neue Jugend einhauchen. Und daran, dass bald nicht nur die
blaue Pille für den Mann zum Liebesalltag gehört, sondern auch die
rosa Pille zur Luststeigerung für die Frau («Flibanserin»). Zumindest
solange die Partnerin oder der Partner es mitmachen und schätzen.
Denn letztlich sind sie es, die, wenn auch mit den besten Absichten,
getäuscht werden.

Cybersex

Eine noch weitergehende Befreiung vom eigenen Körper und aus den
Begrenztheiten des realen Lebens verspricht der Cybersex. Dabei
wird der unmittelbare körperliche Kontakt durch virtuelle Interaktionen ersetzt. In den einfachen Formen beschränkt man sich darauf,
über das Internet Bilder und Filme zu betrachten oder sich in Chats
und Foren auszutauschen. Das war aber nur der Anfang. In Online-
Rollenspielen können die Nutzer sexuelle Fantasien von künstlichen
Personen, sogenannten Avataren, virtuell ausleben lassen. Eine völlig
neue Qualität entsteht, wenn das sexuelle Erleben durch Datenhelme
und -handschuhe, Vibratoren und Ganzkörperanzüge wirklich-
keitsnah simuliert wird. Diese technischen Entwicklungen stecken
allerdings noch in den Anfängen.
    Virtueller Sex ist die einmalige Chance, Sex mit Personen zu
haben, die in der Realität unerreichbar sind, weil sie zeitlich, räum-

lich, sozial oder auf der Attraktivitätsskala zu weit entfernt sind.
Man muss nicht mühsam nach einem begehrenswerten Partner oder
einer Partnerin suchen. Die eigene Person kann unendlich viele
Gestalten annehmen; Alter, Geschlecht, Aussehen und viele Eigenschaften mehr lassen sich ja nach Geschmack und Laune variieren.

Findet das im Rahmen eines Rollenspiels mit mehreren Personen statt, dann muss man allerdings damit rechnen, dass die junge
und schlanke Blondine, mit der man sich auf ein spontanes ero-
tisches Abenteuer einlässt, der Avatar eines wenig ansprechenden,
dicken Mannes fortgeschrittenen Alters ist, wie im Spielfilm *Surroga-
tes – Mein zweites Ich* aus dem Jahr 2009 gezeigt.

Verglichen mit realem Sex ist der virtuelle Sex billiger, sicherer
und ständig verfügbar. Die scheinbare Anonymität lässt Scham,
Unsicherheiten, Ängste und Komplikationen in den Hintergrund
treten oder gleich ganz verschwinden. Dadurch können außergewöhnliche und ansonsten unterdrückte Wünsche bewusst werden
und zur Sprache kommen.[101] In Anbetracht der unbegrenzten Verfügbarkeit neuer Sexualpartner und Situationen kann keine Langeweile aufkommen. So weit die Verlockungen der schönen neuen
Welt des Cybersex. Was also sollte uns vom sexuellen Schlaraffenland abhalten?

Bei aller Freude an der mühelosen Wunscherfüllung sollte man
nicht vergessen, dass die Intensität eines Erlebnisses durch eine zuvor erfahrene Entbehrung gesteigert wird. Glückstechnologien, die
ohne Anstrengung befriedigen, werden deshalb an natürliche Grenzen stoßen. Die Inflation der Wünsche wird sich nur aufhalten lassen, wenn ihre Erfüllung nicht ständig möglich ist und etwas Besonderes bleibt. Und wenn es Zeiten der Ruhe und der Regeneration
gibt. Insofern ist es eher zweifelhaft, ob sich die Versprechungen des
Cybersex erfüllen werden, selbst wenn die technischen Probleme gelöst sind.

Wer sich ins sexuelle Schlaraffenland begibt, dem kann die Realität zudem schal werden. Diese Versuchung wird in dem Maße größer, in dem sich die Fantasiewelten echter anfühlen – bis dahin, dass
der virtuelle Sex so intensiv erlebt wird wie der reale. Die Rückkehr in
die Niederungen der Wirklichkeit wird auch schwerfallen, wenn es
unüberwindliche Hindernisse bei der realen Erfüllung der Wünsche

gibt. Ist das eine Option für Menschen, deren Vorlieben so extrem oder sozial so unverträglich sind, dass sie nicht ausgelebt werden können?

Im Moment sind die Möglichkeiten, durch virtuellen Sex echte Erfüllung zu finden, sehr begrenzt. Noch sehnen sich unsere Körper nach tatsächlichen Berührungen, nach wirklichen Personen, nach realen Gefühlen und nach echten Herausforderungen. Und doch genießen wir sexuelle Fantasien, die nicht Wirklichkeit werden können oder sollen. Wie passt das zusammen?

Pornographie und Selbstbefriedigung

Im spielerischen Zugang zur Welt liegt eine der größten Stärken der menschlichen Natur. Warum sollte es ausgerechnet beim Sex anders sein? Wie jedes andere Spiel erfüllt auch das sexuelle Spiel die wichtige Funktion, Dinge zu üben, Verhaltensweisen auszutesten, nicht-alltägliche Erfahrungen zu machen und neue Sinnesreize zu ermöglichen.

Gilt das auch für das Sextheater der Gegenwart, die Pornographie? Neuerdings kommen die alten Warnungen vor ihrer Schädlichkeit auch in evolutionärem Gewand daher: Da die Evolution unser Gehirn nicht auf den Konsum von Internetpornos vorbereitet hat, soll die ständige Verfügbarkeit sexueller Reize zu Impotenz führen und zur Unfähigkeit, mit den Anforderungen realer Beziehungen fertigzuwerden. Wie plausibel ist die These, dass es unnatürlich und schädlich ist, anderen beim Sex zuschauen zu wollen?

Gerade weil der Sex beim Menschen in der Regel nicht in der Öffentlichkeit stattfindet, kann es sich um eine interessante Beobachtung handeln, die auch viel über die eigenen Vorlieben und Abneigungen verrät. Diese Art der Selbsterkenntnis muss man nicht mögen und man muss sich ihr nicht aussetzen. Aber es gibt keinen Grund, die Lust am Zusehen, den Voyeurismus, von vorneherein abzulehnen. Die Tatsache, dass offensichtlich fast alle Männer und viele Frauen diesem Laster frönen, spricht eher dafür, dass die Pornographie mehr mit unserer Natur zu tun hat, als ihre Kritiker es wahrhaben wollen.[102]

Könnte das Problem in der Übersättigung bestehen? Es ist

schwer abzuschätzen, wie oft unsere Vorfahren die Chance hatten, andere Menschen oder Tiere beim Sex zu beobachten. Vielleicht waren die Gelegenheiten aber doch nicht so selten, wenn man bedenkt, dass Tiere allgegenwärtig waren und Menschen vor den Gefahren der Nacht den Schutz der Gemeinschaft suchten.

Die Warnungen vor der Internetpornographie erinnern in vielerlei Hinsicht an die Drohungen, mit denen man die Selbstbefriedigung bedachte. Das ist sicher kein Zufall, denn beide Praktiken gehen Hand in Hand. Auch die Selbstbefriedigung wurde lange als krankhaft geschmäht und mit drastischen Strafen bekämpft. Vielleicht gerade, weil sie schnelle Lust, spielerisches Training und eine Möglichkeit der Selbstbehauptung ist, wenn die Realität gar zu wenig bietet. Und so würde ich vermuten, dass Masturbation und Pornographie nur schädlich sind, wenn sie dauerhaft von der Realität wegführen und zum Lebensinhalt werden – wie jedes andere exzessiv betriebene Verhalten auch.

Glaubt man dem berühmt-berüchtigten Roman *Portnoys Beschwerden* von Philip Roth, dann ist die Unterscheidung zwischen dem, was in dieser Hinsicht noch gesund und normal, und dem, was schon pathologisch ist, schwer zu treffen. Sehr viel schwerer jedenfalls, als es die traditionelle Sexualmoral behauptet hat und als es die neuen Enthaltsamkeitsprediger verkünden. Der Titelheld Alexander Portnoy bedient sich nicht nur eines entkernten Apfels, einer leeren Milchflasche und der gebrauchten Wäsche seiner Schwester, um sich selbst zu befriedigen, sondern er macht sich auch über «das verzückte Stück Leber» her, das er in seinem «Wahnsinn eines Nachmittags beim Metzger erstanden hatte und, glauben Sie's oder nicht, auf dem Weg zum Bar-Mizwe-Unterricht hinter einer Reklametafel vergewaltigte».[103]

Dieser Hinweis mag sich in Zeiten erübrigt haben, in denen Frauenzeitschriften genauso selbstverständlich und locker mit Anleitungen zur Selbstbefriedigung und mit Einkaufsratgebern für Vibratoren und Dildos aufwarten, wie sie Schmink- und Modetipps geben. Und so sei nur noch kurz erwähnt, dass Masturbation bei Tieren in freier Wildbahn regelmäßig beobachtet wird.

Fantasie und Spiel sind nicht nur Vorbereitung und Ersatz für echten Sex, sondern sie gehören immer auch dazu, zumindest wenn er mehr sein soll als eine Pflichtübung. Übersieht man diesen Aspekt, dann kann man leicht zu falschen Schlussfolgerungen kommen, wie die Debatten um die richtige Stellung beim Geschlechtsverkehr zeigen.

Stellungskriege

Der Kinofilm *Am Anfang war das Feuer* von Jean-Jacques Annaud aus dem Jahr 1981 erzählt vom Zusammentreffen einiger Neandertaler mit überlegenen Cro-Magnon-Menschen. Dabei werden die Neandertaler mit zwei Neuerungen bekannt gemacht: Sie lernen, wie man Feuer macht, indem man einen Stab schnell auf einem Stück Holz dreht. Und sie erfahren, dass man sich auch von vorne lieben kann.

Im Gegensatz zu den meisten anderen Säugetieren wenden sich Menschen einander zu, wenn sie Sex haben. Nicht immer, aber oft. Ist diese ungewöhnliche Stellung eine biologische Besonderheit oder ein kultureller Fortschritt, wie in *Am Anfang war das Feuer* behauptet wird? Und warum paaren sich Menschen auf diese Weise?

Die erste Frage lässt sich vergleichsweise einfach durch Tierbeobachtungen klären. Die Antwort: Die Frontalstellung ist keine Erfindung der Menschen. Die meisten Primaten paaren sich zwar in der für Säugetiere üblichen Weise, das heißt von hinten. Anders ist das bei den Menschenaffen, die, von einer Ausnahme abgesehen, *auch von vorne* kopulieren.

Die Frontalstellung wurde bei verschiedenen Gibbon-Arten beschrieben. Orang-Utans sind am erfinderischsten und nutzen ihre akrobatischen Künste, um beim Sex in den Bäumen die gewagtesten Stellungen einzunehmen. Bei den Bonobos erfolgt etwa ein Viertel der Paarungen von vorne, der Rest in der für Säugetiere typischen Weise. Auch bei Gorillas wurde ab und zu beobachtet, dass sie sich beim Sex zuwenden. Nur die Schimpansen fallen hier aus dem Rahmen und kopulieren ausschließlich von hinten.[104]

Charakteristisch für Menschenaffen ist also nicht, dass sie die Art und Weise, wie Säugetiere sich paaren, durch eine andere ersetzt haben, sondern dass sie mehrere Stellungen einnehmen. Warum kam es dazu? Hierzu gibt es drei sich ergänzende Hypothesen: 1) Als besonders intelligente Tiere sind Menschenaffen ganz allgemein aufgeschlossen für Neuerungen. 2) Die Stellung von vorne erleichtert den Augenkontakt und die Kommunikation. 3) Dadurch, dass sich Menschenaffen hangelnd und aufrecht kletternd fortbewegen, haben sie die nötige Beweglichkeit und die anatomischen Voraussetzungen.

Die kulturelle Sexualmoral hat in dieser Hinsicht also nicht zu etwas Neuem geführt, sondern zu einer Einengung des natürlichen Verhaltensspektrums. Noch vor wenigen Jahrzehnten galt es als ausgemacht, dass es nur eine natürliche Stellung gibt und dass alle anderen «Ausgeburten raffinierten Sinnenkitzels» und Perversionen sind, wenn sie zur Gewohnheit werden. Die in seltenem Einklang von Kirche und Wissenschaft vorgetragenen Ermahnungen blieben nicht ohne Wirkung. In den westlichen Ländern war die Überzeugung allgemein verbreitet, dass es nur eine normale Position gibt: die sogenannte Missionarsstellung, bei der die Frau mit dem Gesicht nach oben unter dem Mann liegt.[105]

Noch im Jahr 1967 behauptete der Zoologe Desmond Morris in seinem Bestseller *Der nackte Affe*, dass es «für unsere Art [...] nur eine einzige naturgegebene Stellung gibt – die frontale». Er begründet das damit, dass sich beim Menschen alle Sexualsignale an der Vorderseite des Körpers befinden – Gesicht, Lippen, Bart, Brustwarzen, Brüste, Schambehaarung und Genitalien. Noch wichtiger: «Frontaler Sex Gesicht zu Gesicht ist ‹personifizierter Sex›.» Und nicht zuletzt sei so die «maximale Reizung der Klitoris während der Beckenstöße des Mannes» gewährleistet. Unter den verschiedenen Varianten der Frontalstellung wiederum sei die am «besten funktionierende und häufigste» die traditionelle Missionarsstellung.[106]

Einige Jahre zuvor waren der Anthropologe Clellan S. Ford und der Verhaltensforscher Frank A. Beach von ähnlichen Überlegungen aus zu einer anderen Empfehlung gelangt und plädierten für die Stellung, bei der die Frau am leichtesten zum Orgasmus kommt. Warum die Frau? Da Männer sowieso immer problemlos den Höhepunkt erreichen würden, sei es nicht wichtig, auf ihre Vorlieben Rücksicht zu nehmen. Die Lust der Frau sei dagegen am ehesten gewährleistet, wenn der Mann auf dem Rücken liegt und die Frau ihm zugekehrt auf ihm sitzt oder liegt. Am ungeeignetsten sei die bei den anderen Tieren übliche Variante, bei der das Weibchen dem Männchen den Rücken zukehrt, da so die Klitoris «überhaupt keinem Druck ausgesetzt» werde.[107]

Dass Ford und Beach von einem zu einseitigen anatomischen Modell ausgingen, wurde wenige Jahre später durch die Laboruntersuchungen von Masters und Johnson deutlich. Sie beobachteten und dokumentierten die körperlichen Reaktionen bei der Masturbation und beim Sex mit bis dahin unerreichter Genauigkeit. Auch sie kamen zu dem Schluss, dass es nur zur direkten Stimulation der Klitoris kommt, wenn die Frau oben oder seitlich liegt. Das sei aber nicht ausschlaggebend, da es bei anderen Stellungen zur indirekten Stimulation kommt, wenn die kleinen Schamlippen durch die Bewegungen des Penis gedehnt und gezogen werden.[108]

Diese Funde ließen sich durch genauere anatomische Untersuchungen bestätigen und verallgemeinern: Was normalerweise als Klitoris bezeichnet wird, ist nur die Spitze eines sehr viel größeren und ausgedehnten Organs, das die Vagina wie ein Hufeisen umschließt.[109] Die bis dahin übliche Betrachtungsweise, nach der das weibliche Geschlechtsorgan aus quasi unabhängigen Teilen, aus der Klitoris und der Vagina, besteht, war damit hinfällig geworden. Ebenso die strikte Unterscheidung zwischen einem klitoralen und einem vaginalen Orgasmus. Die neuere Literatur geht dementsprechend davon aus, dass jede Stellung ihre speziellen Vorteile hat und jeweils andere erogene Zonen – der G-Punkt, der Muttermund, die Klitoris – stimuliert werden.[110]

Schon in der älteren Literatur wurde zudem auf ein Problem hingewiesen, das bei der Festlegung auf eine Stellung auftritt: die Gefahr der Gewöhnung. Dieser Hinweis sei umso wichtiger, als Paare dazu tendieren, «in späteren Jahren schließlich eine begrenzte Zahl von Positionen oder eine einzige Position» einzunehmen.[111] Insofern bieten Abwandlungen und Variationen beim Sex notwendige und wichtige Anregungen.

Und schließlich ist es einfach nicht richtig, dass sich alle Sexualsignale an der Vorderseite des Körpers befinden. Der Nacken, der Rücken und nicht zuletzt ein runder und wohlgeformter Po gehören zu den stärksten sexuellen Reizen überhaupt. Beobachtet man an einem schönen Sommertag die sinnlichen Bewegungen der vorbeischlendernden Frauen und die Blicke ihrer Bewunderer, dann lässt sich der Gedanke kaum abweisen, dass die Menschen das immer schon wussten. Sie werden sich meist nur nicht so offen dazu bekennen wie Sándor Márais Ich-Erzähler:

Das Mädchen «kniete vorgebeugt, und diese Körperhaltung ist immer auch erotisch. Eine Frau, die vorgebeugt kniet, und wenn es während der Arbeit ist, verwandelt sich immer in eine erotische Erscheinung. [...] dieser Körper, dieser pralle Hintern und diese schlanke Taille, diese breiten und doch wohlproportionierten Schultern, dieser hübsche, etwas seitwärts gebeugte Hals mit dem dunklen Flaum, diese nett geformten, vollen Beine.»[112]

Lässt man die Debatten um die richtige Stellung Revue passieren, dann fällt auf, dass die meisten Autoren nur einen einzigen Aspekt hervorheben. Sei es, dass sie sich auf die Genitalien beschränken, sei es, dass es nur um die Fortpflanzung oder nur um die Paarbindung geht, sei es, dass das Sehen gegenüber anderen Sinnen, wie dem Fühlen, überbetont wird. Das macht die Argumente nicht falsch, aber es macht sie einseitig, und es führt letztlich zu unzutreffenden Schlussfolgerungen. Denn wenn etwas in der Natur des Menschen liegt, dann ist es die Suche nach einer Vielfalt von Anregungen und Sinnesreizen.

Das unbegrenzte Reich der Möglichkeiten

Fantasie und Spiel regen die Sinne an, bereiten auf ungewohnte Situationen vor und trainieren überlebenswichtige Reaktionen. Und nicht zuletzt lassen sich Dinge jenseits des Tatsächlichen ausmalen. Diese doppelte Funktion der spielerischen Fantasie macht es oft schwer, zwischen dem zu unterscheiden, was Spiel ist und Spiel bleiben muss, und dem, was irgendwann Wirklichkeit werden soll.

Wenn Antonia in *Schweine mit Flügeln*, einem Kultbuch der Siebzigerjahre, zur Vorstellung masturbiert, dass sie in einer Leichenhalle aufgebahrt liegt und ihr Angebeteter ihren toten Körper so begehrenswert findet, dass er ihn viele Male schänden möchte, dann steht das nicht im Widerspruch zur Tatsache, dass sie ein lebenslustiges junges Mädchen ist.[113]

Den Kontrast zwischen Traum und Realität kennen wir auch aus anderen Lebensbereichen. Und finden es selbstverständlich, dass begeisterte Krimileser nicht automatisch zu Verbrechern und Mördern werden. Ebenso verhält es sich, wenn ausgefallene sexuelle Fantasien im Privaten oder in der Literatur und im Film durchgespielt werden. In der Debatte um die Pornographie fällt dieser Unterschied oft unter den Tisch; vor allem, wenn es um die extremeren Formen geht. Zu Unrecht, wie ich meine. Das unbegrenzte Reich der Möglichkeit sollte es geben – aber eben nur in der Fantasie.

Sehnsüchte werden erst an Grenzen stoßen, wenn das individuelle Überleben und Wohlergehen und letztlich die Weitergabe der Gene an die nächste Generation gefährdet sind. Das gilt auch für Gesellschaften und Kulturen. Entscheiden sie sich für Formen des Zusammenlebens und moralische Regeln, die den biologischen Gesetzmäßigkeiten widersprechen, dann droht der Population ein vorzeitiges Ende. Daran wird sich nichts ändern, solange Menschen auf natürliche Weise gezeugt werden.

Insofern ist zu erwarten, dass unser sexuelles Verhalten relativ eng an die Notwendigkeiten der Biologie gekoppelt ist und nicht völlig frei durch das unbegrenzte Reich der Möglichkeiten flottiert.[114] Wenn Letzteres der Fall wäre, dann sollten Beispiele wie die Folgenden der Normalfall sein und keine Skurrilitäten und Sexmärchen.

Im Episodenfilm *Night on Earth* von Jim Jarmusch aus dem Jahr 1991 transportiert ein Taxifahrer, gespielt von Roberto Benigni, einen älteren Priester durch Rom. Der Taxifahrer nutzt die Gelegenheiten, um zu beichten, dass er nicht nur mit seiner Schwägerin, sondern auch mit Schafen und Kürbissen Sex hatte. Dabei redet er sich so in Begeisterung, dass er nicht bemerkt, wie sehr seine Erzählung dem herzkranken Priester auf der Rückbank zusetzt.

Noch einen Schritt weiter geht Roger Vadims Science-Fiction-Film *Barbarella* aus dem Jahr 1968, in dem er die alte Idee der Sexmaschine ironisch auf die Spitze treibt: Barbarella, gespielt von Jane Fonda, soll in einer speziell konstruierten «Lustorgel» durch ein Zuviel an sexueller Lust getötet werden. Sie nimmt die Herausforderung an, lässt die Maschine ihrerseits heiß laufen und zerstört sie dadurch.

Über die moralischen und ästhetischen Aspekte der Geschichten darf man streiten, aber eines dürfte klar sein: Wer den Sex mit Tieren, mit Gemüse oder mit Maschinen dem Sex mit Menschen vorzieht, der kann leicht zur evolutionären Sackgasse werden.

Einschränkungen gibt es auch in anderer Hinsicht. So waren der sexuellen Freiheit für die längste Zeit der Menschheitsevolution Grenzen gesetzt, da die väterliche Fürsorge eng an die Vaterschaftssicherheit gekoppelt ist. Wenn sich kommunale oder staatliche Organisationen um die Kinder kümmern, verlieren zuerst die Väter, dann die Mütter an Bedeutung. Dann werden die Karten neu gemischt und die klassische Zweierbeziehung kann zum Auslaufmodell werden. Denn Sex und Liebe sind kein biologischer Selbstzweck, sondern ein Mittel zum Zweck.

Eines aber sollte man bei aller Begeisterung für die neuen Gesellschaftsmodelle nicht übersehen: Es muss sich erst noch erweisen, dass die neuen Formen des Zusammenlebens wirklich besser sind und dass sie überhaupt funktionieren. Denn grundlegende Veränderungen lassen sich in der Biologie nicht von einem Tag auf den anderen durchsetzen. Wenn eine Tierart über viele Generationen eine vergleichsweise stabile Lebensweise hatte, dann sind auch die dazu passenden körperlichen Merkmale und Verhaltensweisen entstanden.

Für uns Menschen heißt das: Die «Liebes-» und Sexualhormone, die Anatomie von Penis und Vagina, der versteckte Eisprung, die Vorliebe für bestimmte Körperformen und vieles mehr sind evolutionär entstandene Anpassungen, die sich nicht einfach in Luft auflösen, nur weil sie persönlichen Wünschen oder politischen Programmen widersprechen.

♀ Fazit ♂

Weil die evolutionär entstandene Hardware – unser Körper, unser Begehren, unsere Reaktionen – der Lebenswirklichkeit immer hinterherhinkt, muss auch unsere Sexualität konventionell, ja rückständig wirken. An manchen Punkten mag das lästig sein: Man denke nur an die Eifersucht, die in Zeiten von Vaterschaftstests und ökonomischer Unabhängigkeit der Frauen einen Teil ihrer Funktion verliert. In anderer Hinsicht wird man sich über die Beharrlichkeit der biologischen Anlagen freuen: So setzt unser angeborenes ästhetisches Empfinden der von Teilen der Boulevardmedien geförderten Verrohung und Verhässlichung eine Grenze.

Stets wird es zu mehr oder weniger geglückten Kompromissen zwischen den biologischen Anlagen und technischen Neuerungen kommen. Beispiele sind die Geschwindigkeit, mit der wir in den modernen Medien mit neuen Eindrücken konfrontiert werden, und das Übergewicht der visuellen Reize, der Bilder und Filme. Beide Tendenzen kommen uns ein Stück weit entgegen, denn Menschen sind neugierig und sie sind Augentiere. Aber diese Entwicklungen können auch zu einer Verarmung des Liebeslebens führen. Denn ebenso wichtig wie das Sehen sind das Fühlen und Tasten, das Riechen und Schmecken, das Streicheln und Küssen.

Der Sex muss auch nicht immer ein Sprint sein, der auf schnellstem und geradestem Weg zum Orgasmus oder zur Schwangerschaft führt. Er kann als entspannte Wanderung beginnen, die Umwege macht, um Neues zu entdecken, und die verweilt, um den Reiz des Moments zu genießen.

Wir sind darauf programmiert, die Liebe und den Sex ernst zu nehmen, weil es um die genetische Zukunft jedes Einzelnen geht. Man kann versuchen, die damit einhergehenden Gefühle zu ignorieren, aber man wird sie nicht völlig abschütteln können. Denn alle unsere Vorfahren sind ihnen gefolgt, sonst gäbe es uns nicht. Um in der Lotterie des Lebens eine Chance zu haben, braucht man einen geeigneten Partner, der verlässlich ist. Und bei beidem, bei der Partnerwahl und bei der Paarbindung, entscheidet die sexuelle Lust mit.

WAS WIR LIEBEN

KAPITEL 7

ZURÜCK ZUR NATUR

Die ewige Liebe ist wie ein Fabelwesen: «Dass es sie gibt, behauptet jeder; wo sie ist, weiß keiner.» Mit diesen wehmütigen Sätzen wird das Publikum in Mozarts Oper *Cosi fan tutte* auf eine Geschichte von Liebesschwüren und schnödem Verrat eingestimmt. Glaubt man Romanen, Schauspielen und Filmen, dann lässt sich nur auf eine Weise verhindern, dass die Liebe an den Realitäten des Lebens scheitert: Die Liebenden müssen durch den Tod für immer getrennt werden. Von diesem Schicksal erzählen Shakespeare in *Romeo und Julia* und Richard Wagner in *Tristan und Isolde* und es bestimmt das herzzerreißende Finale der Liebesfilme unserer Zeit, der *Love Story*, der *Titanic* und vieler anderer. Beruht die Hoffnung auf die große Liebe also nur auf leeren Versprechungen? Ist die Behauptung, «dass Menschen natürlicherweise monogam sind», eine Lüge, die wir einander erzählen, wenn es von uns erwartet wird? Und wäre es nicht nur ehrlicher, sondern auch gesünder und schöner, wenn wir wie unsere frühen Vorfahren leben würden, bevor die Zivilisation und die kulturelle Sexualmoral alles verdarben? Damals, so wird behauptet,

«hatten die meisten erwachsenen Individuen zu jeder Zeit mehrere fortdauernde sexuelle Beziehungen. Obwohl oft locker, waren diese Beziehungen nicht zufällig oder bedeutungslos.»[1]

Und tatsächlich: Traditionen, mit denen man aufwächst, wie Verliebtheit, Heirat und Familie, kann man leicht für selbstverständlich und naturgegeben halten, obwohl sie es vielleicht gar nicht sind. Lässt sich der Streit über die Natur der Liebe überhaupt lösen? Oder gibt es mehrere richtige Antworten und wir können uns nach Lust und Laune für eines von vielen Lebenskonzepten entscheiden? Bevor man das tut oder sich gedankenlos am Vorbild der Eltern und Großeltern orientiert, kann es nicht schaden, die verschiedenen Optionen genauer unter die Lupe zu nehmen.

Es mag auf den ersten Blick seltsam erscheinen und von der Frage nach der Natur der vielleicht nur bei uns Menschen vorkommenden Formen der Liebe wegführen, wenn ich im Folgenden immer wieder Vergleiche mit der Lebensweise verschiedener Tierarten anstelle. Aber das täuscht. Denn erst wenn man unser Liebesleben von dieser allgemeineren Warte aus betrachtet, wird klar, inwiefern es tatsächlich etwas Besonderes ist und worin der tiefere Sinn einiger ansonsten rätselhafter Verhaltensweisen liegt. Anders gesagt: Der Umweg über das Tierreich mag an der einen oder anderen Stelle ein wenig Geduld erfordern, aber er lohnt sich.

Wer mit wem wann Sex hat

Die sexuellen Beziehungen der Tiere sind außerordentlich vielfältig, und selbst innerhalb einer biologischen Art kann es Abweichungen geben, sogenannte alternative Taktiken und Strategien.[2]

Die Verhaltensforschung ordnet diese kaum überschaubare Vielfalt wenigen Haupttypen zu und ist bestrebt, ihre evolutionäre Entstehung zu rekonstruieren und ihre Funktionsweise zu verstehen. Die Haupttypen, die «Paarungssysteme», beschreiben, *wer mit wem unter welchen Bedingungen Sex hat.*

Das Wort leitet sich von «sich paaren» in der Bedeutung von begatten, kopulieren ab und nicht von «Paarung» im Sinne von Paarbildung. Das heißt, der Geschlechtsverkehr kann, muss aber nicht im Rahmen einer stabilen Beziehung erfolgen. Die Einteilungen in Paarungssysteme variieren je nach wissenschaftlicher Fragestellung. Als grobe Schemata müssen sie hinter der Vielfalt der in der Natur vorkommenden Varianten zurückbleiben. Sie sind aber nützliche erste Orientierungen im Dschungel der sexuellen Verhaltensweisen.

Ich habe eine Einteilung gewählt, die sich daran orientiert, wie Tiere und Menschen zusammenleben, das heißt an der Art ihrer *sozialen Beziehungen:* ob sie Einzelgänger sind oder Gruppen bilden. Und ob es sich bei diesen Gruppen um Paare handelt, um Haremsgruppen oder um Gemeinschaften aus zahlreichen Individuen beiderlei Geschlechts (Anhang, Tabelle 2).

Dieses Schema bietet sich an, weil Sex überwiegend zwischen Individuen stattfindet, die sich kennen und die auch in anderen Lebensbereichen miteinander zu tun haben, indem sie beispielsweise gemeinsam auf Nahrungssuche gehen oder sich an Schlafplätzen sammeln. Daneben kann es außerhalb von sozialen Gruppen und mit Fremden zum Sex kommen, zum «Fremdgehen» im weitesten Sinn.

Die sexuellen Kontakte sind also nicht identisch mit den sozialen Beziehungen, aber Letztere bilden den Rahmen, inner- oder außerhalb dessen der Sex stattfindet. Die sexuellen Kontakte wiederum wirken auf die sozialen Gemeinschaften zurück. Durch Sex entsteht emotionale Nähe, und diese Verbundenheit kann dann auch in andere Lebensbereiche ausstrahlen.

Für den Tiervergleich werden in der Regel drei Gruppen herangezogen: Säugetiere im Allgemeinen, Primaten (Affen) sowie Vögel. Bei den Säugetieren geht man davon aus, dass die gemeinsame Fortpflanzungsbiologie zu Ähnlichkeiten im Verhalten geführt hat. Primaten und hier speziell die Menschenaffen können als unsere nächsten Verwandten im Tierreich besonderes Interesse beanspruchen. Bei den Vögeln schließlich ergeben sich durch die intensive Brutpflege aufschlussreiche Parallelen zur Situation beim Menschen.

An dieser Stelle möchte ich noch kurz auf eine eigenartige Tatsache hinweisen. Bei den meisten Gruppen innerhalb der Primaten kommt jeweils ein Paarungssystem deutlich häufiger vor als die anderen: Die Halbaffen leben überwiegend einzelgängerisch, die Neuweltaffen in Paaren und die Schwanzaffen der Alten Welt in größeren sozialen Gruppen. Nur die Menschenaffen fallen hier aus dem Rahmen. Bei ihnen sind alle Varianten gleichermaßen vertreten: Orang-Utans leben einzelgängerisch, Gibbons paarweise, Gorillas in Harems, Schimpansen und Bonobos in gemischten Gruppen und Menschen vielleicht auf ihre ganz eigene Weise.

Diese Vielfalt ist einer der Gründe, warum es bis heute Diskussionen darüber gibt, wie das Leben unserer Vorfahren aussah. Denn so haben wir gleichsam die freie Auswahl unter den verschiedenen biologischen Modellen und müssen weitere Indizien heranziehen, um die für unser Lebensglück so entscheidenden Fragen zu beantworten: Welche Beziehungsformen sind mit unseren natürlichen Instinkten so schwer vereinbar, dass sie fast unvermeidlich ins Unglück führen? Und welche Art von Liebesleben entspricht am ehesten unserer Natur?

KAPITEL 8

DAS URSPRÜNGLICHE ERFOLGSREZEPT:
EIN LEBEN ALS SINGLE

Nur wer die Einsamkeit in Kauf nimmt, kann etwas Besonderes erleben. Lieber für eine begrenzte Zeit das Bett mit Picasso teilen als für viele Jahre mit einem Langweiler. Das war das Lebensmotto der Malerin Françoise Gilot:

> «Reue ist pure Zeitverschwendung. Außerdem ist es viel interessanter, mit einem besonderen Menschen etwas Tragisches zu erleben, als ein wunderbares Leben mit einer mittelmäßigen Person zu führen. Es ist ein Irrtum zu glauben, du kannst deinen Frieden mit einem durchschnittlichen Menschen finden. Denn oft wird dieser Mensch mehr Zeit brauchen, um dich zu zerstören.»[3]

Ganz so positiv wird familiäre und emotionale Ungebundenheit heute meist nicht gesehen. Mit der Tatsache, dass die Zahl der Singlehaushalte in den letzten Jahrzehnten stark angestiegen ist, werden nicht nur verbesserte Möglichkeiten der Selbstentfaltung in Verbindung gebracht, sondern auch pathologische Beziehungsunfähigkeit, moralische Verantwortungslosigkeit und Naturentfremdung. Die drohenden Folgen: Die Singles bezahlen für ihr Fehlverhalten mit Vereinsamung, Depression und Krankheitsanfälligkeit, die Gesellschaft mit einer Verringerung des sozialen Zusammenhalts und mit Kinderlosigkeit.

In Anbetracht dieses düsteren Szenarios ist es auf den ersten Blick überraschend, dass das Leben als Single ein im Tierreich seit Jahrmillionen bewährtes Erfolgsmodell darstellt: Bei mehr als zwei Dritteln aller Säugetierarten ist der Kontakt zwischen den Geschlechtern auf die Paarungszeit beschränkt und rein sexueller Natur.[4]

Die Männchen zeigen kein weitergehendes Interesse an den Weibchen und am gemeinsamen Nachwuchs. Da die Weibchen ihrerseits einzelgängerisch leben, als «alleinerziehende Mütter» sozusagen, können sich zudem keine Gemeinschaften von Müttern bilden, die sich gegenseitig unterstützen. Bei manchen Arten, beispielsweise den Maulwürfen, werden die Männchen sogar aktiv vertrieben. Hier dulden die Weibchen – abgesehen von den Jungtieren und von einigen Stunden der Paarung – keinen Artgenossen in ihrem Bau.

Keine Frage, Menschen leben meist ganz anders: Die Mütter sind in ein Netzwerk aus Verwandten, Freunden und anderen Gruppenmitgliedern eingebunden. Ohne deren Unterstützung verschlechtern sich die Chancen des Nachwuchses dramatisch. Das gilt auch für die Väter, die vielleicht als Singles leben, aber kaum echte Einsiedler sind.

Es gibt noch einen zweiten Unterschied: Während der Zweck der flüchtigen sexuellen Kontakte bei den einzelgängerisch lebenden Säugetieren in der Fortpflanzung besteht, ist das bei Menschen meistens anders. Die Vorstellung, aus dem Urlaub nicht nur sonnengebräunt, sondern auch schwanger heimzukehren, ohne zu wissen, wer der Vater ist, werden nur wenige Frauen erstrebenswert finden.

Wenn wir diese beiden Unterschiede für einen Moment außer Acht lassen und uns auf die Sexualität als Mittel der Fortpflanzung konzentrieren, dann ist uns die Beziehungslosigkeit zwischen Müttern und Vätern keineswegs fremd: Durch flüchtigen, anonymen Sex kann es zu einer Schwangerschaft kommen, von der die Männer nichts wissen oder nichts wissen wollen und aus der keine weiteren Folgen für sie erwachsen.

Noch heute gehört Heinrich von Kleists Novelle *Die Marquise von O...* zur Pflichtlektüre in Deutsch-Leistungskursen. Sie erzählt, wie «eine Dame von vortrefflichem Ruf [...] ohne ihr Wissen, in andre Umstände gekommen sei».[5] Des Rätsels Lösung: Die Marquise ist von ihrem vermeintlichen Retter, einem russischen Offizier, vergewaltigt worden, nachdem sie in Ohnmacht gefallen war. Situationen wie diese sind beim Menschen nicht die Regel. Aber es ist auch nicht ungewöhnlich, dass Urlaubsbekanntschaften, One-Night-Stands oder Vergewaltigungen durch Fremde zur Schwangerschaft führen.

Strangers in the night: das Orang-Utan-Modell

Von der Disko bis zum rheinischen Karneval, vom Urlaubsflirt bis zum Darkroom – nicht wenige Menschen legen bei ihren Sexualkontakten weder auf Paarbindung noch auf Cliquenzugehörigkeit Wert. Und wer kennt nicht die sehnsuchtsvollen Verse, mit denen Frank Sinatra den «Fremden in der Nacht» ein Denkmal gesetzt hat: «Strangers in the night exchanging glances / Wond'ring in the night / What were the chances we'd be sharing love / Before the night was through.»

«Fremde in der Nacht ...» – Wie wir sahen, gehen die meisten Säugetiere nach dem Sex wieder getrennte Wege. Interessanterweise sind die Primaten sehr viel seltener Einzelgänger. Bis auf eine Ausnahme ist diese Lebensweise nur bei den Halbaffen anzutreffen. Bei der Ausnahme handelt es sich um die Orang-Utans, bei denen nicht nur die erwachsenen Männchen, sondern auch die Weibchen für sich alleine leben. Letztere werden teils von Jungtieren begleitet. Ein ausgewachsenes Männchen ist nur bereit, einem Weibchen für wenige Tage Gesellschaft zu leisten, wenn die Chance auf Empfängnis besteht. Diese Lebensweise wird wahrscheinlich durch das vereinzelte Vorkommen der Früchte erzwungen, von denen sich die Orang-Utans hauptsächlich ernähren.

Wechselbeziehungen zwischen dem Nahrungserwerb und der Art des Zusammenlebens lassen sich im Tierreich allgemein beobachten, und so ist zu vermuten, dass es die Verbindung auch beim Menschen gibt. Da unsere Vorfahren seit mindestens zwei Millionen

Jahren bevorzugt gemeinsam gejagt, gesammelt, gegessen und die Nacht verbracht haben, ist es eher unwahrscheinlich, dass flüchtiger, unverbindlicher Sex der Normalfall war.[6] Aber es gab und gibt ihn.

Die Doppelstrategie der Männer

Warum haben Menschen Gelegenheitssex? Für Männer ist die Antwort einfach: Durch ein sexuelles Abenteuer können sie biologisch sehr profitieren, wenn sie mit wenig Aufwand und einer Portion Glück den evolutionären Hauptgewinn – die Weitergabe ihrer Gene – einstreichen. Legendärer Held dieser Strategie ist Don Juan, oder Don Giovanni, wie er in der gleichnamigen Mozart-Oper heißt. Von ihm wird berichtet, dass er allein in Spanien mit tausend und drei Frauen geschlafen hat.

Aber auch die Strategie, sich intensiv um eine einzige Partnerin und die gemeinsamen Kinder zu kümmern, hat ihre Vorteile. Schwierig dürfte es nur sein, beiden Optionen gleichermaßen gerecht zu werden. Aber es kann sich die eine oder andere günstige Gelegenheit ergeben. Sind Männer darauf programmiert, entsprechende Chancen wahrzunehmen und vielleicht sogar gezielt nach ihnen zu suchen? Und so im Endeffekt eine Doppelstrategie – treusorgender Vater und flüchtiger Liebhaber – zu verfolgen?

Glaubt man Arthur Schnitzlers *Traumnovelle*, dann kann es ausgesprochen verführerisch sein, diesen Versuch zu wagen:

«Ja, verraten, betrügen, lügen, Komödie spielen, da und dort [...]; – eine Art von Doppelleben führen, zugleich der tüchtige, verläßliche, zukunftsreiche Arzt, der brave Gatte und Familienvater sein – und zugleich ein Wüstling, ein Verführer, ein Zyniker, der mit den Menschen, mit Männern und Frauen spielte, wie ihm just die Laune ankam – das erschien ihm in diesem Augenblick als etwas ganz Köstliches.»[7]

Der Evolutionsbiologe Robert Trivers hat argumentiert, dass diesen und ähnlichen Wunschträumen und künstlerischen Fantasien ein biologisches Programm zugrunde liegt: Bei den Männchen monogam lebender Tierarten kann die ursprüngliche Neigung zu sexueller Wahllosigkeit reaktiviert werden, wenn die Umstände es zulassen.

Wenn man sich als Vater nicht um den Nachwuchs kümmern muss, dann braucht man nicht wählerisch zu sein und kann jede Gelegenheit beim Schopfe packen. Anders sieht es bei väterlicher Fürsorge aus: Dann kann der Sex richtig teuer werden und dann müssen die Männchen genauso wählerisch sein wie die Weibchen.[8]

Übertragen auf Menschen besagt die Hypothese also nicht, dass Männer biologisch darauf programmiert sind, ein kurzfristiges sexuelles Abenteuer nach dem anderen einzugehen, sondern dass sie diesen Wunsch haben und ihn in die Realität umsetzen, wenn sich eine günstige Gelegenheit dazu ergibt. Auf den ersten Blick klingt diese Vermutung nicht unplausibel, aber lässt sie sich auch empirisch belegen?

Umfragen zufolge versuchen Männer beim Sex schneller zum Ziel zu kommen als Frauen. Fragt man, welche Zeit zwischen dem ersten Kennenlernen und dem Wunsch, mit ihm oder ihr ins Bett zu gehen, vergehen sollte, dann findet man eine deutliche Diskrepanz. Die Zeitspanne von einer Woche beispielsweise ist für Männer im Durchschnitt akzeptabel, für die Mehrzahl der Frauen genügt das nicht.[9]

Ein Mann wird sich den Vaterpflichten aber nur entziehen können, wenn er es schafft, sich nach der Liebesnacht unerkannt zu entfernen, oder wenn er auf andere Weise nicht mehr greifbar ist. In der Realität gelingt das heute eher selten: In Deutschland bleibt der Vater bei weniger als einem Prozent der Neugeborenen unbekannt. Glaubt man der künstlerischen Fantasie, dann ändert das aber wenig am Wunsch der Männer, es zumindest zu versuchen.

Mozarts Oper *Don Giovanni* beginnt mit einer Szene, in der sich der maskierte Held aus der Umarmung von Donna Anna, seiner jüngsten Eroberung, zu befreien versucht. Im weiteren Verlauf der Oper ist er dann ständig auf der Flucht vor seinen früheren Liebschaften. In einen regelrechten Alptraum verwandelt sich eine ähnliche Situation im Kinofilm *Eine verhängnisvolle Affäre* von 1987. Dan Gallagher, gespielt von Michael Douglas, sucht hier nach einem leidenschaftlichen Seitensprung mit Alex Forrest (Glenn Close) das Weite, was diese mit teils drastischen Mitteln zu verhindern weiß.

Tatsächlich drehen sich die sexuellen Fantasien der Männer häufig um zahlreiche und unbekannte Frauen. Das lässt sich beispielsweise anhand der Pornographie demonstrieren, die hauptsächlich von Männern konsumiert wird. In den entsprechenden Plots geht es kaum um längerfristige Beziehungen, emotionale Bindung, kunstvolles Werbeverhalten und ausdauerndes Vorspiel. In den sexuellen Fantasien der Frauen spielen Zärtlichkeit, Romantik und persönliche Nähe dagegen eine viel größere Rolle.[10]

Der Evolutionspsychologe Donald Symons hat in diesem Zusammenhang ein Gedankenexperiment vorgeschlagen: Zu welchem Ergebnis kommt man, wenn man das Verhalten der schwulen Männer als charakteristisch für das Verhalten der Männer im Allgemeinen sieht und das Verhalten lesbischer Frauen als typisch für das Verhalten der Frauen?

Symons war fasziniert von den Gepflogenheiten der Schwulenszene vor Aids, in der One-Night-Stands und andere Formen anonymer Sexualität weit verbreitet waren. Willige Partner fand man in Bars, Hotellobbys und auf öffentlichen Toiletten. Konversationen und andere Präliminarien wurden auf ein Minimum reduziert und es kam fast augenblicklich zum Sex. In kaum oder gar nicht ausgeleuchteten Hinterzimmern von Schwulenbars, Saunen und Clubs («Darkrooms») gab es sexuelle Aktivitäten bis hin zum Geschlechtsverkehr, bei denen die Beteiligten unerkannt blieben.

Symons These ist nun, dass sich heterosexuelle Männer verhalten würden wie homosexuelle, wenn die Frauen dazu bereit wären. Dass sie häufig Sex mit Fremden hätten, an anonymen Orgien teilnehmen würden und «auf dem Weg nach Hause kurz in öffentlichen Toiletten haltmachen würden, um sich für fünf Minuten oral befriedigen zu lassen».[11] Die meisten heterosexuellen Männer werden diese Unterstellung wohl von sich weisen. Man kann sich auch fragen, ob Symons die Lebenswirklichkeit vieler homosexueller Männer selbst in den unbeschwerten Tagen vor Aids zutreffend charakterisiert. Unbestreitbar ist aber, dass in den Schwulenszenen Formen der Sexualität vorkommen, die bei Heterosexuellen und Lesben eher die Ausnahme sind.

In eine ähnliche Richtung weist die Prostitution. Dabei handelt es sich ganz überwiegend um ein Angebot für Männer. Auch hier geht es meist um flüchtige Sexualkontakte mit Fremden, zu denen man gerade keine soziale Nähe wünscht.

Alleinerziehende Mütter

Warum entziehen sich die Männchen im Tierreich so häufig den Mühen der Brutpflege? Die Antwort ist: weil sie es können. Zwei Voraussetzungen müssen allerdings gegeben sein. Zum einen muss eine realistische Chance bestehen, dass die Mutter die Aufzucht des Nachwuchses alleine bewältigen kann. Zum anderen muss sie bereit sein, auch dann für die gemeinsamen Kinder zu sorgen, wenn sie vom Partner im Stich gelassen wurde.

Wie unverzichtbar die erste Voraussetzung ist, zeigt der Vergleich mit den Vögeln. Um die Eier auszubrüten und die Küken mit Nahrung zu versorgen, bedarf es meist der Anstrengungen beider Eltern. Nur bei neun Prozent der Vogelarten schafft das ein Elternteil alleine.[12] Bei Säugetieren ist das Ein-Eltern-Modell dagegen eher durchführbar, da die Jungen viel länger im Mutterleib geschützt und ernährt werden und die Weibchen in dieser Zeit nicht unbedingt auf Hilfe angewiesen sind.

Warum aber sind es in der Regel die Mütter, an denen die Brutpflege nach der Geburt hängen bleibt? Die Tatsache, dass männliche Tiere nicht stillen können, ist als solche noch keine ausreichende Erklärung, sondern ein weiteres Rätsel. Die physiologischen und anatomischen Voraussetzungen für das Stillen wie Brustwarzen sind bei den Männchen vieler Säugetierarten nämlich durchaus vorhanden, aber sie bleiben funktionslos.[13]

Eine überzeugendere Antwort kann die Evolutionsbiologie geben: Da die Befruchtung im weiblichen Körper erfolgt und die Jungen im Mutterleib heranwachsen, sind die Mütter von Anfang an zu einem vergleichsweise großen Aufwand an Zeit und Energie gezwungen. Wenn sie ihren Nachwuchs verlassen, ist dieses «Investment» verloren. Die Väter können sich der Brutpflege dagegen leichter entziehen, da ihr anfänglicher Aufwand meist geringer ausfällt und sie darauf zählen können, dass die Mütter es ihnen nicht gleichtun.

Im Prinzip hat eine Mutter aber die Möglichkeit, das Kind des unsolidarischen Erzeugers nach der Geburt aufzugeben und sich nach einem fürsorglicheren Mann umzusehen. Kindstötungen durch die eigene Mutter kommen bei Menschen und anderen Säugetieren eher selten vor. Aber es gibt sie. Von diesem Schicksal erzählt Goethe im *Faust*, wenn Gretchen ihr Neugeborenes ertränkt, nachdem sie im Stich gelassen wurde. Goethe deutet Gretchens Tat als Ausdruck äußerster Verzweiflung. Und tatsächlich wird eine Säugetier-Mutter diesen Weg nur bei Gefahr für ihr eigenes Leben beschreiten oder wenn eine erneute Schwangerschaft zu einem späteren Zeitpunkt deutlich bessere Chancen verspricht.[14]

Wenn diese Überlegung richtig ist, dann ist zu erwarten, dass die Bindung einer Mutter an ihr Kind mit dem geleisteten Aufwand wächst. Ist er noch überschaubar, dann hat sie eher die Möglichkeit, auf das Verhalten des Vaters und auf andere äußere Bedingungen zu reagieren.[15] Das scheint in der Tat der Fall zu sein: Fast zwei Drittel der Abtreibungen erfolgen in Deutschland bei nichtverheirateten Frauen, und nur rund ein Drittel der Kinder wird nichtehelich geboren.[16]

Warum aber sorgen die Männchen nicht im eigenen Interesse für den gemeinsamen Nachwuchs? Es geht ja schließlich um ihre Jungen und damit letztlich um das Überleben ihrer Gene. Und doch gibt es nur bei etwa fünf Prozent der Säugetierarten irgendeine Form väterlicher Fürsorge. Wie also kann man Gretchens Frage an Faust aus biologischer Sicht beantworten? – «Mein Kind hab ich ertränkt. War es nicht dir und mir geschenkt? Dir auch.»[17]

Die Antwort ist, dass ein Männchen durch die väterliche Fürsorge seine Chancen verringert, ein anderes Weibchen zu befruchten. Sein Verhalten ist also das Resultat einer Abwägung zwischen der Verringerung der Überlebenschancen der Jungen aus der ersten Beziehung und der Option auf weiteren Nachwuchs mit einem anderen Weibchen. Dieses Kalkül läuft selbstverständlich nicht als bewusster Denkprozess ab, sondern es beruht auf instinktiven Reaktionen, die durch die natürliche Auslese an die jeweilige Lebensweise angepasst wurden.

Die Rede von Investment und strategischen Optionen klingt herzlos, wenn es um so gravierende und emotional belastende Entscheidungen wie eine Abtreibung geht. Es ist aber wichtig zu verstehen, welchen biologischen Prinzipien unser Verhalten folgt. Wer die Hoffnung hegt, dass das Gesagte zwar auf Tiere zutrifft, aber bei Menschen wegen unserer höheren Intelligenz und Moralfähigkeit keine Bedeutung hat, der kann sich von Goethes *Faust* eines Besseren belehren lassen.

Während Gretchen dem Liebhaber verantwortliches Handeln
unterstellt – «Er nimmt sie gewiß zu seiner Frau« –, weiß es das
lebenskluge Lieschen besser: «Er wär ein Narr! Ein flinker Jung / Hat
anderwärts noch Luft genung. / Er ist auch fort.» Und tatsächlich
benötigt Mephisto keine großen Überredungskünste, um Faust von
den Vaterpflichten weg zum Hexentanz auf den Blocksberg zu locken:
«Ein bißchen Diebsgelüst, ein bißchen Rammelei. So spukt mir
schon durch alle Glieder Die herrliche Walpurgisnacht.»[18]

Eine seltene Chance

Alles in allem muss man in Anbetracht der Belege aus der Psychologie, der Kunst und der Lebenswirklichkeit davon ausgehen, dass
Männer tatsächlich die Tendenz haben, sich auf unverbindlichen Sex
einzulassen und Kinder zu zeugen, wann immer sie es ohne größere
Kosten tun können. Die Vorteile, die sie aus diesem Verhalten ziehen,
sind so groß, dass man sich eher fragen muss, warum sie es nicht
häufiger versuchen.

Hierzu gibt es zwei Antworten: Zum einen gehen sexuelle Abenteuer nicht immer so problemlos über die Bühne wie erhofft. Das
Spektrum der Komplikationen reicht von Nachstellungen durch die
frustrierte Geliebte über Drohungen durch aufgebrachte Väter, Brüder oder Ehemänner bis hin zur jahrelangen Zahlung von Alimenten
und zu lebensbedrohlichen Geschlechtskrankheiten. Zum anderen
sind heterosexuelle Männer darauf angewiesen, dass sie Frauen finden, die sich auf unverbindlichen Sex einlassen.

Entsprechend wird sich das Verhalten eines Mannes irgendwo
zwischen dem Wunsch bewegen, günstige Gelegenheiten zu nutzen,
und den engen Grenzen, die dem in der Realität gesetzt sind. Je nachdem, ob man den Wunsch oder die Wirklichkeit betont, wird man zu
anderen Schlussfolgerungen über die Natur des Mannes kommen.
Hebt man hervor, dass ein Mann «nur eine triviale Menge an Zeit
und Sperma» investieren muss, so ist es nicht weit zum Klischee des
notorisch treulosen und beziehungsunfähigen Schwerenöters. In
diesem Fall sind große Unterschiede zwischen den Geschlechtern zu
erwarten. Im Alltag sollen sie nur deshalb nicht auffallen, weil das
Verhalten der Männer von den Kompromissen, die heterosexuelle

Beziehungen mit sich bringen, und von den moralischen Geboten «maskiert» wird.[19] Das heißt, um ihre Ehefrauen und Freundinnen nicht gegen sich aufzubringen und um nicht gegen die sozialen Normen zu verstoßen, verbergen Männer ihre wahren Sehnsüchte und leben sie nur im Geheimen aus.

Bekräftigt man hingegen, dass «in unserer eigenen Gesellschaft das elterliche Investment beider Eltern groß und nicht offensichtlich ungleichgewichtig ist»,[20] so wird man ein eher partnerschaftliches Verhältnis zwischen den Geschlechtern erwarten.

Warum Frauen unverbindlichen Sex wollen

Die evolutionspsychologische These, dass Männer beim Flirten und beim Sex forscher agieren als Frauen, wurde von den Massenmedien dankbar aufgegriffen. Als dann noch eine beeindruckende Zahl an Studien erschien, die in dieselbe Richtung wiesen, verwandelte sich die Vermutung in Gewissheit.[21] Dass das traditionelle Klischee vom sexsüchtigen Mann und der keuschen Frau nun auch wissenschaftlich belegt schien, wurde teils wohlwollend, teils kritisch kommentiert.

Die Popularität dieser Idee ist natürlich kein Beweis dafür, dass sie richtig ist. Sie muss deshalb aber auch nicht falsch sein. Bestätigt sich der Verdacht, dass hier unter dem Deckmantel unvoreingenommener Forschung ein überkommenes Rollenverständnis propagiert wurde?

Vielleicht trägt der Hinweis, dass es in der Evolutionspsychologie in den letzten Jahren zu einem Umdenken gekommen ist, zur Beruhigung der Gemüter bei. Selbstkritisch wird angemerkt, dass «die offensichtlichen reproduktiven Vorteile der Kurzzeitpaarung für die Männer» dazu verleitet haben, den möglichen Nutzen für die Frauen zu übersehen. Zudem hätten die Forscher eine fundamentale Tatsache ignoriert: Wenn sich die Frauen in der Evolution nicht auf unverbindlichen Sex eingelassen hätten, dann hätten die Männer auch keinen haben können. Und wenn diese Kontakte einvernehmlich und nicht erzwungen waren, dann muss es immer einige bereitwillige Frauen gegeben haben.[22]

Mittlerweile wurde eine beeindruckende Liste mit Vorteilen zusammengestellt, die sich Frauen durch eine lockere Affäre verschaffen können. Der unverbindliche Sex, der «zipless fuck», von dem Erica Jong in ihrem Roman *Angst vorm Fliegen* schwärmt, scheint also kein Vorrecht der Männer zu sein.[23] Die diskutierten Hypothesen können indes nicht alle überzeugen und einige sprechen sogar für das Gegenteil: Sexuelle Kontakte, die auf den ersten Blick unverbindlich zu sein scheinen, werden in Wirklichkeit unter einer längerfristigen Perspektive eingegangen.

Das gilt beispielsweise für die These, der zufolge es von Vorteil für eine Frau sein kann, mit mehreren Männern zu schlafen und allen das Gefühl zu geben, der Vater des Kindes zu sein. Dadurch kann sie eventuell die Unterstützung und Hilfe von mehr als einem Mann gewinnen.[24] Ich werde dieses Modell in Kapitel 10 noch näher diskutieren. An dieser Stelle sei nur angemerkt, dass es sich ja gerade nicht um unverbindlichen Sex handelt, sondern darum, mehrere Unterstützer zu gewinnen.

Ähnliches gilt für die durchaus plausible Vermutung, dass eine kurze Affäre oder ein Seitensprung dazu dienen kann, einen neuen Partner zu testen. Es geht also in erster Linie darum, eine längerfristige Beziehung aufzubauen oder auszuschließen.[25] Wie es bei Frank Sinatra heißt: «Ever since that night we've been together / Lovers at first sight, in love forever.» Ein solches Resultat wäre bei völliger Anonymität, beispielsweise in einem Darkroom, nicht möglich. Auch die Sex-als-Test-Strategie ist also kein Beleg dafür, dass Frauen von unverbindlichem Sex profitieren können.

Anders sieht es aus, wenn der Sex mit einer direkten Gegenleistung verbunden ist, mit Geld, Geschenken oder anderen Vorteilen. Die Grenzen zur Prostitution sind hier fließend. Wie ich in Kapitel 19 noch näher diskutieren werde, ist es aber kaum vorstellbar, dass solche geschäftsmäßigen Formen der Sexualität in der Frühzeit der Menschen eine nennenswerte Rolle gespielt haben. Insofern handelt es sich nicht um ein natürliches Verhalten, sondern um ein Phänomen, das erst mit der Zivilisation Verbreitung fand.

Nun zu einer überzeugenderen Hypothese: Bei unverbindlichem Sex können Frauen Erfahrungen sammeln und Selbstvertrauen gewinnen. Dieses Motiv wird gelegentlich in künstlerischen Fantasien durchgespielt. Im Kinofilm *Viva Maria!* von Louis Malle aus dem

Jahr 1965 stellt Brigitte Bardot eine fahrende Sängerin und Tänzerin dar, die die Liste ihrer Liebhaber an jeder Station der Zirkustruppe um einige Namen verlängert.

In der Faust-Satire *Der Meister und Margarita* von Michail Bulgakow ist es Margarita, die nackt auf einem Besen zur Walpurgisnacht fliegt, während Faust in der geschlossenen Psychiatrie trüben Gedanken nachhängt. Auf dem sich anschließenden «großen Ball beim Satan» erweist dann eine schier endlose Reihe von Gästen der nur mit Schmuck und Schuhen bekleideten Margarita die Ehre, in dem sie ihr «bleich vor Erregung» das Knie küssen. Man braucht nicht viel Fantasie, um die Szene als Anspielung auf einen Serienkoitus zu lesen.[26]

Sind das nur künstlerisch verbrämte Wunschträume, die mit dem, was Frauen wirklich begehren, wenig zu tun haben? Nicht wenn man Anaïs Nins Tagebüchern glauben darf. Verwundert und stolz zugleich stellt sie fest:

> «Tatsache ist, daß ich kapriziös bin, daß meine sinnlichen Regungen in zahlreiche Richtungen weisen. [...] Für Traurigkeit oder Reue ist kein Raum mehr in mir. [...] Ich will viele Liebhaber. Ich bin unersättlich geworden. Wenn ich weine, möchte ich die Tränen wegficken.»[27]

Zeigen diese Beispiele, dass es ein weibliches Gegenstück zur Strategie der Männer gibt, die darauf abzielt, mit geringem Aufwand möglichst viele Kinder zu zeugen? Da Schwangerschaften für Frauen notwendigerweise mit großem zeitlichem und körperlichem Einsatz verbunden sind, ist die Antwort Nein. Seitensprünge haben aber andere Vorteile: Ein Frau kann beispielsweise die Chance auf Nachwuchs wahren, wenn der feste Partner unfruchtbar ist. Sie kann eventuell bessere und passendere Gene bekommen. Und sie kann für genetische Vielfalt sorgen.[28]

Dass das nicht nur theoretische Optionen ohne praktische Relevanz sind, soll folgende Überlegung verdeutlichen. Wenn eine Frau auf männliche Unterstützung angewiesen ist, muss sie bei der Partnersuche Kompromisse eingehen. Dann genügt es nicht, dass der potentielle Vater gesund, intelligent, gutaussehend und ehrgeizig ist. Vielmehr muss er zudem bereit sein, sich um seine Familie zu kümmern. Ganz anders sieht es aus, wenn eine Frau anderweitig abgesichert ist. Dann hat sie die Möglichkeit, sich die begehrenswertesten Männer ins Bett zu holen, ohne Rücksicht darauf, ob sie auch zuverlässige Versorger sind («Gute-Gene-Strategie»).[29]

Bis heute gilt es als Rätsel der weiblichen Psyche, warum sich Frauen beispielsweise zu Picasso hingezogen fühlten, obwohl er nicht nur Jahrzehnte älter war, sondern sich auch launisch und treulos, sadistisch und rücksichtslos verhalten haben soll. So zumindest beschrieb ihn Françoise Gilot, die wohl bekannteste Kronzeugin für Picassos Schandtaten.[30] Man darf sicher nicht alles für bare Münze nehmen, was eine gekränkte Exgeliebte oder Exfrau erzählt. Das Mitleid mit ihrem Schicksal wird sich aber noch aus einem anderen Grund in Grenzen halten: Sie wusste, was sie erwartete, und für den Verlust an trauter Zweisamkeit wurde sie durch Kinder von einem besonders talentierten Künstler entschädigt.

Wann ist eine Frau so gut abgesichert, dass sie auf die Gute-Gene-Strategie setzen kann? In neuerer Zeit wird das immer dann der Fall sein, wenn sie finanziell unabhängig ist oder sich auf staatliche Unterstützung verlassen kann. Das erklärt, warum in den Siebzigerjahren eine entsprechende soziale Bewegung entstehen konnte. Die «Mütter ohne Männer» gingen von einem schädigenden Einfluss der Väter aus und begrenzten den Kontakt auf das Nötigste oder brachen ihn gänzlich ab.[31] Die Tatsache, dass diese Bewegung so schnell wieder verschwand, wie sie entstanden war, könnte ein Hinweis darauf sein, dass Väter nicht nur Störenfriede sind und mehr leisten als die Zeugung des Kindes.

Von Brüdern und Samenbanken

Auf staatliche Unterstützung können alleinerziehende Mütter erst seit relativ kurzer Zeit zählen. Schon sehr viel länger gibt es eine andere Quelle der Hilfe: die eigenen Verwandten. Familiäre Zuwendungen spielen in den meisten Kulturen eine mehr oder weniger große Rolle; bei manchen Völkern ersetzen sie den väterlichen Part sogar weitgehend. Das ist vor allem der Fall, wenn die Frauen üblicherweise mehrere Liebhaber haben und somit unklar ist, wer die biologischen Väter sind. Das Kind gilt dann als nur oder hauptsächlich mit der Mutter verwandt und die Rechte und Pflichten des Vaters gehen oft auf den Bruder der Mutter über («Avunkulat»).

Biologisch lässt sich das so erklären: Geschwister haben im Durchschnitt die Hälfte der Gene gemeinsam. Bei Halbgeschwistern ist es noch ein Viertel der Gene. Selbst wenn also völlig unklar ist, wer die biologischen Väter sind, kann sich ein Mann sicher sein, dass ein Kind seiner Schwester mindestens 12,5 Prozent seiner Gene trägt. Das sind zwar deutlich weniger als die 50 Prozent genetischer Übereinstimmung mit einem eigenen Kind, aber immer noch besser als nichts.

Wann also sollte man sich als Mann um ein Kind kümmern, das nur vielleicht das eigene ist? Die Antwort der Evolutionsbiologie lautet: wenn die Vaterschaftswahrscheinlichkeit größer als 30 Prozent ist. Ist der Wert geringer, beispielsweise weil eine Frau mehr als drei Liebhaber hat, dann ist es die bessere Option, sich den Kindern der Schwester zuzuwenden.[32]

Natürlich machen Männer diese Rechnung nicht bewusst auf; das erledigt die natürliche Auslese für sie, indem die Individuen, die sich zufällig richtig verhalten, einen durchschnittlich höheren Fortpflanzungserfolg haben. Klingt das seltsam? Vielleicht, aber es immer noch die beste Erklärung dafür, dass sich die Männer in manchen Kulturen um den eigenen Nachwuchs, in anderen um die Kinder der Schwester kümmern.[33]

Alles in allem sind Systeme mit geringer Vaterschaftswahrscheinlichkeit für Männer aus biologischer Sicht nicht optimal, da die Bruder-Strategie genetisch deutlich unattraktiver ist als die Vater-Strategie. Insofern ist es schwer vorstellbar, dass in der Frühzeit der Menschen soziale Systeme dominierten, die sexuell so freizügig waren, dass sich die väterliche Fürsorge nicht entwickeln konnte.

Abschließend sei noch eine Möglichkeit erwähnt, die sich in den letzten Jahrzehnten durch die Fortschritte der Medizin ergeben hat. In früheren Zeiten, als es noch keine Vaterschaftstests gab, konnte eine Frau ihre genetischen Interessen fördern, indem sie ihrem Ehemann das eine oder andere Kuckuckskind unterschob. Wie wir im nächsten Kapitel sehen werden, ist das aber ein Punkt, an dem man als Mann aus biologischen Gründen nicht großzügig sein darf. Insofern zeugen die Pläne des Genetikers Hermann J. Muller aus den 1960er Jahren von einer gewissen Weltfremdheit. Um möglichst vielen Frauen den Zugang zu qualitativ hochwertigem Samen zu ermöglichen, wollte er eine Samenbank einrichten, deren Spender bewiesen hatten, «dass sie absolut herausragend in Bezug auf wertvolle Eigenschaften des Geistes, des Herzens und des Körpers sind». Wer sich hier an die Methoden der Tierzucht erinnert fühlt, liegt sicher richtig.

Ein Vater hat beim Menschen noch andere Aufgaben als die eines Zuchtbullen, und vor allem hat er ein eigenes genetisches Interesse. Mullers Versicherung, dass es sich bei der künstlichen Befruchtung um eine «überaus moralische Tat, einen sozialen Dienst» handelt, war für die betroffenen Ehemänner deshalb wohl nur ein schwacher Trost.[34] Von 1980 bis 1999 gab es in Kalifornien tatsächlich eine entsprechende Samenbank, die Nobelpreisträger als Spender zu gewinnen versuchte.

♀ Fazit ♂

Dass Väter Verantwortung für ihre Kinder übernehmen, ist keine anerzogene, kulturelle Errungenschaft, sondern gehört zur Natur des Menschen. Wenn es die Umstände zulassen, kann ein Mann aber versucht sein, sich nach der Zeugung aus dem Staub zu machen. Dieses Verhalten ist unfair, aber es kann für den Vater biologisch vorteilhaft sein, nämlich genau dann, wenn die werdende Mutter in der Lage und willens ist, das Kind alleine großzuziehen, und wenn er dadurch seine Chancen erhöht, mit einer weiteren Frau Nachwuchs zu zeugen.

Die Regel dürfte das in der Vorzeit der Menschheit nicht gewesen sein. Bei Jägern und Sammlern wird großer Wert auf eine gerechte Verteilung der Güter und Kosten gelegt. Hier ist es schwer vorstellbar, dass der Egoismus Einzelner ausgerechnet bei einer so aufwändigen Sache wie der Fürsorge für die Kinder toleriert worden wäre.[35]

Unter bestimmten Umständen können auch Frauen von unverbindlichem Sex profitieren. Neben der Chance, Erfahrung zu sammeln und Selbstvertrauen zu gewinnen, können sie so Kinder von sehr attraktiven Männern bekommen, die von vielen Frauen begehrt werden und die deshalb nicht als Versorger in Frage kommen.

Insofern wird das Klischee von der keuschen Frau weder durch die Evolutionsbiologie noch durch die Psychologie, noch durch die Lebenserfahrung bestätigt. Anders sieht es bei der Annahme aus, dass Männer von unverbindlichem Sex mehr profitieren können als Frauen. Aus biologischer Sicht spricht viel dafür, dass die asymmetrische Verteilung der Lasten in der Schwangerschaft und Stillzeit nicht folgenlos bleiben konnte.

Bei den sexuellen Gefühlen und Verhaltensweisen sind die Unterschiede zwischen den Geschlechtern nicht so tiefgreifend, wie das gerne behauptet wird. Aber es gibt sie. Und sie scheinen nicht nur anerzogen zu sein, sondern eine biologische Ursache zu haben: Nur Männer können unter günstigen Umständen mit minimalem Aufwand für Nachwuchs sorgen.

Trotz der unbestreitbaren Vorteile, die mit Freiheit und Ungebundenheit einhergehen, ist ein einzelgängerisches Leben, wie man es von anderen Säugetieren kennt, für Menschen keine Option. Als soziale Tiere bevorzugen wir die Geselligkeit und können uns außerhalb einer Gemeinschaft nur schwer behaupten. Damit ist aber die Frage noch nicht beantwortet, wie diese sozialen Beziehungen aussehen sollten. Genügen lockere Kontakte und Freundschaften, wie man sie auch als Single pflegen kann, oder sind feste Beziehungen mit einem oder vielleicht auch mit mehreren Partnern die bessere Wahl?

KAPITEL 9

EINE MÄNNLICHE IDEE:

DIE ZWEIERBEZIEHUNG

Vom Liebeslied zum Doppelbett, von der Hochzeit bis zum Partner-look: Das Leben der meisten Menschen hat seinen Schwerpunkt in einer Zweierbeziehung. Die Paarbindung wurde kritisiert und ge-schmäht, man hat die notwendigen Kompromisse beklagt und die drohende Langeweile beschworen – und doch hat sie sich als überra-schend widerstandsfähig erwiesen.

Woher kommt der Wunsch nach Zweisamkeit? Ist der kollektive Wettlauf in die Geborgenheit einer Partnerschaft eine Tradition, die weitergepflegt wird, obwohl sie ihren Sinn längst verloren hat? Schon vor zwei Jahrhunderten hielt Charles Fourier die Ehe für einen Irr-weg, der «alle Keime der Zwietracht und des Überdrusses» enthält. Letztlich sei sie nichts weiter als eine unter Blumen verborgene «Fall-grube», in die wir «einander um die Wette hineinstoßen».[36]

Es ist richtig, dass der Staat mehr oder weniger sanften Druck ausübt, um die Ehe zu zementieren, so wie es in frühen Zeiten die Kirchen getan haben. Das würde aber nicht so gut funktionieren, wenn Menschen nicht von sich aus bereit wären, längerfristige Bin-dungen einzugehen. Selbst viele Schwule, die den unverbindlichen Sex stolz zelebrieren, zieht es in eheähnliche Verbindungen, seitdem es rechtlich möglich ist.

Leben wir also in dauerhaften Zweierbeziehungen, weil es unserer Natur entspricht? Das ist durchaus möglich, denn Paarbindung gibt es auch im Tierreich. Für Tiere spielen kulturelle Ideen und moralische Vorurteile aber keine Rolle, sondern sie leben monogam, weil sie damit biologisch erfolgreich sind. Im Prinzip könnte das auch für uns Menschen gelten. Insofern ist der Vergleich mit anderen paarlebenden Tieren höchst aufschlussreich. Sollten sich grundlegende Übereinstimmungen feststellen lassen, dann wäre das ein Hinweis darauf, dass die Paarbindung auch beim Menschen biologisch angelegt ist. Lassen sich dagegen nur äußerliche Ähnlichkeiten beobachten, dann sind unsere Zweierbeziehungen vielleicht wirklich erzwungen und künstlich. Dann könnten andere Formen des Zusammenlebens besser zur Natur des Menschen passen.

Bis dass der Tod euch scheidet ...

Bevor wir einen näheren Blick auf die Entstehung der Paarbindung im Tierreich werfen, muss ein mögliches Missverständnis angesprochen werden. Die Verwendung des Wortes «Monogamie» in der Biologie kann die Vorstellung nahelegen, dass damit die von der traditionellen Moral geforderte unauflösliche Ehe gemeint ist. So behauptete der Verhaltensforscher Irenäus Eibl-Eibesfeldt, dass die Anlage zur lebenslangen «ehelichen Dauerpartnerschaft» wegen der langsamen Entwicklung des Kindes notwendig sei.[37] Da es einige Jahre, aber kaum Jahrzehnte dauert, bis ein Kind auf eigenen Beinen steht, überzeugt dieses Argument nicht.

Stattdessen ist eher eine zeitlich begrenzte Bindung zu erwarten – dass Paare beispielsweise zusammenbleiben, bis der Nachwuchs abgestillt ist und keine intensive und ständige Zuwendung mehr benötigt. Tatsächlich erreichen die Trennungen nicht im «verflixten siebten Jahr», sondern bereits im vierten Ehejahr den höchsten Stand.[38] Aber auch diese Aussage lässt sich nicht verallgemeinern; Beziehungen haben ja kein gleichsam natürliches Verfallsdatum, an dem die Paare automatisch auseinandergehen.

In der Biologie versteht man unter «Monogamie» ein Bündnis auf Zeit. Arten werden bereits als monogam klassifiziert, wenn ein Paar nur für eine einzige Fortpflanzungsperiode zusammenbleibt. Beim Menschen würde es sich also um wenige Jahre handeln.

Bei allem Streit darüber, wie lange Paare zusammenbleiben *sollten*, teilen viele Autoren die Überzeugung, dass Menschen in mehr oder weniger stabilen Zweierbeziehungen leben *wollen*. Tatsächlich ist dieses Lebensmodell in vielen Kulturen anzutreffen und gilt oft als so selbstverständlich, dass es auf den ersten Blick überrascht, wie selten es bei Säugetieren im Allgemeinen vorkommt. Die Schätzungen bewegen sich unter zehn Prozent der Arten.

In manchen Ordnungen, beispielsweise bei Walen und Delfinen, sind Paare gar nicht anzutreffen. Nicht ganz so selten sind sie bei unseren nächsten Verwandten im Tierreich, den Primaten: Fast ein Drittel der Arten lebt monogam. Wie niedrig aber auch diese Zahl ist, wird deutlich, wenn man sie mit der Situation bei den Vögeln vergleicht: Hier gibt es bei 80 bis 90 Prozent der Arten Paarbindung.

Am Anfang war die Eifersucht: das Gibbon-Modell

Welche Versuchung ist so unwiderstehlich, dass ein Individuum die Vorteile von Freiheit und Unabhängigkeit aufgibt und sein Glück in der Zweisamkeit sucht?

Die einzelgängerische Lebensweise ermöglicht es den männlichen Tieren, größere Gebiete zu durchstreifen. Ungebunden, wie sie sind, können sie so viele Weibchen wie möglich aufsuchen, Nachwuchs zeugen und dann weiterziehen. Diese Strategie kann aber an Grenzen stoßen, etwa wenn sich die Weibchen räumlich weit voneinander entfernt aufhalten. Dazu kommt es, wenn die Nahrung nur verstreut verfügbar ist. Dann kann ein Männchen nur noch mit großem Aufwand hin und her wechseln und dann ist es ökonomischer, bei einem Weibchen zu bleiben. Das hat den zusätzlichen Vorteil, dass sich die Partnerin besser überwachen lässt.

Der Verdacht, dass die Zweierbeziehung und ihr emotionales Bindemittel, die romantische Liebe, Erfindungen der Männer zur besseren Kontrolle der Frauen sind, wurde auch von feministischer Seite vorgebracht.[39] Der Wunsch, die Partnerin ganz für sich allein zu besitzen, kam allerdings nicht erst mit dem Patriarchat auf, sondern seine Ursprünge reichen weit in die Evolution der Säugetiere zurück. Männliches Kontrollverhalten und das dazugehörige Gefühl, die Eifersucht, nehmen die unterschiedlichsten Formen an. In unseren Breiten reicht das Spektrum von Händchenhalten und Partnerlook bis zum Häuschen im Grünen. So überredet der junge Held Alfredo die Kurtisane Violetta in Verdis Oper *La traviata* dazu, mit ihm aufs Land zu ziehen. Hinter dem vordergründigen Wunsch nach romantischer Zweisamkeit ist unschwer ein anderes Motiv zu erkennen: Die Geliebte soll aus dem Kreis ihrer Freunde und vor allem ihrer zahlreichen Liebhaber entfernt werden.

Nicht immer bleibt die Eifersucht so vergleichsweise harmlos. Vor allem dann nicht, wenn sie unbedingte Macht über einen Menschen gewinnt:

> «Bist du in deinem Leben schon einmal eifersüchtig gewesen? Ja oder nein, was soll's! Der erste Tropfen Eifersucht war jedenfalls auf mein Herz gefallen. [...] Der Verdacht arbeitete in mir, zerriss mich, nagte an mir. [...] Ein Liebhaber! [...] Allein schon der Gedanke! Das war unwahrscheinlich, unmöglich ... und dennoch? [...] Und der abscheulichsten aller Martern ausgeliefert, die einen Mann quälen können, fing ich an, sie zu überwachen. [...] Ich lebte nicht mehr, ich litt nur noch!»[40]

Wenn man sich die Intensität dieser Emotionen vor Augen führt, kann man schon eher nachvollziehen, warum in der Geschichte und Gegenwart so grausame und unmenschliche Mittel ersonnen wurden, um sexuelle Treue zu garantieren: Das Spektrum reicht von Bekleidungsvorschriften über die Beschränkung der Bewegungsfreiheit bis hin zur Verstümmelung der Genitalien, zu Säureattentaten und zum Mord.

Schon bei den Jägern und Sammlern waren die Männer eifersüchtig, aber sie hatten meist nicht die Macht und die Mittel, die Frauen zu kontrollieren und zu beherrschen. Erst mit der Zivilisation konnte der Versuch, Treue mit Gewalt zu erzwingen, zu den zu Recht so scharf kritisierten Auswüchsen führen.

Über diesen negativen Folgen der Eifersucht sollte man nicht vergessen, dass sie auch positive Formen annehmen kann. Beispielsweise wenn die Partnerin durch Fürsorglichkeit, Aufmerksamkeit und Herzlichkeit zur Treue verführt werden soll. Alles in allem ist unverkennbar, dass die Eifersucht ein vielleicht unverzichtbarer emotionaler Kitt vieler Partnerschaften ist und eine der stärksten Emotionen, die wir kennen.

Vom Bewacher zum Versorger

Woher kann man wissen, dass die Zweierbeziehung aus der Eifersucht entstand und nicht etwa aus väterlichen Gefühlen?

Zum einen beteiligen sich die Väter bei mehr als 40 Prozent aller Säugetierarten mit Paarbindung *nicht* an der Brutpflege.[41] Das heißt, sie gewähren weder Schutz noch Nahrung, noch tragen sie die Jungen herum, noch leiten sie sie an. Bei manchen Arten wie den Tigern wirkt die bloße Anwesenheit des Vaters abschreckend auf fremde Männchen und bietet so eine gewisse indirekte Sicherheit. Ansonsten besteht ihr Beitrag zum «Haushalt» gewissermaßen darin, den Kühlschrank leer zu essen, das heißt, mit den Weibchen und dem Nachwuchs um Nahrung zu konkurrieren. Zum anderen lässt sich am Stammbaum der Säugetiere ablesen, dass die Übergänge zum Paarleben in den verschiedenen Abstammungslinien jeweils vor dem Auftreten der väterlichen Fürsorge erfolgten oder in etwa gleichzeitig.

Bei etwas mehr als der Hälfte der Säugetierarten mit Paarbindung unterstützen die Väter die Mütter ihrer Kinder auf mehr oder weniger intensive Weise. Dadurch lassen sich die Zeiten zwischen den Geburten verkürzen oder mehrere Jungtiere gleichzeitig versorgen. Es werden auch qualitative Verbesserungen möglich, beispielsweise bei der energetisch teuren Gehirnentwicklung.

Sobald sich väterliche Fürsorge bei einer Tierart etabliert hat, sind die Männchen in fast derselben Situation wie die Weibchen. Wenn sie gehen, stirbt ihr Nachwuchs mit großer Sicherheit. Für Primaten gilt das wegen des Risikos der Kindstötung ganz besonders («Infantizid»). Auch bei anderen Säugetieren wie den Löwen töten männliche Tiere, die nicht die Väter sind, die Säuglinge, weil die Weibchen dadurch wieder schneller paarungsbereit werden.[42]

Kindstötungen gehören neben der Verfügbarkeit von Nahrung und dem Schutz vor Raubtieren zu den wichtigsten Faktoren, die bestimmen, welche Form des Zusammenlebens sich bei einer Tierart durchsetzt. *Infantizid ist kein selten vorkommendes Randphänomen!* Selbst bei Menschen hat ein Kind unter zwei Jahren, dessen Mutter mit einem neuen Mann zusammenlebt, ein deutlich erhöhtes Risiko, getötet zu werden.[43] Warum sind Primaten besonders anfällig für dieses Problem? Als außergewöhnlich intelligente Tiere mit einem komplexen Sozialverhalten haben sie vergleichsweise große Gehirne. Dadurch kommt es zu verlängerten Stillzeiten, was wiederum das Risiko der Kindstötung erhöht, da die Weibchen in dieser Zeit unfruchtbar sind.

Die Hilfe und der Schutz durch den Vater mögen so vorteilhaft sein, wie sie wollen, er wird nur dazu bereit sein, wenn er sich der Vaterschaft einigermaßen sicher ist. Das erklärt, warum väterliche Fürsorge bei Säugetieren trotz ihres unbestreitbaren Nutzens relativ selten ist und nur bei fünf bis sechs Prozent der Arten beobachtet wird. Gehören Menschen zu den vergleichsweise wenigen Säugetierarten, bei denen sich die Kombination aus Paarbindung und väterlicher Fürsorge durchgesetzt hat? Die Antwort ist Ja, denn sonst müssten Frauen nicht eifersüchtig sein.

Warum sind Frauen eifersüchtig?

In Giacomo Puccinis Oper *Tosca* nimmt das Drama seinen Lauf, weil die Titelheldin ihre Eifersucht nicht beherrschen kann. Und zwar spätestens, als sie im Laufe des ersten Aktes bemerkt, dass ihr Liebhaber, der Maler Mario Cavaradossi, eine andere Frau als Modell für sein Gemälde der Maria Magdalena gewählt hat:

> «Warum ist hier verschlossen? [...] Mit wem sprachst du? [...] Wo ist sie? Sie! ... Jene Frau! Schritte habe ich gehört, das Rascheln von Gewändern. [...] Wer ist jene blonde Dame dort oben? [...] Sie ist zu schön! [...] Diese schmachtenden Augen habe ich schon gesehen.»

Am Ende der Oper sind nicht nur der politische Gefangene Angelotti und der Polizeichef Scarpia tot, sondern auch Mario und Tosca.

Solange sich das familiäre Engagement eines Mannes darauf beschränkt, mit einer Frau zu schlafen und ein Kind zu zeugen, hat sie wenig Anlass, mit anderen Frauen zu konkurrieren und eifersüchtig zu sein. In dem Maße aber, in dem ein Mann wichtige oder sogar unverzichtbare Hilfe leistet, steigt sein Wert für die Frau. Jetzt wird der zuverlässige Beschützer und Versorger zum begehrten und knappen Gut, und die männliche Eifersucht erhält ihr weibliches Gegenstück.

Frauen können sehr besitzergreifend sein. Ihre Eifersucht ist mit ebenso intensiven Emotionen verbunden wie die der Männer, allerdings mit einem anderen Schwerpunkt: Während es den Männern primär um Vaterschaftssicherheit und damit um sexuelle Treue geht, steht bei Frauen die Ressourcensicherheit, das heißt die emotionale Treue, im Vordergrund.[44]

Seit wann leben die Menschen in Zweierbeziehungen?

Dem Standardmodell der menschlichen Evolution zufolge wahrscheinlich seit mehr als zwei Millionen Jahren. Spätestens zu dieser Zeit begannen die Männer, einzelne Frauen zu begleiten, und die Frauen ihrerseits waren einem Mann sexuell treu, auch wenn es andere Bewerber gab. Sobald die Paarbindungen stabil waren, wurde väterliche Fürsorge in Form von Schutz und Versorgung möglich.

Mit diesem Schritt waren zum einen die materiellen Bedingungen für die weitere Entwicklung des Gehirns in Form ausreichender, hochwertiger Nahrung gegeben. Zum anderen wurde der kulturelle Fortschritt auf eine breitere Basis gestellt, da nicht mehr nur die Mütter und Großmütter, sondern auch die Väter und Großväter ihre Erfahrungen und ihr Wissen an die nächste Generation weitergeben konnten.[45] Dies erklärt, warum die Vaterschaftssicherheit in den meisten menschlichen Gemeinschaften eine so zentrale Rolle spielt. Und warum es nicht weiter verwundern sollte, dass alle Versuche der Kirche, den biblischen Josef als Vorbild zu etablieren, an den Klippen der Biologie zerschellt sind. Er darf oder will nicht mit Maria schlafen, hat aber für ein fremdes Kind zu sorgen.

Wie auch immer man dieses Verhalten moralisch beurteilen will, als allgemeine Norm hätte es höchst problematische Folgen für unser soziales Zusammenleben. Denn es negiert die Bedeutung der biologischen Vaterschaft, die wiederum eine unverzichtbare Voraussetzung für die Existenz der väterlichen Fürsorge ist, und untergräbt so eine der tragenden Säulen der menschlichen Familienstruktur.[46] In Kapitel 11 werde ich noch genauer auf die Frage eingehen, wie zwingend diese biologischen Zusammenhänge sind und ob sie eine unüberwindliche Hürde für nichtfamiliäre Lebensformen darstellen müssen.

Die evolutionäre Rekonstruktion der menschlichen Paarbindung folgt in groben Zügen dem, was uns von Säugetieren und Primaten bekannt ist. Es gibt aber auch Unterschiede. So leben die Paare bei den Säugetieren typischerweise isoliert für sich, ohne dass engere Kontakte zu anderen erwachsenen Individuen bestehen. Bei Menschen kommt das nur in sehr seltenen Ausnahmefällen vor; in der Regel sind die Paare in eine erweiterte Familie und eine größere soziale Gruppe integriert.

Ein seltsamer Widerspruch

Es gibt noch einen zweiten Unterschied zwischen den meisten paarlebenden Tieren und den Menschen: die Häufigkeit des Sex. Wie viel Sex müssen die Paare im Tierreich haben, um die Beziehung am Leben zu erhalten? Die Antwort ist: Sobald sich eine feste Partnerschaft entwickelt hat, nur noch sehr wenig. Bei den Gibbons beispielsweise wird die Zahl der Kopulationen pro Geburt auf rekordverdächtig niedrige drei geschätzt.

Ganz anders sieht es bei Arten aus, die in gemischten Gruppen ohne feste Partnerschaften leben. Schimpansen und Paviane beispielsweise haben ähnlich viele Kopulationen pro Geburt wie Menschen; die Schätzungen bewegen sich zwischen hundert und über tausend (Anhang, Tabelle 1).

Unser Sexleben scheint also nicht mit der oft geäußerten Ansicht zusammenzustimmen, dass der Mensch «von Natur aus ein Paarwesen» ist.[47] Denn allgemein gilt: Paarlebende Affenarten haben auffallend wenig Sex.

Heißt das, dass wir im Grund unseres Herzen doch nicht für die Zweierbeziehung gemacht sind? Oder es ist gerade andersherum, und die ständige Beschäftigung mit dem Sex ist eine letztlich unnatürliche Übertreibung, eine Zivilisationskrankheit? Vielleicht lässt sich der Widerspruch, dass wir uns in Bezug auf die Häufigkeit des Sex ganz und gar nicht wie andere paarlebende Primaten verhalten, aber auch auflösen.

♀ Fazit ♂

Die ursprüngliche Entstehung der Paarbindung bei den Säugetieren lässt sich aus einem geänderten Verhalten der Männchen erklären, die nicht länger auf Chancenvielfalt, sondern auf Vaterschaftssicherheit setzten. Im Verhalten äußert sich dieser Strategiewechsel als Intensivierung der sexuellen Eifersucht: Wenn ein Männchen nur mit einer Partnerin Nachwuchs zeugen kann, dann muss es zumindest sicherstellen, dass es die eigenen Jungen sind.

Die Paarbindung beim Menschen ähnelt dem, was bei Tieren zu beobachten ist, in vielen Punkten. Und sie beruht oft auf Freiwilligkeit. Weder die männliche noch die weibliche Eifersucht, noch das Interesse der Väter am Wohlergehen ihrer Kinder wirken anerzogen und erzwungen. All das spricht dafür, dass die menschliche Zweierbeziehung tatsächlich eine instinktive Grundlage hat, die tiefer geht als die kulturellen Traditionen von Ehe und Familie.

Die Existenz und Intensität der weiblichen Eifersucht ist ein Beleg dafür, dass die Männer ihre Partnerinnen schon früh in der Evolution der Menschen nicht nur bewachten, sondern den Nachwuchs auch schützten und mitversorgten. Diese These wird durch die Beobachtung bestätigt, dass vaterlos aufwachsende Kinder oft gravierende Nachteile haben. Bei Jägern und Sammlern ist ihre Sterblichkeit um ein Mehrfaches erhöht. Und in den Industrieländern haben sie allen Förderungsprogrammen zum Trotz deutlich schlechtere Zukunftschancen als ihre Altersgenossen.[48]

Ein Rätsel allerdings bleibt: Die meisten paarlebenden Tierarten haben nur selten Sex. In dieser Beziehung ähneln wir eher den Schimpansen und Pavianen. Ist die Hypersexualität der Menschen vielleicht doch ein Hinweis darauf, dass die Zweierbeziehung unserer Natur widerspricht? Bevor wir uns also zur Monogamie als dem einzig adäquaten Beziehungsmodell bekennen, kann ein unbefangener Blick auf mögliche Alternativen nicht schaden.

KAPITEL 10

EINE FRAGE DER GELEGENHEITEN:
DER HAREM

An diesem Punkt ist die !Kung-Frau Nisa ganz entschieden:

«Aber nur bei einem Mann zu sitzen? Nein, das tun wir nicht. [...] Wohin [eine Frau] auch geht, sollte sie Liebhaber haben. Macht sie einen Besuch und ist allein, schenkt ihr jemand Perlen. Ein anderer gibt ihr Fleisch, und ein dritter gibt ihr etwas anderes zu essen. Wenn sie dann in ihr Dorf zurückgeht, ist sie gut versorgt worden.»[49]

Die !Kung leben als Jäger und Sammler, ähnlich wie man das von unseren frühen Vorfahren annimmt. Lässt sich daraus schließen, dass sich die Frauen ursprünglich mehrere Liebhaber nahmen? In späteren Zeiten wollte man davon nichts mehr wissen und gestand das Privileg, mehrere Sexualpartner zu haben, meist nur Männern zu.

Von den Harems orientalischer Fürsten bis zum Mätressenhof des sächsischen Kurfürsten August des Starken, von den Mormonen bis zu den Massai – es gibt kaum eine Kultur, in der die männliche Vielehe nicht stillschweigend toleriert wird. In den meisten islamisch geprägten Ländern ist sie noch heute ein allgemein anerkanntes Beziehungsmodell.

Dass die Einehe in den westlichen Industrienationen als das Übliche und einzig Normale angesehen wird, ist also keineswegs selbstverständlich: Nur fünfzehn Prozent aller heutigen Kulturen fordern diese Art von Beziehung! Im Vergleich dazu wird in 85 Prozent der Kulturen irgendeine Form der Vielehe praktiziert.[50] Nimmt man nur diese Zahlen als Anhaltspunkt, dann könnte man vermuten, dass Menschen von Natur aus polygam und gerade nicht monogam sind.

Bevor ich diesen Punkt näher betrachte, muss ein mögliches Missverständnis angesprochen werden. Es entsteht, weil das Wort «Polygamie» Unterschiedliches bedeuten kann. Im weiteren Sinn steht es für alle Konstellationen, in denen ein Individuum mit mehr als einem Menschen Sex hat. Das kommt bei Singles und Verheirateten vor; in Harems und lockeren Liebschaften sowieso.

«Polygamie» kann aber auch bedeuten, gleichzeitig *mehrere feste Partner oder Partnerinnen* zu haben. Diese engere Definition werde ich im Folgenden verwenden. Eine Frau, die neben ihrem Ehemann einen Liebhaber hat, lebt also polygam. Hat sie dagegen gelegentliche sexuelle Abenteuer, dann bezeichnet man ihr Verhalten als promiskuitiv. Diese Unterscheidung mag auf den ersten Blick übertrieben spitzfindig erscheinen. Aus biologischer Sicht sind die Polygamie im engeren Sinn und die Promiskuität aber grundsätzlich verschiedene Beziehungsformen.

Als dauerhafte Beziehung hat die Polygamie viele Gemeinsamkeiten mit der Monogamie. Der Unterschied besteht vor allem darin, dass bei der Polygamie *ein Geschlecht mehrere Partner* hat, während das andere monogam lebt. Insofern lässt sich die Vielehe als eine Erweiterung der Zweierbeziehung verstehen.

Mit dem Ethnologen Claude Lévi-Strauss kann man die Monogamie auch umgekehrt als «eine Form von verkümmerter Polygamie» auffassen.[51] Damit will er andeuten, dass die Vielehe das natürliche Beziehungsmodell darstellt und die Zweierbeziehung eine Einschränkung und der Not geschuldet ist.

Vom evolutionären Hauptgewinn ins Burn-out

Die Polygamie vervielfacht die Vorteile der Monogamie. Mit jeder zusätzlichen Frau kann der Besitzer eines Harems mit weiteren Kindern rechnen. Für eine Frau nimmt der Nutzen durch mehrere Männer nicht in gleicher Weise zu, da die Zahl der Schwangerschaften begrenzt ist. Sie hat aber den Vorteil genetischer Vielfalt und kann auf breitere Unterstützung bauen. Insofern kann die Vielehe für beide Geschlechter ein biologisch vorteilhaftes Modell sein.

Im Folgenden werde ich zunächst die männliche Polygamie oder *Polygynie* (Vielweiberei) diskutieren. Bei Primaten lebt schätzungsweise ein Viertel der Arten polygyn, bei den Säugetieren allgemein sind die Zahlen etwas niedriger. So verführerisch diese Lebensform aus männlicher Sicht auf den ersten Blick erscheinen mag, letztlich ist sie purer Stress. Sie wird nicht nur mit Gefahren für Leib und Leben, sondern auch mit einer kürzeren Lebenserwartung erkauft. In der Polygamie vervielfachen sich also nicht nur die Vorteile der Monogamie, sondern auch ihre Nachteile.[52]

Polygyne Beziehungen sind bei Säugetieren schon aus dem einfachen Grund vergleichsweise selten, weil zwei Drittel der Arten einzelgängerisch leben. Jeder Versuch eines Männchens, sich mehrere Weibchen dauerhaft zu sichern, ist zum Scheitern verurteilt, wenn diese zu weit voneinander entfernt sind. Nur wenn sie sich an einem Ort aufhalten, hat die polygyne Lebensweise überhaupt eine Chance. Je mehr Weibchen es sind, umso größer können die Harems werden.

Typische Beispiele sind viele Robbenarten und die Walrösser. Diese suchen zu bestimmten Jahreszeiten Fortpflanzungsplätze auf, an denen sie vor landlebenden Feinden geschützt sind. Durch die Ansammlung vieler Tiere auf engem Raum werden teils extreme Formen der Polygynie möglich. Bei See-Elefanten und nördlichen Seebären umfassen durchschnittliche Harems 40 bis 50 Weibchen.

Das bedeutet, dass nur wenige Männchen die Chance haben, sich zu paaren. Entsprechend erbittert bekämpfen sie ihre Rivalen. Um zu verhindern, dass sich diese heimlich Zugang zu einem paarungsbereiten Weibchen verschaffen, muss der Harem zudem rund um die Uhr bewacht werden. In dieser Situation wird die Nahrungsaufnahme zum Luxus, was für Neuseelandseelöwen heißt: 70 Tage fasten.

Extreme Formen der Polygynie sind also nur möglich, wenn es saisonal begrenzte Zeiten der Fortpflanzung gibt – und wenn väterliche Fürsorge entbehrlich ist. Es liegt auf der Hand, dass die Bullen bei den See-Elefanten weder Zeit noch Interesse haben, sich um den im vorangegangenen Jahr gezeugten Nachwuchs zu kümmern. Sie sind vollauf damit beschäftigt, ihren Harem zu bewachen, und die Neugeborenen können froh sein, wenn sie bei den Revierkämpfen nicht zerquetscht werden. Nur wenige Bullen können ihren Status länger als zwei bis drei Jahre verteidigen. Danach sind sie «ausgebrannt», müssen einem Rivalen das Feld räumen und sterben innerhalb kurzer Zeit. Trotzdem kann sich die Mühe lohnen, denn der evolutionäre Hauptgewinn ist verlockend: Ein erfolgreicher Bulle bei den See-Elefanten kann 50 bis fast 100 Junge zeugen.

Diese Einschränkungen und Schwierigkeiten erklären, warum große Harems bei Säugetieren selten sind. Wenn sich die Paarungszeit bei einer Tierart über einen längeren Zeitraum erstreckt, wird die Aufrechterhaltung eines Harems noch strapaziöser, selbst wenn mehrere Tiere zusammenarbeiten. Bei den afrikanischen Löwen beispielsweise teilen sich zwei bis drei Brüder fünf bis sechs Löwinnen mit ihrem Nachwuchs. Mit einem durchschnittlichen «Harem» von zwei Weibchen ist ein Löwe also eher ein Bigamist als ein echter Polygamist.[53]

Kein Sexparadies: das Gorilla-Modell

Eine wieder andere Form der Polygynie lässt sich bei den Gorillas beobachten. Für die Frage, wie man sich das natürliche Beziehungsleben der Menschen vorstellen muss, könnte diese Variante besonders aufschlussreich sein, da die Gorillas nach den Schimpansen und Bonobos unsere nächsten Verwandten im Tierreich sind.

In der Regel scharen sich drei bis zehn erwachsene Weibchen um einen Silberrücken. Der Rest sind Säuglinge und Jungtiere beiderlei Geschlechts; oft werden auch jüngere Männchen toleriert. Genetische Tests an Berggorillas haben ergeben, dass das dominante Männchen rund 85 Prozent des Nachwuchses zeugt.[54]

Die Tatsache, dass ein Silberrücken bis zu zehn Weibchen hat, könnte den Eindruck erwecken, dass er in einem sexuellen Paradies lebt. Dieser Eindruck täuscht. Gorillas haben eher selten Sex. Der erigierte Penis ist knapp drei cm lang und mit einem Knochen versehen, der Geschlechtsverkehr dauert ein bis zwei Minuten. Zur Kopulation kommt es nur, wenn eines der Weibchen empfängnisbereit ist. Dann paart es sich während zwei bis drei Zyklen für ein bis zwei Tage jeweils einige Male. Insgesamt wird die Zahl der Kopulationen pro Geburt bei den Gorillas auf 25 geschätzt. Nach der Empfängnis beginnt eine Phase sexueller Enthaltsamkeit von vier bis fünf Jahren. Bei einer durchschnittlichen Haremsgröße hat ein männlicher Gorilla also etwa alle zehn Monate einige Male Geschlechtsverkehr, die Weibchen etwa alle vier Jahre.[55]

Wie wahrscheinlich ist es, dass die Harems der Gorillas einen Eindruck davon geben, wie das menschliche Liebesleben vor hunderttausend oder einer Million Jahren aussah? Und wie es vielleicht noch heute aussehen würde, wenn wir unseren natürlichen Instinkten folgen würden, anstatt uns von moralischen Vorurteilen leiten zu lassen?

Die These, dass das der Fall ist und dass Männer von Natur aus polygam sind, erfreut sich bei Evolutionsbiologen und Anthropologen großer Beliebtheit. Drei Indizien werden in diesem Zusammenhang in der Regel angeführt: 1) Die Gorillas gehören zu unseren nächsten Verwandten im Tierreich. 2) In fast 85 Prozent aller menschlichen Kulturen gibt es die Vielehe. 3) Männer sind im Durchschnitt acht Prozent größer als Frauen.[56]

Warum Männer größer sind

Was hat die Körpergröße mit der Frage zu tun, ob in der Evolution der Menschen ein Haremssystem vorherrschte? Die Antwort ist, dass es bei Säugetieren einen statistischen Zusammenhang zwischen dem Paarungssystem und dem Größenunterschied zwischen den Geschlechtern gibt: Lebt eine Art monogam, dann sind beide Geschlechter annähernd gleich groß. Lebt sie polygyn, sind die Männchen in der Regel größer und schwerer.[57]

Man kann am Größenunterschied nicht nur erkennen, *ob* eine Tierart polygyn ist, sondern auch, *wie viele* Weibchen sich ein erfolgreiches Männchen sichern kann. Je größer der Unterschied ist, umso größer sind die Harems und umgekehrt. Südliche See-Elefanten beispielsweise wiegen bis zu 3700 Kilogramm; die Weibchen wirken mit 350 bis 800 Kilogramm dagegen wie Zwerge. Mit bis zu 50 Weibchen sind die von den Bullen verteidigten Harems entsprechend groß.

Diese enormen Unterschiede werden durch die sexuelle Auslese verursacht: Je größer die Harems sind, umso mehr Männchen gehen leer aus, umso erbitterter sind die Kämpfe und umso mehr zahlen sich Aggression, Kraft und Größe aus. Insofern wirkt die Polygynie wie ein Zuchtprogramm der Natur, durch das große, kräftige und aggressive Männchen erzeugt werden.

Überträgt man diesen Zusammenhang auf die Menschen, dann lässt sich aus der Tatsache, dass Männer durchschnittlich acht Prozent größer sind als Frauen, folgern, dass sie in langen Zeiten der Evolution um Paarungschancen kämpfen mussten und dass sich erfolgreiche Individuen mehr als eine Partnerin sichern konnten.

Aber Vorsicht: Da es sich um einen statistischen Zusammenhang handelt, der noch durch andere Faktoren wie die weibliche Partnerwahl beeinflusst wird, handelt es sich nicht um einen strengen Beweis. Um wirklich überzeugend nachzuweisen, dass die Vielehe in der Evolution der Menschen eine dominante Rolle gespielt hat, sind also noch weitere Belege nötig – beispielsweise ein plausibles Modell des Familienlebens unserer Vorfahren.

Wie viele Frauen hatte ein Mann?

Geht man von heutigen Jägern und Sammlern aus, dann lebten die frühen Menschen in Gruppen von 30 bis 100 Individuen. Eine notwendige Voraussetzung für die Vielehe, das räumliche Zusammentreffen mehrerer sexuell reifer Frauen, war also gegeben. Sehr große Harems wie bei den Robben gab es aber mit Sicherheit nicht, da Menschen keine saisonalen Paarungszeiten haben.

Falls es bei unseren Vorfahren also Harems gab, dann haben sie am ehesten denjenigen heutiger Gorillas geähnelt. Auf einen «Silberrücken»-Mann wären drei bis zehn erwachsene Frauen gekommen. Um erfolgreich zu sein, musste dieser nicht nur in der Lage sein, seine Frauen zu bewachen sowie sexuelle Übergriffe zu verhindern, und das über Jahre. Er hatte zudem den Nachwuchs vor tödlicher Aggression durch fremde Männer zu schützen und Nahrung, am besten Fleisch, für seine Großfamilie herbeizuschaffen. Und nicht zuletzt hätte es zu seinen Aufgaben gehört, Erfahrungen an die nächste Generation weiterzugeben. Alles in allem ist es unwahrscheinlich, dass ein einzelner Mann dazu in der Lage war. Es ist ein offenes Geheimnis, wie zeit- und kraftraubend das selbst bei nur einer Frau und wenigen Kindern sein kann.

Jeder potentielle Alphamann war also auf Verbündete angewiesen. Diese aber werden nur zur Zusammenarbeit bereit gewesen sein, wenn ihnen der Zugang zu einer oder mehreren Frauen gestattet wurde. Insofern kann es ein sexuelles Monopol eines Anführers nur selten gegeben haben. Man muss eher davon ausgehen, dass die Situation wie bei den Löwen oder Schimpansen war, bei denen sich mehrere Männchen zusammentun.

Ich will nicht behaupten, dass es beim Menschen keine Vielehe gab. Aber sie kann nicht sehr ausgeprägt und eine dauerhafte Norm gewesen sein. Dafür sprechen auch Beobachtungen an heutigen Jägern und Sammlern. Die ostafrikanischen Hadza beispielsweise leben überwiegend monogam. Es gibt aber Ausnahmen. Stirbt beispielsweise ein Mann, dann kann dessen Bruder die Witwe zur Frau nehmen, auch wenn er bereits verheiratet ist («Levirat»). Mehrfachehen kommen also vor, sind aber eher selten. Das hat zur Folge, dass die sexuelle Konkurrenz zwischen den Männern abgeschwächt ist – eine wichtige Voraussetzung für gemeinsames Jagen und andere Formen der Zusammenarbeit.[58]

Wann hat sich beim Menschen die Zweierbeziehung durchgesetzt? Geht man vom Größenunterschied zwischen den Geschlechtern aus, dann geschah das vor rund zwei Millionen Jahren bei den ersten echten Menschen *(Homo erectus)*. Der Größenunterschied wurde aber nie so gering wie bei ausschließlich monogam lebenden Primaten wie den Gibbons. Das spricht dafür, dass die Vielehe in der menschlichen Stammesgeschichte immer eine gewisse Rolle gespielt hat. Aber sie stand und steht in Konkurrenz zu anderen Lebensformen: zur Monogamie, zur Promiskuität und zum Gelegenheitssex.

Ein unnatürliches Zwangssystem

Wenn die männliche Vielehe nicht die ursprüngliche Beziehungsform der Menschen war, warum kommt sie dann in fast 85 Prozent aller heutigen Kulturen vor? – Weil sich das soziale Leben mit der Entstehung von Ackerbau und Viehzucht vor rund 10 000 Jahren grundlegend geändert hat. Die neue Art der Nahrungsgewinnung veränderte auch das Verhältnis zwischen den Geschlechtern und die sexuellen Beziehungen.[59]

Die sogenannte Neolithische Revolution führte zu weitgehender Arbeitsteilung zwischen Bauern, Händlern, Soldaten und Beamten. Die damit einhergehende ökonomische und militärische Macht ließ tiefgreifende Ungleichheiten zwischen den Menschen entstehen. Sie ermöglichte es einzelnen Personen und Familien, wichtige Ressourcen wie Land und Vieh als persönlichen Besitz für sich zu reklamieren. Es war nur eine Frage der Zeit, bis auch die biologisch wichtigste «Ressource», die Frauen, als persönlicher Besitz angesehen wurde.[60]

Benachteiligt werden in der Polygynie in erster Linie die von der Fortpflanzung ausgeschlossenen Männer. Wenn ein Mann mehrere Frauen hat, dann muss es andere geben, die leer ausgehen. Wird ihre Zahl nicht durch Kriege, Unfälle oder Auswanderung dezimiert, dann bleiben viele unzufriedene junge Männer übrig, die keine Partnerin abbekommen. Dass sich das dadurch aufbauende Aggressionspotential für allerlei militärische Unternehmungen ge- und missbrauchen lässt, sehen wir bis in die Gegenwart.

Die zweite Gruppe, die durch die Polygynie benachteiligt wird, sind die Frauen. Das muss allerdings nicht notwendigerweise der Fall sein. Eine Frau kann unter Umständen auch profitieren, wenn sie beispielsweise durch die Verbindung mit einem mächtigen und reichen Mann einen höheren sozialen Status und ökonomische Sicherheit gewinnt. Manchmal kann es die bessere Wahl sein, eine von mehreren Geliebten eines begehrenswerten Mannes zu werden, als sich an einen treuen, aber weniger attraktiven Partner zu binden. Da besonders fähige Männer auch in der Altsteinzeit von vielen Frauen begehrt wurden, ist diese Strategie sicher nicht erst in der Zivilisation entstanden.[61]

Die institutionell verankerte Vielehe, wie sie bis heute in vielen traditionellen Kulturen üblich ist, hat mit diesem selbstgewählten Leben wenig zu tun. Die Frauen können sich ihre Partner in der Regel nicht selbst aussuchen, sondern müssen sich wirtschaftlichen Erfordernissen oder familiären Pflichten unterwerfen. Dass es sich letztlich um ein unnatürliches Zwangssystem handelt, lässt sich an der Tatsache erkennen, dass die Haremssysteme mit teils brachialer Gewalt aufrechterhalten werden.

Die Frauen werden aus der Öffentlichkeit entfernt, verschleiert oder eingesperrt. Wenn all das nicht möglich ist, werden sie sexuell verstümmelt. Durch das Entfernen der Klitoris und der Schamlippen und die Vernähung der Vagina soll ihnen der Rest ihrer sexuellen Lust und Freiheit genommen werden. Es ist kein Zufall, dass die genitalen Verstümmelungen von Frauen überwiegend in den polygynen Viehzüchterkulturen Afrikas verbreitet sind. Ein bekanntes Beispiel sind die Massai.[62]

Warum aber hat sich in Europa die Monogamie durchgesetzt, obwohl hier die ökonomische Ungleichheit kaum geringer war als in anderen Regionen der Welt? Eine erste Antwort ist, dass es die Polygynie auch in unserer Kultur gab und gibt – zwar nicht als legale Beziehungsform, aber als inoffiziell toleriertes Modell. Dass Fürsten neben ihren Ehefrauen Mätressen hatten, war ein ebenso offenes Geheimnis wie die Liebschaften bürgerlicher Ehemänner mit den Dienstmädchen oder die sexuellen Beziehungen von Bauern mit ihren Mägden.

Ähnliches gilt auch für eine andere versteckte Form der Polygynie: die sogenannte serielle Monogamie. Aus biologischer Perspektive macht es kaum einen Unterschied, ob ein Mann mit mehreren Frauen gleichzeitig oder nacheinander eine Beziehung hat – solange er mit ihnen Kinder zeugt. Da sich die Kosten für den Unterhalt mit jeder neuen Familie addieren, stößt das Modell für die meisten Männer aber schnell an ökonomische Grenzen.[63]

Warum gibt es neben der von den Lebensumständen erzwungenen Einehe noch das kulturelle Ideal und die rechtliche Norm der Monogamie? Eine Erklärung für das Verbot der Vielehe könnte sein, dass sich dadurch der Zusammenhalt der Gruppen besser gewährleisten lässt.[64] Gesellschaften und Staaten, die die sexuellen Wünsche und reproduktiven Interessen möglichst vieler Individuen berücksichtigen, können eher auf deren Solidarität zählen. In gewisser Weise knüpft dieses Modell an die Situation in den vergleichsweise egalitären Jäger-und-Sammler-Gruppen an, die nur auf Grundlage freiwilliger Zusammenarbeit funktionieren.

Wenn einer nicht genug ist

Bei der Polygamie denkt man meist an die männliche Vielehe, an einen Harem oder an die Ehefrauen eines Ölscheichs. Das ist auch ein patriarchalisches Vorurteil – aber nicht nur. Polygynie kommt in 1041 von 1231 Kulturen vor, aber nur in vier ist die Verbindung einer Frau mit zwei oder mehr Männern die bevorzugte und anerkannte Form der Beziehung («Polyandrie»).[65]

Diese auffällige Asymmetrie scheint kein reines Kulturprodukt zu sein, denn auch bei Säugetieren und bei Primaten ist die Polygynie sehr viel häufiger als ihr weibliches Gegenstück. Bei südamerikanischen Krallenaffen wurde die Polyandrie als alternatives Paarungssystem bei einigen Arten beobachtet, die normalerweise monogam leben. Unter schwierigen äußeren Bedingungen kopulieren die Weibchen mit zwei oder mehr Männchen, die ihnen bei der Aufzucht des Nachwuchses helfen. Die zusätzlichen Männchen werden für ihre Dienste mit der Chance auf Vaterschaft entlohnt.[66]

Beim Menschen verhält es sich ähnlich: Auch hier entsteht Polyandrie unter schwierigen Lebensbedingungen, wenn eine Frau nur mit Hilfe mehrerer Ehemänner genug erwirtschaften kann, um die Familie zu ernähren. Das würde erklären, warum dieses System beispielsweise in den Himalayaregionen Tibets verbreitet ist. Die Konkurrenz zwischen den Ehemännern ist hier insofern abgeschwächt, als es sich meist um Brüder handelt. Aber selbst in diesen Kulturen ist die Polyandrie nicht allgemein verbreitet und die Monogamie ist die Norm.[67]

Vielmännerei gibt es auch bei einigen Stämmen im Amazonasgebiet. Hier werden die Frauen dazu angehalten, sich neben dem Ehemann noch einen oder mehrere Liebhaber zu nehmen. Der Hauptzweck scheint auch hier zu sein, die Verantwortung für die Versorgung der Familie auf mehrere Schultern zu verteilen, was in Anbetracht unsicherer und oft spärlicher Ressourcen eine willkommene Absicherung darstellt (Kapitel 11).

Die Tatsache, dass Vielmännerei eher selten vorkommt, bedeutet nicht, dass Frauen nicht auch von mehreren Partnern profitieren könnten. In Kapitel 8 habe ich einige Szenarien geschildert, in denen es für eine Frau Sinn machen kann, mit mehreren Männern unverbindlichen Sex zu haben. Nun soll es um den möglichen Nutzen von Mehrfachbeziehungen gehen. Zwei Vorteile habe ich bereits genannt: genetische Vielfalt durch unterschiedliche Väter und breitere Unterstützung.

Aus dem 18. und 19. Jahrhundert gibt es bis heute beliebte Geschichten von Kurtisanen, die sich ihren ausschweifenden Lebensstil von mehreren Verehrern finanzieren ließen. Bekannte Beispiele sind die *Manon Lescaut* des Abbé Prévost (1731) und die *Kameliendame* von Alexandre Dumas d. J. (1848).

Die Tatsache, dass bei den Edelkurtisanen nicht von einem echten Mangel die Rede sein kann, stellt keinen Widerspruch dar. Denn der Wert, den sie bei ihren Verehrern genießen, und ihr gesellschaftlicher Status beruhen ganz wesentlich auf dem luxuriösen Lebensstil. Insofern ist es nicht nur übertriebene Prunksucht, dass sie sich vom «sicheren Elend» bedroht fühlen, wenn nicht mehrere Liebhaber für ihren Unterhalt aufkommen:

> «Ja, wie sollen es denn die ausgehaltenen Frauen von Paris anfangen, ihren großen Aufwand zu bestreiten, wenn sie nicht drei oder vier Liebhaber zu gleicher Zeit hätten? Ein so beträchtliches Vermögen, daß sich von ihm allein der Luxus einer Frau wie Marguerite [der «Kameliendame»] bestreiten ließe, gibt es gar nicht. Der Verschwendungssucht Marguerites ist der Reichtum eines einzelnen gar nicht gewachsen, sei er noch so bedeutend.»[68]

Bei der Polyandrie muss es nicht immer um finanzielle Ressourcen gehen, sondern das Ziel kann auch in der Vielfalt von Erfahrungen und Anregungen bestehen. Ein legendäres Beispiel sind die Liebesbeziehungen von Alma Mahler-Werfel. Ihre Jugendliebe war der Maler Gustav Klimt. Verheiratet war sie mit dem Komponisten Gustav Mahler, dem Architekten Walter Gropius und dem Dichter Franz

Werfel. Zu ihren zahlreichen Verehrern gehörte unter anderem der Maler Oskar Kokoschka.[69]

Der wesentliche Grund, warum polyandrische Arrangements nicht häufiger vorkommen bzw. bekannt werden, scheint die Eifersucht der Männer zu sein. Eine Femme fatale wird begehrt und zugleich geschmäht. Der Gedanke, die Geliebte mit anderen Männern teilen zu müssen, bereitet «unsagbare Qualen», wird zum Anlass für «lächerliche Eifersuchtsszenen» und muss von den Kurtisanen mit dem Tode gebüßt werden.[70] Man tut Verdis *Traviata*, Puccinis *Manon Lescaut* und Bizets *Carmen* sicher keine Gewalt an, wenn man im Leiden und Sterben der Heldinnen auch ein Stück Rache der in ihrer Ehre gekränkten Verehrer wiederfindet.

Bei Jägern und Sammlern ist das kaum anders. Wie Nisa erzählt, ist es bei den !Kung von Liebesaffären zu «Kämpfen mit Giftpfeilen und Morden aus Eifersucht» oft nur ein Schritt. Und bei den Hadza kommt es in der Regel nur dann zu mörderischer Gewalt, wenn sexuelle Eifersucht der Männer im Spiel ist. Ausnahmen scheint es nur zu geben, wenn das Überleben der Kinder gefährdet ist. Dann drücken die Ehemänner ein Auge zu und tolerieren, dass ihre Frau Liebhaber hat, «weil sie erkennen, dass es um das Wohl von geliebten Kindern geht (deren Väter sie sehr wahrscheinlich sind)».[71]

Die alte Weisheit, dass Männer eher polygam und Frauen eher monogam sind, ist also nur ein Teil der Wahrheit. Frauen wären wohl auch häufiger polygam, wenn es ihnen die Gesellschaft und die männliche Eifersucht nicht so schwer machen würden. Das zumindest behauptete Guy de Maupassant in seinem berühmten Roman *Bel-Ami*:

> «Wie viele Frauen würden sich nicht allzugern einem schnellen Begehren, der unvorhergesehenen, heftigen Laune eines günstigen Augenblicks, einer sie aus heiterem Himmel überfallenden Liebeslust hingeben, wenn sie nicht befürchten müßten, so ein kurzes, kleines Liebesglück mit einem irreparablen Skandal bezahlen zu müssen!»[72]

So schlimm die Folgen der Eifersucht sein können – um den Männern Gerechtigkeit widerfahren zu lassen, muss man auch die Problematik ihrer Situation sehen: Denn eine Frau wird in einer polygynen Beziehung vielleicht emotional leiden und sich vernachlässigt fühlen, aber im günstigen Fall ist sie besser versorgt als in einer monogamen Ehe. Bei einem Mann ist das anders: Da die Zahl der Schwangerschaften einer Frau begrenzt ist, verringern sich seine Fortpflanzungschancen entsprechend. Das gilt natürlich nur, solange Kinder eine Option sind. Und wenn nicht? Auch dann bleibt das Problem, dass man in einer Mehrfachbeziehung zeitliche und emotionale Abstriche machen muss. Die Eifersucht wird also vielleicht geringer werden, aber sie wird kaum völlig verschwinden.

♀ Fazit ♂

Die Probleme, die mit Mehrfachbeziehungen einhergehen, sind beträchtlich. Das gilt nicht nur für Harems, in denen die Sexualpartner bewacht und versorgt werden müssen. Selbst wenn alle Beteiligten ein unabhängiges Leben führen, bleiben die organisatorischen und emotionalen Schwierigkeiten. Es fällt oft schwer, einen geliebten und begehrten Menschen zu teilen. Auch wenn die Untreue eines Partners dem anderen nicht notwendigerweise etwas wegnimmt, bleibt die Gefahr, dass das früher oder später doch der Fall sein wird.

Angst, Kränkung und Eifersucht lassen sich durch Heimlichkeit und Diskretion vermeiden. Manche Menschen verwehren sich diesen Ausweg aus moralischen Gründen, andere akzeptieren ihn als unvermeidbares Übel, wieder andere genießen den Reiz des Verbotenen.

Mehrfachbeziehungen haben aber auch nicht zu unterschätzende Vorteile. Der vielleicht wichtigste: Sie verringern die emotionale, sexuelle und eventuell auch wirtschaftliche Abhängigkeit von einem einzigen Partner. Insofern ist es nicht verwunderlich, dass viele Menschen es schätzen, sich zumindest für eine gewisse Zeit mit mehreren Geliebten oder Liebhabern zu umgeben. Die weite Verbreitung paralleler Beziehungen bei Männern und Frauen und die Tatsache, dass sie oft als lustvoll wahrgenommen werden, sprechen dafür, dass sie wichtige Bedürfnisse befriedigen, die im Single- oder Paarleben zu kurz kommen.[73]

Trotz alledem kann ein Haremssystem wie bei den Gorillas nicht die ursprüngliche und natürliche Form des menschlichen Liebeslebens gewesen sein. Für einzelne Individuen bringt es zwar biologische Vorteile, für die meisten Männer und Frauen ist es aber fast nur von Nachteil. Dadurch gefährdet es den Zusammenhalt der Gemeinschaft und lässt sich nur schwer in die Realität umsetzen.

Extreme Polygynie und Harems gehören nicht zum Naturzustand des Menschen, sondern sind eine Folge der Zivilisation. Sie entstanden, als der biologisch angelegte Wunsch der Männer, sich optimal fortzupflanzen, von wenigen mächtigen Individuen ungehindert ausgelebt werden konnte.

Wie bei den beiden zuvor besprochenen Lebensformen ist das Ergebnis also negativ: Menschen sind weder Einzelgänger wie die Orang-Utans, noch leben sie als isolierte Paare wie die Gibbons, noch in Harems wie die Gorillas. Könnte es sein, dass die Lebensweise der Schimpansen und Bonobos ein geeigneteres Vorbild ist?

KAPITEL 11

DAS IDEAL DER FREIEN LIEBE: DIE KOMMUNE

Wenn die Einsamkeit des Singlelebens, die Eintönigkeit der Zweierbeziehung und die Strapazen der Vielehe gleichermaßen frustrieren, dann liegt es nahe, nach einem besseren Modell zu suchen. Nach einer Lebensweise, die Freiheit, Lust und Liebe vereint. Wie muss man sich diese freiere Form der Liebe vorstellen? Als emotionale und sexuelle Ungebundenheit, wie sie der Vicomte de Valmont in den *Gefährlichen Liebschaften* propagiert, als er seiner Geliebten den Laufpass gibt?

«Adieu, mein Engel, ich nahm Dich mit Vergnügen, ich verlasse Dich ohne Bedauern: ich komme vielleicht wieder zu Dir zurück. So ist der Lauf der Welt.»[74]

Oder wie eine Szene aus Patrick Süskinds Roman *Das Parfum. Die Geschichte eines Mörders*?

«Sittsame Frauen rissen sich die Blusen auf, entblößten unter hysterischen Schreien ihre Brüste, warfen sich mit hochgezogenen Röcken auf die Erde. Männer stolperten mit irren Blicken durch das Feld von geilem aufgespreiztem Fleisch, zerrten mit zitternden Fingern ihre wie von unsichtbaren Frösten steifgefrorenen Glieder aus der Hose, fielen ächzend irgendwohin, kopulierten in unmöglichster Stellung und Paarung, Greis mit Jungfrau, Taglöhner mit Advokatengattin, Lehrbub mit Nonne, Jesuit mit Freimaurerin, alles durcheinander, wie's gerade kam.»[75]

Diese Beispiele sind zugegebenermaßen drastisch; sexuelle Freiheit kann auch anders aussehen. Nichtsdestoweniger bringen sie den entscheidenden Punkt zur Geltung: die Lösung der Sexualität aus der Enge fester Beziehungen. Die bislang letzte gesellschaftliche Strömung, die sich an diesem Programm versucht hat, die Studentenbewegung der 1960er und 70er Jahre, glaubte, dass die Abschaffung von Ehe und Familie gleichsam automatisch zu einem lustvolleren, abwechslungsreicheren und freieren Liebesleben führen würde.

Frei zu sein kann aber auch bedeuten, sich von der Sexualität loszusagen und sowohl auf ihre Mühen als auch auf ihre Freuden zu verzichten. Die Befreiung *der* Sexualität und die Befreiung *von der* Sexualität widersprechen sich nur auf den ersten Blick, da zur sexuellen Selbstbestimmung auch die Möglichkeit gehört, Nein sagen zu können. Im ersten Enthusiasmus der Achtundsechziger-Bewegung wurde das oft übersehen, was sich bitter rächen sollte. Denn so konnte sich die neu gewonnene Freiheit unversehens in eine neue Form des Zwangs verwandeln; aus der ehelichen Pflicht wurde die außereheliche Pflicht. Wie T. C. Boyle in seinem Hippie-Roman *Drop City* erzählt, dauerte es dann nicht mehr lange, bis ein unschöner Verdacht im Raum stand:

> Vielleicht «war freie Liebe nichts als die Erfindung von irgendeinem Freak mit Pickeln und widerlich fettigen Haaren, der vielleicht auch noch schielte und sonst, nach anderen Regeln, einfach nie jemand zum Vögeln finden würde».[76]

Wie auch immer die freie Liebe konkret aussieht, sie kann nur dauerhaft funktionieren, wenn zwei biologische Probleme gelöst werden: 1) Wie lässt sich die sexuelle Eifersucht überwinden? 2) Was tritt an die Stelle der elterlichen Fürsorge? Es ist sicher nicht von vorneherein unmöglich, diese Hürden zu überwinden. Die Tatsache, dass frühere Versuche entweder reine Theorie blieben oder nur für kurze Zeit Bestand hatten, zeigt aber, dass es nicht ganz einfach ist. Jedenfalls nicht so einfach, wie sich das viele erhofft haben.

Die Abschaffung von Ehe und Familie

Schon Anfang des 19. Jahrhunderts wollte Charles Fourier Sex und Liebe aus dem Zwangskorsett der Kleinfamilie und der unauflöslichen Ehe befreien.[77] Da es zunächst nicht zu einer konsequenten praktischen Umsetzung seiner Ideen kam, war nicht klar, ob sie sich durchführen lassen. Das wollte man im 20. Jahrhundert ändern. In den ersten Jahren nach der Russischen Revolution glaubte die Frauenrechtlerin Alexandra Kollontai, dass die Familie «als eine Verbindung von Eltern und Kindern, die auf der Notwendigkeit beruht, das materielle Wohlergehen Letzterer zu sichern, dem Untergang geweiht» ist. Sie sah darin weder eine Gefahr noch einen Verlust, sondern die Chance auf ein erfüllteres Liebesleben:

> «Der sexuelle Akt darf nicht als etwas Beschämendes und Sündiges gesehen werden, sondern als etwas, das so natürlich ist wie andere Bedürfnisse gesunder Organismen, wie Hunger oder Durst.»[78]

In den 1960er und 70er Jahren wurden die Ideen von Fourier, Kollontai und anderen Sozialutopisten wieder aufgegriffen. Man erhoffte sich «Neue Formen der Liebe» und glaubte, dass sich die «Liebesbräuche der Hippie-Kultur [...] denen der alten Sippen und Stämme» annähern werden. Und man war überzeugt, dass die «sogenannte ‹romantische› Liebe» zum Aussterben verurteilt sei.[79] Von feministischer Seite wurde argumentiert, dass die Befreiung aus den Zwängen des «Eheknasts» vor allem im Sinne der Frauen wäre. Keine «Form der Sexualverbindung dürfte das außergewöhnliche biologische weibliche Sexualpotential je weniger befriedigt haben als die Monogamie oder Polygynie – und keine besser als Gruppenehen».[80]

In den letzten Jahren haben diese Ideen eine gewisse Renaissance erlebt. Interessanterweise werden sie nun auch mit evolutionsbiologischen Argumenten untermauert: Ehe, Paarbindung und Liebe sollen «sozial konstruierte Phänomene» sein, die der biologischen Natur des Menschen zuwiderlaufen. Die Eifersucht sei eine künstlich erzeugte Angst und die wahre Natur unserer Sexualität äußere sich in «ungezügeltem ritualisierten Gruppensex», im Partnertausch und in zwanglosen Affären.[81]

Sex als Wettkampf: das Bonobo-Modell

Früheren Verfechtern der freien Liebe war wohl nicht bewusst, dass ihre Utopie Vorbilder im Tierreich hat. Mittlerweile wurde über entsprechende Beobachtungen der Verhaltensforscher auch in den Medien intensiv berichtet. Großer Beliebtheit erfreut sich in diesem Zusammenhang das schier unersättliche Sexualleben der Bonobos. Besonders interessant: Ihre sexuellen Kontakte haben auch einen sozialen Zweck. Sie helfen dabei, Aggressionen abzubauen und Konflikte beizulegen – sowohl zwischen den Geschlechtern als auch innerhalb eines Geschlechts. Da die Lebensweise der Bonobos an den Slogan «Make love, not war» aus den 1960er Jahren erinnert, gelten sie gewissermaßen als die Hippies unter den Primaten.[82]

Die Bonobos sind nicht die einzig möglichen Kandidaten. Gruppen aus mehreren geschlechtsreifen Weibchen und Männchen sind bei den Primaten mit rund 40 Prozent der Arten sogar die häufigste Lebensform («multimale/multifemale»). Beispiele sind die Rhesusaffen, die Bärenpaviane, die Schimpansen und eben die Bonobos. Da die beiden Letztgenannten die nächsten Verwandten der Menschen im Tierreich sind, wäre es möglich, dass eine ähnliche Form des Zusammenlebens auch für uns Menschen machbar und wünschenswert ist. Ist das der Fall?

Die Horden der Schimpansen und Bonobos bestehen aus durchschnittlich 40 bis 60 Individuen. Die Hälfte davon sind erwachsene Weibchen und Männchen; das Geschlechterverhältnis ist in etwa ausgeglichen. So ähnlich setzen sich die Gemeinschaften heutiger Jäger und Sammler zusammen und vermutlich gilt das auch für unsere Vorfahren.[83]

Nun zu den Unterschieden: Bei den Schimpansen und Bonobos paaren sich die empfängnisbereiten Weibchen mit fast allen Männchen der Gruppe. Ausgenommen sind nur die erwachsenen Söhne und andere nahe Verwandte. Ein Weibchen hat also zehn bis fünfzehn Sexualpartner, mit denen es mehrfach in kurzen Abständen kopuliert. Die Paarungen dauern nur wenige Sekunden und bestehen meist nur aus einem einmaligen Eindringen des Penis und wenigen Beckenstößen, um die Ejakulation zu erreichen. Die Initiative kann von beiden Geschlechtern ausgehen.

Die Paarungen sind allerdings nicht so wahllos, wie es auf den ersten Blick den Anschein hat. Es gibt vielmehr subtile Formen der Partnerwahl, bei denen eine Vielzahl von Faktoren wie Verwandtschaft, sozialer Rang, Alter und individuelle Vorlieben eine Rolle spielen. Obwohl männliche Schimpansen durch ihre körperliche Kraft überlegen sind, können die Weibchen unerwünschte Kopulationen meist verhindern und so die Wahrscheinlichkeit der Empfängnis durch einzelne Männchen steuern.[84]

Warum lassen sich die Männchen auf ein System ein, in dem sich ihre Fortpflanzungschancen verringern? Warum versuchen sie nicht, einen Harem zu verteidigen? Die Antwort ist, dass sie es durchaus versuchen, aber nicht können. Bei den Schimpansen kommt es vor, dass ein Alphamännchen ein Weibchen am Höhepunkt seiner Fruchtbarkeit bewacht und die Konkurrenten vertreibt, so gut es geht. In vielen Fällen ist das durchaus erfolgreich, wie Gentests gezeigt haben.[85] Im Gegensatz zu einem Silberrücken bei den Gorillas muss ein Alphamännchen bei den Schimpansen aber Rivalen in der Gruppe dulden, was die Möglichkeiten der Kontrolle begrenzt.

Warum aber sind die Männchen in den gemischten Gruppen der Schimpansen und Bonobos vergleichsweise tolerant und kooperativ, während sie beispielsweise bei den Gorillas extrem aggressiv aufeinander reagieren? Beobachtungen an afrikanischen Löwen haben gezeigt, dass die Wahrscheinlichkeit, ein Rudel zu erobern und es dauerhaft zu verteidigen, größer wird, wenn sich zwei oder mehr männliche Tiere verbünden. Letztlich haben sie so einen größeren individuellen Fortpflanzungserfolg als ein Einzelgänger.[86]

Das heißt, Männchen tolerieren sexuelle Konkurrenten, wenn sie nicht in der Lage sind, die Weibchen alleine zu verteidigen, und Verbündete beim Schutz vor Raubtieren oder rivalisierenden Gruppen brauchen. Dann ist Zusammenarbeit effektiver, als es auf eigene Faust zu versuchen.

Kollektive Ausschweifungen

Auf den ersten Blick unterscheidet sich das Liebesleben der Menschen grundlegend von dem der Schimpansen und Bonobos. Es gibt keine Kultur, in der alle Frauen mit allen verfügbaren Männern öffentlich Sex haben.[87] Auf der anderen Seite gibt es zahlreiche historische und zeitgenössische Berichte über Gruppensex und Orgien, in denen die Grenzen der Scham hinweggefegt werden und sexuelle Freizügigkeit herrscht.

Legendär sind in dieser Hinsicht die antiken Feste zu Ehren von Dionysos, des griechischen Gottes des Weines und des Rausches. Wie darf man sich diese Feierlichkeiten vorstellen? Zu Beginn des Kapitels habe ich Patrick Süskinds Beschreibung einer an die antiken Bacchanalien erinnernden Massenorgie zitiert. Dass diese und ähnliche Fantasien nicht so fern liegen, wie man das vielleicht vermuten könnte, zeigt ein Blick in die Kunst, Literatur und Philosophie. In der Regel werden die Details aus Rücksichtnahme auf das Publikum weniger explizit ausgemalt als bei Süskind, aber es wird doch deutlich, worum es geht.

Ein Beispiel, das viele Leser vielleicht noch aus der Schule kennen, ist Goethes Schilderung der Walpurgisnacht im *Faust:* «Da seh ich junge Hexchen nackt und bloß, Und alte die sich klug verhüllen. Seid freundlich, nur um meinetwillen, Die Müh ist klein, der Spaß ist groß.»[88] Ein zweites Beispiel stammt aus einer der bis heute beliebtesten Opern überhaupt: aus Mozarts *Don Giovanni.* Gegen Ende des ersten Aktes lässt der Held der Oper ein opulentes Fest ausrichten, auf dem er mit zehn Frauen zu schlafen gedenkt:

> «Daß ihnen vom Wein der Kopf heiß wird, lass ein großes Fest vorbereiten! Findest Du auf dem Platz noch ein Mädchen, bring sie her! Ohne Ordnung soll der Tanz sein [...]. Indessen will ich beiseite gehen und dieser und jener Liebe erweisen. Ah, meine Liste [der sexuellen Eroberungen] mußt du morgen um ganze zehn erweitern!»[89]

Don Giovannis Plan kann nur aufgehen, wenn sich alle Gäste dem Rausch des Weines und der Lust hingeben. Weil das nicht der Fall ist, scheitert er für dieses Mal.

Auch in unserer Zeit flackern entsprechende Sehnsüchte immer
wieder auf. Das Münchner Oktoberfest, der rheinische Karneval und
die Clubszenen der großen Städte bieten hier reiches Anschauungs-
material. Der Philosoph Franz Josef Wetz hat kürzlich engagiert für
die Notwendigkeit zeitweiliger sexueller Exzesse plädiert. In den Diskos und Clubs von Metropolen wie Amsterdam, Berlin, Barcelona
und London habe sich längst eine entsprechende Szene etabliert:

> Hier findet man ein «Gemisch aus aufreizender Musik, am liebsten
> House oder Techno, aufputschenden Drogen, welche die Müdigkeit ver-
> treiben, euphorisieren und die glühende Gier der aufgeschäumten Wol-
> lust unersättlich werden lassen, sowie aus erotischen Überschreitungen
> und sexuellen Exzessen.»

Besonders hervorzuheben sei die Vielfalt der dadurch möglichen
Erlebnisse:

> «So kommt es zu flüchtigen Flirts und dem Verlangen nach handfestem
> Sex oder zärtlichem Kuscheln mit dem Partner, Fremden, auch mit
> mehreren, ob in der Ecke, an Orten minderer Qualität, im Auto oder
> zuhause.»[90]

Beweisen Gruppensex, Orgien und Partnertausch, dass Menschen
nicht für die Zweierbeziehung gemacht sind, sondern für lockere
sexuelle Verbindungen in einer größeren Gemeinschaft? An drei Beispielen möchte ich zeigen, dass das aus biologischen Gründen eher
unwahrscheinlich ist und mit welchen Schwierigkeiten eine Gemeinschaft rechnen muss, die eine Befreiung der Sexualität aus der Paarbindung anstrebt.

Warum die Hodengröße wichtig ist

Wenn Evolutionsbiologen Merkmalen wie der Größe der Hoden und der Form des Penis besondere Beachtung schenken, dann ist das keine bizarre Marotte, sondern der vielleicht beste Weg, etwas über die Natur der menschlichen Sexualität aussagen zu können. Nur bei diesen rein körperlichen Merkmalen kann man sicher sein, dass kulturelle Traditionen keine Rolle spielen. Besonders aussagekräftig, weil vergleichsweise einfach zu messen, ist in diesem Zusammenhang das Gewicht der Hoden im Verhältnis zum Körpergewicht.

In gemischten Gruppen haben die Männchen deutlich größere Hoden als bei Paarbindung oder in Harems. Bonobos beispielsweise haben relativ zum Körpergewicht fast zwanzigmal schwerere Hoden als Gorillas. Warum ist das so? Wenn es nur um die Befruchtung geht, genügen kleine Hoden wie bei den Gorillas. Wenn die Weibchen aber wie bei den Bonobos kurz nacheinander mit mehreren Männchen kopulieren, dann entscheiden Menge und Zusammensetzung des Spermas mit über den Sieg im Kampf um die Vaterschaft. Dann ist der Penis zudem oft mit Kratzern, Schaufeln oder Geißeln versehen, um das Sperma des Vorgängers zu entfernen.[91]

Und bei Menschen? Ihre Hoden wiegen ca. 40 Gramm bei 70 Kilogramm Körpergewicht. Damit haben Männer zwar größere Hoden als ein Gorilla-Männchen (30 Gramm bei 170 Kilogramm), aber sehr viel kleinere als Bonobos (135 Gramm bei 40 Kilogramm). Schon aus dieser anatomischen Tatsache allein lässt ziemlich sicher folgern, dass Männer nicht für eine Lebensform gemacht sind, in der die Frauen regelmäßig kurz nacheinander Sex mit verschiedenen Partnern haben.

Wie gehen Autoren, die einen sexuell freien Urzustand der Menschheit postulieren, mit diesem Widerspruch um? Zum einen verweisen sie darauf, dass Gorillas noch kleinere Hoden haben. Das ist richtig, beweist aber nur, dass die Frauen nicht ganz so engmaschig kontrolliert werden konnten wie die Weibchen der Gorillas. Vom Liebesleben der Bonobos aber trennen uns Welten; sie bringen es auf fast das Sechsfache des relativen Hodengewichts der Menschen.

Zum anderen wird behauptet, dass die Hoden der Männer in den letzten 10 000 Jahre kleiner wurden. Dass sie durch die Einführung der Monogamie einen Großteil ihrer Leistungsfähigkeit verloren haben und mittlerweile wie «trocknende Äpfel an einem Novemberbaum» nur noch «schrumpfende Erinnerungen an vergangene Tage» sind.[92] Bislang spricht wenig für diese spekulative Annahme und viel dagegen: So sind die Hoden bei Naturvölkern, die nicht unter dem verderblichen Einfluss der kulturellen Sexualmoral standen, meines Wissens nicht größer. Jedenfalls erreichen sie nicht die bei Bonobos zu beobachtenden Dimensionen.

Den Zusammenhang zwischen Hodengröße und Sexualverhalten hatte man ursprünglich beim Vergleich verschiedener Tierarten entdeckt. Lässt sich so auch auf das Liebesleben einzelner Männer oder Völker schließen? Das ist nicht ganz von der Hand zu weisen, da sich wie bei anderen Körperteilen Unterschiede beobachten lassen. Den bisherigen Studien zufolge scheinen Individuen und Völker mit größeren Hoden aber nicht mehr zu Seitensprüngen zu neigen als solche mit kleineren.[93]

Die Überwindung der Eifersucht

Ein zweiter Hinweis darauf, dass sexuelle Wahllosigkeit nicht in der Natur des Menschen liegt, ist die Stärke der Eifersucht. Schon Charles Darwin hielt es deshalb für «extrem unwahrscheinlich, dass die Männer und Frauen der Vorzeit promiskuitiv zusammenlebten».[94] Welche Macht die Eifersucht über einen Menschen gewinnen kann, haben die Dichter aller Zeiten beschrieben. In den Kommunen und WGs der 1960er und 70er Jahre galt Eifersucht dann als kleinbürgerliches Besitzdenken, das man sich auf dem Weg in eine bessere Gesellschaft abzugewöhnen hatte.

Charles Fourier hatte, wie schon mehrfach erwähnt, prophezeit, dass man in der idealen Gemeinschaft «großes Vergnügen daran finden [werde], jede Eifersucht abzulegen». Ganz so radikal sahen es andere Vordenker der sexuellen Revolution nicht. Wilhelm Reich beispielsweise akzeptierte eine «normale» und «natürliche Eifersucht», solange sie sich nicht durch die Vermengung mit ökonomischen Interessen in einen «Besitzanspruch» verwandelt hat.[95]

Die praktischen Erfahrungen der Achtundsechziger-Bewegung waren zwiespältig. Es gelang aber eher selten, eine «neue Liebeswelt» zu etablieren: «Immer gab es Paare, einen dauerhaft kollektiven Sexualzusammenhang habe ich nirgendwo gesehen», erinnert sich Ulrike Heider. Aber versucht wurde es: Es gab «Leute, die sich zwangen, vom Nebenzimmer aus die Freundin oder den Freund mit einem oder einer anderen im Bett zu belauschen. Unsäglich litten sie bei solchen Versuchen, sich die Eifersucht abzugewöhnen.»[96]

Andererseits ist es unverkennbar, dass die Stärke der Eifersucht von Kultur zu Kultur schwankt. In manchen Gesellschaften wird sie überhöht und angeheizt, bis die sexuelle Untreue als todeswürdiges Verbrechen gilt. Welche Folgen ein bis zum archaischen Kampf auf Leben und Tod gesteigerter Besitzanspruch über den Partner haben kann, wird in Pietro Mascagnis Oper *Cavalleria rusticana* eindrucksvoll auf die Bühne gebracht. Interessanterweise steht die betrogene Frau bei Mascagni dem gehörnten Mann in ihrer Zerstörungswut in nichts nach.

Unter günstigen Umständen kann die Eifersucht aber auch viel von ihrer negativen Macht verlieren. Wenn die Vorteile der freien Liebe erlebbar werden, wird man ihre Nachteile eher verschmerzen können. Nichtsdestoweniger ist es wenig wahrscheinlich, dass die sexuelle Eifersucht völlig zum Verschwinden gebracht werden kann. Dazu ist sie zu eng mit den biologischen Ursprüngen und Funktionen unseres Liebeslebens verflochten.

Die Tatsache, dass viele Männer wohlwollende Toleranz gegenüber den Kindern zeigen, die eine Frau aus früheren Beziehungen mitbringt, ist kein Gegenbeispiel. Dieses Verhalten lässt sich zwanglos als Werbeverhalten erklären. Die freundschaftlichen Beziehungen zu Mutter *und* Kind können sich für einen Mann insofern auszahlen, als er dadurch seine Chancen erhöht, den nächsten Nachwuchs zu zeugen.[97]

Elterliche Fürsorge: ein Auslaufmodell?

Wie schnell es sich rächt, wenn die Gesetze der Biologie aus Unwissenheit oder Überheblichkeit ignoriert werden, zeigte sich, als die sexuellen Beziehungen nach der Russischen Revolution liberalisiert wurden. Der ursprüngliche Plan war es, die Erziehung der Kinder zur öffentlichen Angelegenheit zu machen: Die «Gesellschaft sorgt für alle Kinder gleichmäßig, seien sie eheliche oder uneheliche».[98]
Die Umsetzung dieser Ideen in die Realität ließ indes zu wünschen übrig. Zunächst führte es dazu, dass die Mütter mit den Kindern alleine gelassen wurden. Da die Frauen zugleich als Fabrikarbeiterinnen gebraucht wurden, kümmerte sich bald niemand mehr um den Nachwuchs. Der großen Zahl verwahrloster Straßenkinder glaubte man bald nur noch Herr werden zu können, indem man wieder restriktive Familiengesetze erließ und bei den Vätern Alimente eintrieb.[99] Ganz so schlimm ist die Situation heute sicher nicht; man wird aber kaum behaupten können, dass die Hindernisse zufriedenstellend überwunden wurden, die einer Vereinbarkeit von Familie und Beruf entgegenstehen.

Es soll nicht unerwähnt bleiben, dass sich das Problem der väterlichen Fürsorge noch auf eine ganz andere, radikale Weise lösen lässt: Die Shaker hatten es bereits vorgemacht, indem sie auf Nachwuchs verzichteten. Anfang des 19. Jahrhunderts ging damit der Verzicht auf Sexualität einher. Seitdem es zuverlässige Verhütungsmittel gibt, sieht das anders aus. Heute wäre es möglich, eine soziale Gemeinschaft zu gründen, in der «Lust ohne Last» zum Programm würde.[100] Biologisch kann eine solche Gemeinschaft allerdings nicht dauerhaft existieren: Wie die Shaker müsste sie sich durch die Anwerbung neuer Mitglieder erneuern oder sie würde aussterben.

Teilbare Vaterschaft

Das Standardmodell der menschlichen Evolution geht von der Annahme aus, dass ein Mann nur bereit ist, für die Kinder einer Frau zu sorgen, wenn er sich einigermaßen sicher sein kann, der biologische Vater zu sein (Kapitel 9). Vorausgesetzt wird dabei, dass das Engagement der Männer notwendig, zumindest vorteilhaft ist. Die romantische Liebe und die Eifersucht beider Geschlechter wiederum sollen für die nötige Stabilität sorgen. Diese Lebensweise ist sicher nicht die einzig mögliche. In der Natur gibt es fast immer alternative Lösungswege für ein Problem. Es ist aber zu erwarten, dass Veränderungen an einem Punkt – beispielsweise die Abschaffung dauerhafter Zweierbeziehungen – weitere Umgestaltungen erforderlich machen. Ich möchte an dieser Stelle nicht auf aktuelle Experimente mit Gruppenehen und parallelen Liebesbeziehungen zu mehreren Menschen («Polyamorie») eingehen, da nicht klar ist, inwieweit sie mehr sind als eine flüchtige Mode.

Aussagekräftiger sind die ethnologischen Berichte über das Sexualleben einiger Naturvölker im Amazonas-Tiefland. Dem evolutionsbiologischen Modell widersprechen sie an zwei zentralen Punkten: 1) Die Männer sind bereit, ihre Ehefrauen mit anderen Männern zu teilen. Dabei zeigen sie keine offene Eifersucht. 2) Damit geht die Überzeugung einher, dass ein Kind mehrere biologische Väter haben kann. Das heißt, der Fötus gilt als Gemeinschaftsprodukt aller Männer, mit denen die Mutter kurz vor und während der Schwangerschaft Sex hatte («teilbare Vaterschaft»).[101]

Die Tatsache, dass diese Lebensweise bei den Naturvölkern Südamerikas relativ weit verbreitet ist und Jahrtausende überdauert hat, spricht dafür, dass es sich um ein realitätstaugliches Modell handelt, bei dem die Stabilität der Gemeinschaft sowie die Versorgung und Erziehung der Kinder gewährleistet sind. Profitieren die Kinder von den zusätzlichen «Vätern»? Das ist tatsächlich der Fall, wobei die optimale Zahl bei zwei bis drei liegt. Durch den Sex mit der Mutter übernehmen die weiteren «Väter» die Verpflichtung, mit für das Kind zu sorgen und einzuspringen, wenn dem ersten Vater etwas zustößt. Insofern kommt die Idee der teilbaren Vaterschaft zunächst den Müttern und ihren Kindern zugute.[102]

Aber auch die Männer profitieren: Sie können ihrerseits mehrere Partnerinnen haben, sie können Bündnisse mit anderen Männern festigen, wenn sie den sexuellen Zugang zu ihren Frauen gestatten, und sie können die eigenen Gene indirekt weitergeben, wenn die Zweitväter nahe Verwandte wie Brüder oder Cousins sind.[103]

Widerspricht die Lebensweise der Amazonas-Naturvölker der evolutionsbiologischen Theorie? Nicht wirklich, wenn man sich ver-

gegenwärtig, mit welchen Unwägbarkeiten sie bei der Nahrungs-
beschaffung und wegen der häufigen Kriegszüge fertigwerden mussten. In dieser Situation war es überlebenswichtig, alles zu teilen: Besitz, Nahrung, Sex und sogar die Vaterschaft. Insofern handeln die
Männer nicht gegen ihre genetischen Interessen, wenn sie Abstriche
bei der Vaterschaftssicherheit hinnehmen, um die Überlebenschancen von Kindern zu erhöhen, die mit einer gewissen Wahrscheinlichkeit ihre eigenen sind. Zum anderen verschwindet die Eifersucht
nicht völlig, sondern sie muss den jungen Männern regelrecht abtrai-
niert werden.[104]

Die Idee der teilbaren Vaterschaft und die zugehörige Lebensweise, bei der außerehelicher Sex zur Pflicht wird, zeigen, dass das
menschliche Sexualverhalten auch Formen annehmen kann, die zunächst ungewohnt erscheinen. Dass uns solche Konstellationen aber
auch nicht ganz fremd sind, belegt der enorme Publikumserfolg der
französischen Filmkomödie *Les compères (Zwei irre Spaßvögel)* aus dem
Jahr 1983. Um ihren von zu Hause ausgerissenen Sohn Tristan zu-
rückzuholen, erzählt die verzweifelte Mutter zweien ihrer früheren
Liebhaber, gespielt von Pierre Richard und Gérard Depardieu, dass
jeder von ihnen der Vater des Jungen ist. Obwohl sich bald herausstellt, dass es zusammen mit dem offiziellen Vater mindestens drei
Kandidaten gibt, machen sie sich mit großem Eifer auf die Suche
nach ihrem verlorenen Vielleicht-Sohn. Als dieser realisiert, dass er
von seinen verschiedenen «Vätern» auf jeweils andere Weise profi-
tiert, gibt er allen das Gefühl, der Richtige zu sein.

Eine alltagstaugliche Lebensform?

Die emotionalen und organisatorischen Schwierigkeiten, mit denen
eine sexuell befreite Gesellschaft rechnen muss, sind erheblich. Und
doch hat diese Lebensform zu allen Zeiten fasziniert. Ihre Attraktivität speist sich vor allem aus zwei Quellen: aus der Möglichkeit, sexuelle Wünsche ausleben zu können, und aus der Intensivierung des
Gemeinschaftsgefühls.

Es liegt auf der Hand, dass die sexuelle Vielfalt mit der Zahl der
verfügbaren Partner größer wird. Innerhalb kurzer Zeit lassen sich
unterschiedliche Formen der Lust genießen und ein breiteres Spek-

trum an Erfahrungen machen. Wenn die aufwändigen Rituale des Kennenlernens, soziale Schranken, Grenzen der Scham und moralische Verbote wegfallen, dann rückt das animalische Verlangen von selbst ins Zentrum. Dann, so lautet die Verheißung, dürfen wir «Jubelfeiern der Lust mit ihren orgiastischen Ausschweifungen und sinnlichen Intensitäten» erwarten.[105]

Zum anderen hat Sex in einer Gruppe den Effekt, dass er verbindend wirken kann. In diesem Sinne wurde postuliert, dass die Gemeinschaften unserer Vorfahren auch durch Partnertausch und Gruppensex zusammengehalten wurden.[106] Da es keine direkten Belege für diese These gibt, beruht ihre Plausibilität auf Indizien:

1) Zu den nächsten Verwandten der Menschen im Tierreich gehören die Bonobos. Und deren Gemeinschaften werden durch sexuelle Kontakte stabilisiert.

2) In allen menschlichen Kulturen gibt es vor- und außerehelichen Sex, selbst da, wo er drakonisch bestraft wird. Das könnte ein Hinweis darauf sein, dass Menschen die Neigung haben, sexuelle Netzwerke zu bilden.

3) Wie oben beschrieben, ist bei einigen Amazonas-Völkern außerehelicher Sex üblich. Als besonders beweiskräftig gilt in diesem Zusammenhang die Lebensweise der Canela. Hält das Beispiel, was es verspricht?

Beim Volk der Canela gibt es monogame Paare, die zusammenbleiben sollen, bis die Kinder erwachsen sind. Gleichzeitig besteht bei bestimmten Zeremonien und im privaten Leben die Pflicht zum außerehelichen Sex. Das Sexualleben der Canela wird als überwiegend lustvoll beschrieben; das gilt jedoch nicht generell. Eigenartigerweise scheinen die meisten Frauen beim Geschlechtsverkehr keinen Orgasmus zu bekommen. Zudem ist Masturbation streng verboten. Dann werden frühpubertäre Mädchen von elf Jahren und junge Männer genötigt, bei Festivitäten mit mehreren Partnern Sex zu haben. Von freier Entscheidung kann dabei keine Rede sein, schon eher von Vergewaltigung.[107]

Alles in allem wirken einige Aspekte des Sexuallebens der Canela so gezwungen und damit letztlich unnatürlich, dass schwer vorstellbar ist, dass wir hier ein realistisches Bild vom ursprünglichen Zusammenleben der Menschen vor Augen haben.

4) In der Vergangenheit und Gegenwart gab und gibt es immer wieder Orgien, Gruppensex und Partnertausch. Lässt man die entsprechenden Beispiele Revue passieren, dann fällt auf, dass sie als etwas Außergewöhnliches und Nichtalltägliches beschrieben werden. Laute Musik, Wein und Drogen sind notwendige Voraussetzungen, damit es zu rauschhaften Festen und kollektiven Ausschweifungen kommen kann. Diese werden dann wahlweise als tierisch oder teuflisch gelobt oder verdammt, immer aber gelten sie als Abweichungen vom normalen Leben.

Warum aber müssen sich Menschen vor dem Gruppensex und Partnertausch mit Alkohol und Drogen in Stimmung bringen? Schimpansen und Bonobos brauchen ja auch kein chemisches Doping, um sich sexuell auszuleben. Geht es darum, im Rausch die anerzogene Moral abzuschütteln? Oder sind die Drogen nötig, um Situationen «minderer Qualität»[108] zu ertragen? Das Gefühl minderer Qualität kann ja nicht nur beim Ort der Sexualbetätigung, sondern auch in Bezug auf die Situation und die Sexualpartner aufkommen.

Aus biologischer Sicht jedenfalls ist es kaum vorstellbar, dass Menschen glücklich werden können, wenn sie darauf verzichten, beim Sex und bei der Liebe wählerisch zu sein. Eine Zeitlang kann man auch anders leben – wenn es gerade hip ist, wenn man sich mit Drogen betäubt, wenn man durch Gewalt oder Not gezwungen wird oder wenn man sich der herrschenden Moral unterwirft. Wie T. C. Boyle in *Drop City* erzählt, ist es dann aber oft nur ein Schritt vom Ideal zum Alptraum:

> «Freie Liebe ohne Einschränkung – das heißt, es mit jedem zu treiben, der einen fragte, egal, welche Rasse, Religion oder Hautfarbe er hatte oder ob er nun fett und alt oder zurückgeblieben war oder so roch wie das Futter eines alten Schuhs. Es galt als feindseliger Akt, zu jemandem nein zu sagen [...]. Dann bumst du ihn eben. Entweder das, oder du kommst total uncool rüber, weil du von kleinbürgerlichen Komplexen befallen bist, genau wie deine verklemmten Eltern und der Rest der Spießerwelt.»[109]

♀ Fazit ♂

Die Vorteile einer Befreiung der Sexualität aus den Fesseln enger Beziehungen scheinen verlockend: Nicht nur die individuelle Lust, sondern auch der Zusammenhalt der Gemeinschaft lassen sich so intensivieren. Ebenso beeindruckend sind aber die emotionalen und organisatorischen Probleme.

Für kurze Zeit sind diese Schwierigkeiten überwindbar: Bei existentieller Bedrohung oder zur Feier außergewöhnlicher Erfolge gab und gibt es in Vergangenheit und Gegenwart immer wieder kollektive sexuelle Ausschweifungen. Dass sich die freie Liebe als alltagstaugliches System etablieren lässt, ist aus biologischen Gründen nichtsdestoweniger eher unwahrscheinlich.

Auch in der Ethnologie gelten Gruppenehen als äußerst seltene Kuriositäten. Entsprechende experimentelle Lebensformen unserer Zeit waren meist kurzlebig und benötigten komplizierte Beischlaf-Regelwerke, um zu verhindern, dass sich die «freie Liebe» zu festen Paarbindungen zurückentwickelte.[110] Wie das Beispiel der Hodengröße zeigt, sind Männer zudem anatomisch und physiologisch nur unzureichend auf völlige sexuelle Freizügigkeit vorbereitet.

Auch Schimpansen und Bonobos sind also keine geeigneten Vorbilder für das gesuchte natürliche Liebesleben der Menschen. So wie es aussieht, leben und lieben wir von Natur aus anders als unsere nächsten Verwandten im Tierreich, die Menschenaffen. Bedeutet das, dass wir uns von der Biologie emanzipiert haben und kulturellen Regeln oder dem eigenen freien Willen folgen? Nicht unbedingt. Sondern es bedeutet zunächst nur, dass unser Liebesleben innerhalb der Menschenaffen einzigartig ist. Aber das trifft ja auf Orang-Utans, Gibbons, Gorillas und Schimpansen ebenso zu.

KAPITEL 12

EINE SCHWIERIGE GRATWANDERUNG: PATCHWORK-GEMEINSCHAFTEN

Was zählen Pflicht und Prestige, wenn Liebe und Leidenschaft auf dem Spiel stehen? In Georges Bizets Oper *Carmen* wird der Soldat Don José vor die Wahl gestellt, zu desertieren oder Carmens Liebe zu verlieren:

> «*Carmen:* Ins Quartier? Zum Appell? ...
> Ah, was bin ich für ein Dummkopf!
> Ich will mein Bestes geben und streng' mich an für ihn,
> damit der junge Herr sich amüsiert mit mir,
> sing' für ihn, tanz' für ihn, und fast, Gott sei mir gnädig,
> und fast liebte ich ihn!
> Taratata, da hört er die Trompeten!
> ... er läuft, schon ist er fort! [...]
> *Don José:* Ja glaubst du denn, Carmen,
> ich lieb' dich nicht?
> *Carmen:* So zeig's!»[III]

Der Konflikt zwischen Pflicht und Liebe wird nicht immer so unversöhnlich sein wie in Bizets *Carmen*. Aber völlig vermeiden lässt er sich wohl nur selten. Denn die Liebe verbindet zwei Menschen in einzigartiger Weise. Das aber bringt ihr den Neid derer ein, die ähnlich bedingungslos geliebt werden wollen – Familien und Freunde, aber auch politische Systeme und Parteien, Religionen, Weltanschauungen und Wirtschaftskonzerne, eben alle größeren Einheiten und Gemeinschaften, die im engen Bund zweier Menschen eine unerwünschte Konkurrenz sehen.

«Die Familie», schrieb Alexandra Kollontai nach der Russischen Revolution, «lehrt und flößt Egoismus ein, schwächt so die Bande des Kollektivs und behindert den Aufbau des Kommunismus.» Mit ähnlich scharfen Worten bemängelten die Vordenker der freien Liebe in den 1960er Jahren an der romantischen Liebe, dass sie aus zwei Individuen ein «Doppelego» macht, «das andere Menschen selbstsüchtig ignoriert».[112]

Heute gehört es zum guten Ton, sich zur Vereinbarkeit von Beruf und Familie zu bekennen. Allen Lippenbekenntnissen zum Trotz hat sich aber wenig daran geändert, dass das Interesse des Staates oder des Arbeitgebers dem Familien-«Egoismus» in der Regel vorgeht. Und dem Liebesglück sowieso.

Familien und Horden: das Pavian-Modell

Die menschliche Lebensweise, bei der Paare und Kleinfamilien in größere Gemeinschaften eingebunden sind, ist biologisch ungewöhnlich, aber nicht einzigartig. Ähnliche soziale Systeme gibt es auch bei einigen Tierarten. Besonderes Interesse haben in den letzten Jahren zwei Arten aus der Gruppe der Pavianartigen hervorgerufen: die Mantelpaviane und die Dscheladas. Diese Arten sind insofern bemerkenswert, als sie in größeren Gruppen leben, die sich aus dauerhaften Untereinheiten – aus Paaren und Haremsgruppen – zusammensetzen.[113]

Wie ein solches vernetztes System konkret aussehen kann, zeigt das Beispiel der Mantelpaviane. Die kleinste Einheit sind Kernfamilien aus einem Männchen, einem oder mehreren Weibchen und ihrem Nachwuchs («one-male unit», OMU). Die meisten sozialen und sexuellen Interaktionen finden in diesen Kernfamilien statt.[114]

Da die Weibchen von den Männchen bewacht werden, sind sie sexuell überwiegend monogam. Eine entsprechend geringe Rolle spielt die Rivalität der Männchen in Bezug auf die Menge und Zusammensetzung des Spermas. Die Folge: Ihre Hoden sind eher klein und wiegen nur ein Drittel bis die Hälfte von dem, was bei promiskuitiven Arten wie den Bären- und Anubispavianen gemessen wird.[115] Auf der anderen Seite sind die Hoden der Mantelpaviane aber relativ zum Körpergewicht deutlich schwerer als beispielsweise bei den Gorillas. Das zeigt, dass sich die Bewachung der Weibchen in einer größeren gemischten Gruppe nicht so lückenlos durchführen lässt wie in einem räumlich isolierten Harem. Das erinnert an die Situation beim Menschen: Auch hier ergeben sich durch das Leben in größeren Gruppen mehr Gelegenheiten fremdzugehen.

Die Bindung an einen männlichen Partner hat für die Weibchen der Mantelpaviane einen wichtigen Vorteil: den Schutz vor Infantizid. Wie wir im letzten Kapitel gesehen haben, wird das bei anderen Arten dadurch erreicht, dass die Weibchen mit allen Männchen der Horde kopulieren. Damit gewinnen sie aber nicht viel mehr als Duldung und Toleranz. Wollen sie mehr, nämlich dauerhafte und intensive Hilfe, dann müssen sie sich mit einem Männchen verbünden. Das Beispiel der Mantelpaviane belegt, dass diese Strategie durchaus erfolgreich ist: Die Überlebenschancen ihrer Jungtiere sind höher als bei anderen Pavianarten.[116]

Die Kernfamilien sind nur ein Aspekt des sozialen Lebens der Mantelpaviane. Die nächste Ebene bilden Klans, die aus mehreren Kernfamilien bestehen. Die Klans werden durch die Kooperation der Männchen zusammengehalten. Mehrere Klans wiederum teilen sich ein Revier und stimmen ihre Bewegungen aufeinander ab, wodurch sich relativ lose organisierte Verbände bilden («bands»). Sie dienen der gemeinsamen Verteidigung gegen Raubtiere und der Sicherung von Nahrungsquellen und Schlafplätzen. Und schließlich gibt es bei Bedarf noch größere Ansammlungen von Tieren an den Schlafplätzen, die zusätzlichen Schutz vor den Gefahren der Nacht gewähren («troops»).[117]

All das erinnert an die Lebensweise der Menschen mit ihren Paaren und Kleinfamilien, die in größere Gemeinschaften, in Großfamilien und Dörfer, in Stämme und Staaten, eingebunden sind. Es gibt aber keine Eins-zu-eins-Übereinstimmung.

Unterschiede entstehen beispielsweise durch die andere Organisation der Nahrungssuche. Bei den Mantelpavianen streifen die Kernfamilien tagsüber gemeinsam auf der Suche nach Nahrung umher. Im Gegensatz dazu gibt es bei den meisten menschlichen Jägern und Sammlern bei der Nahrungssuche eine Arbeitsteilung zwischen den Geschlechtern. Während die Männer eher jagen, gehört das Sammeln von Früchten, Samen und unterirdischen Speicherknollen zu den bevorzugten Aufgaben der Frauen. Für Stunden oder Tage bilden sich so getrennte Männer- und Frauengruppen.[118]

Ein weiterer Unterschied besteht darin, dass beim Menschen beide Geschlechter die Gruppe wechseln. Manchmal leben sie bei der Familie des Vaters, manchmal bei derjenigen der Mutter und manchmal bei keiner von beiden. Im Endeffekt entsteht so ein dichtes Netz, das gleichermaßen durch verwandtschaftliche Bande und Freundschaften zusammengehalten wird.

Der evolutionäre Ursprung

Wie kann man sich die evolutionäre Entstehung des menschlichen Sozialsystems vorstellen? Diese Frage ist nicht nur von theoretischem Interesse, denn es kann schon einen Unterschied für unser Zusammenleben machen, ob am Anfang der Entwicklung Paare und Kernfamilien standen oder ob sich zunächst Gemeinschaften bildeten, die durch Bündnisse zwischen Männern und/oder Frauen zusammengehalten wurden. Beide Wege sind denkbar und kommen im Tierreich vor.[119]

Für die zweite Option spricht, dass Menschen sehr viel häufiger Sex haben, als es für die Fortpflanzung nötig wäre. Dieses Verhalten ist typisch für gemischte Gruppen und kommt bei Paaren oder in Harems eher selten vor. Zudem lassen sich bei Schimpansen und Bonobos Vorformen der Paarbindung beobachten: zeitweilige Verbindungen zwischen einem Weibchen und einem Männchen, besonders während der fruchtbaren Tage («consortships»).[120] Aus diesen vergleichsweise lockeren Bindungen können sich dann die engen und auf Dauer angelegten Zweierbeziehungen der Menschen gebildet haben.

Wie auch immer die Patchwork-Gemeinschaften entstanden sind, sie funktionieren nur, wenn die sexuelle Exklusivität der Paare respektiert wird. Das soll nicht heißen, dass die sexuelle Rivalität völlig verschwindet. Eher ist es so, dass sie durch die Notwendigkeit der Kooperation innerhalb der Geschlechter begrenzt wird. Wie wir sehen werden, besteht hier eine dauerhafte Quelle des Streits und der Konflikte, die nicht selten zum Zerbrechen von Gemeinschaften führen.

Warum so kompliziert?

Warum hat sich bei manchen Arten ein so komplexes System herausgebildet? Bei Primaten kommt es vor allem in extremen Lebensräumen vor, in Hochgebirgen oder Halbwüsten. In solchen Gebieten lässt es sich nicht vermeiden, getrennt auf Nahrungssuche zu gehen; gleichzeitig kann der Schutz durch eine größere Gruppe unerlässlich sein. Dieser ökologische Aspekt könnte auch in der Evolution der Menschen eine Rolle gespielt haben.

Es gibt aber noch einen anderen Grund: Schon bei unseren vor zwei Millionen Jahren lebenden *Homo-erectus*-Vorfahren hatten die Mütter während der Schwangerschaft und Stillzeit vor allem wegen der größeren Gehirne der Kinder deutlich höhere biologische Kosten als andere Primaten. Sie waren also auf Unterstützung angewiesen. Aber durch wen?

Im Prinzip kommen dafür drei Kandidaten in Frage: andere Frauen, Verwandte im Allgemeinen und die Väter. Weibliche Solidarität gibt es auch im Tierreich, beispielsweise bei den Bonobos. Häufiger ist die Unterstützung durch weibliche Verwandte, durch Mütter und Großmütter, durch Schwestern und Töchter. Man kann das auch bei Menschen beobachten: Üblicherweise kümmern sich die Mütter nicht alleine um die Kinder und bewachen diese eifersüchtig. Die Kleinen werden vielmehr von älteren Geschwistern, Freunden und Verwandten herumgetragen, beaufsichtigt und angeleitet.[121]

Was aber ist mit dem Vater einer Frau und mit dem Erzeuger ihrer Kinder? Wäre deren Hilfe nicht ebenso willkommen? Das ist zweifelsohne der Fall, aber es setzt voraus, dass ein Mann weiß, welche Kinder die eigenen sind. Eine Frau wiederum kann den Vater ihrer Kinder sowie den eigenen Vater und Großvater nur um Hilfe bitten, wenn sie weiß, wer sie sind. Das ist nur möglich, wenn ihre eigenen sexuellen Beziehungen und die ihrer Mutter und Großmutter überschaubar waren. Dann aber kann sie die Zahl der familiären Unterstützer auf einen Schlag verdoppeln: Zur mütterlichen Seite kommt die väterliche Seite hinzu. Umgekehrt gilt: Ist unklar, wer die Väter sind, halbiert sich die mögliche Hilfe.[122]

All das mag keine entscheidende Rolle spielen, wenn staatliche Institutionen oder andere Organisationen an die Stelle der Familien treten. In den längsten Zeiten der Menschheitsgeschichte war die Unterstützung durch die väterliche Seite aber ein oft überlebenswichtiger, auf jeden Fall willkommener Zugewinn. Insofern ist zu erwarten, dass Frauen noch heute entsprechende Verhaltensweisen zeigen. Dass sie beispielsweise eifersüchtig sind und ihre Männer gegen Rivalinnen verteidigen, um zu verhindern, dass die Unterstützung durch die väterliche Seite in fremde Hände gerät. Und dass sie ihrerseits einigermaßen treu sind.

Sex als evolutionäres Zuckerbrot

Wie aber kann es Treue in einem Ozean sexueller Versuchung geben? An dieser Herausforderung scheitern viele Menschen. Nur für wenige flüchtige Momente hatte Albertine in Arthur Schnitzlers *Traumnovelle* den jungen Dänen gesehen. Und doch spielt sie mit dem Gedanken, ihre Familie zu verlassen:

> «Wenn er mich riefe – so meinte ich zu wissen –, ich hätte nicht widerstehen können. Zu allem glaubte ich mich bereit; dich, das Kind, meine Zukunft hinzugeben, glaubte ich mich so gut wie entschlossen, und zugleich – wirst du es verstehen? – warst du mir teurer als je.»[123]

Wenn im Tierreich sexuelle Treue vorkommt, dann vor allem in Paaren oder Harems, die räumlich isoliert leben, wie bei den Gibbons oder Gorillas. Sind Konkurrenten in der Nähe, dann wird es schwieriger. Bei den Mantelpavianen bewachen die Männchen ihre Weibchen und sorgen durchaus aggressiv dafür, dass diese sich nicht zu weit entfernen. Menschen haben noch weit schlimmere Methoden erdacht, um eheliche Treue zu garantieren. In der längsten Zeit der Menschheitsgeschichte war die durchgängige Bewachung des Partners oder der Partnerin aber in der Regel nicht möglich.

Zum einen sind die Machtverhältnisse zwischen den Geschlechtern bei den Jägern und Sammlern ausgeglichener als in den späteren Kulturen der Ackerbauern und Viehzüchter. Das heißt, die Frauen mussten sich eine rigide Bevormundung und Kontrolle nicht gefallen lassen. Zum andern konnte man sich nicht ständig im Auge behalten, da Männer und Frauen häufig getrennt auf Nahrungssuche unterwegs waren. Zusammen mit der Tatsache, dass ein Mann keine Möglichkeit hat, die fruchtbaren Tage seiner Partnerin zu erkennen, macht das eine lückenlose Überwachung undurchführbar.

Wenn es nicht möglich ist, die Paarbindung durch Bewachung und Gewalt, durch die «Peitsche», aufrechtzuerhalten, dann gibt es als Alternative immer noch das «Zuckerbrot». Ist das die Antwort auf die Frage, warum Menschen so häufig Sex haben und warum sie sich dabei so sehr bemühen? Sexuelle Lust ist ein Garant für die Zufriedenheit des Partners – nicht der einzige, aber ein wichtiger. Ist sie gegeben, dann hat ein Mann bessere Chancen, dass ihm die Frau kein Kuckuckskind unterschiebt, und eine Frau kann eher darauf vertrauen, nicht verlassen zu werden.

Dieser Zusammenhang könnte erklären, warum es bei Menschen die ungewöhnliche Kombination von Zweierbeziehung und häufigem Sex gibt. Wie erwähnt, haben paarlebende Primaten normalerweise nur selten Sex. Beim Menschen sind die Paare aber in größere Gruppen eingebunden, wodurch es leichter zu Seitensprüngen kommen kann. Das wiederum erfordert zusätzliche Sicherungsmechanismen: entweder eine intensivere Bewachung wie bei den Mantelpavianen und/oder eine verstärkte emotionale Bindung, die nicht nur, aber auch durch sexuelle Lust erzeugt werden kann.[124]

Die zweite Lösung lag insofern im Bereich des Möglichen, als unsere frühen Vorfahren wahrscheinlich in gemischten Gruppen ähnlich heutigen Schimpansen gelebt haben. Bei dieser Lebensweise kommt es zu häufigem Sex, um Infantizid zu vermeiden. Auch Menschen schlafen häufig miteinander und auch das Ziel ist gleich geblieben – die Überlebenschancen des Nachwuchses zu verbessern. Geändert hat sich aber die Art und Weise, wie dieses Ziel erreicht werden soll: An die Stelle der Verschleierung der Vaterschaft trat die Vaterschaftssicherheit.

Wie gut funktioniert diese Strategie in der Praxis? Wie sicher können sich Väter sein, dass ihnen kein Kuckuckskind untergeschoben wird? Hundertprozentige Sicherheit gibt es im Leben nie, auch nicht an diesem Punkt. Es macht also biologisch Sinn, wenn Männer nicht zu blauäugig sind und sich ein gesundes Misstrauen bewahren. Das erklärt vielleicht, warum regelmäßig übertrieben hohe Zahlen von 10, 20 oder 30 Prozent Kuckuckskinder genannt werden. Die Realität sieht anders aus: Eine aktuelle Übersichtsstudie ergab, dass durchschnittlich weniger als zwei Prozent der Kinder einen anderen biologischen Erzeuger haben als ihren offiziellen Vater. Die Zahlen schwanken allerdings abhängig vom sozialen Umfeld relativ stark.[125] Nichtsdestoweniger kann man festhalten, dass 98 Prozent Vaterschaftssicherheit ein so hoher Wert ist, dass das Vertrauen in die Partnerin meist gerechtfertigt ist.

Warum ist Sex privat?

Bei den Schimpansen kommt es zu häufigen Kopulationen, weil die Weibchen auch an Tagen, an denen sie nicht fruchtbar sind, sexuelle Bereitschaft signalisieren. Ist das auch beim Menschen der Fall? Ja. Auch als Mann kann man nur schwer erkennen, ob die Frau, mit der man schläft, gerade fruchtbar ist oder nicht. Meist interessiert es auch nicht. Und wenn, dann oft nur, um eine Schwangerschaft zu verhindern.

Warum aber präsentieren die Schimpansinnen die Signale der Fruchtbarkeit offensiv, während sie bei Frauen kaum wahrnehmbar sind? Die Antwort ist, dass weithin sichtbare Signale in einem System sinnvoll sind, in dem die Weibchen alle Männchen zur Kopulation auffordern und das auch in aller Öffentlichkeit tun. Die subtilen Signale der Frauen wiederum machen Sinn, wenn sie nur mit ausgewählten Männern im Privaten Sex haben wollen.

Die Erklärung für den versteckten Eisprung der Frauen und die Privatheit beim Sex könnte also sein, dass sie die Aufrechterhaltung der Paarbindung erleichtern, indem sie unerwünschte Aufmerksamkeit vermeiden. Bekanntermaßen funktioniert das nicht perfekt. Zwar akzeptieren Menschen in der Regel die Exklusivität der Paare, aber die Versuchung bleibt. Dies wird offensichtlich, wenn große

Machtunterschiede bestehen und höherrangige Individuen glauben, nicht auf die Solidarität ihrer Untergebenen angewiesen zu sein. Dann kann es zu Situationen kommen, wie Mozart sie in der *Hochzeit des Figaro* so meisterhaft auf die Bühne gebracht hat. Der Graf Almaviva begehrt Figaros Braut Susanna und versucht mit List und Tücke durchzusetzen, was er für das Vorrecht des Adels hält: das Recht der ersten Nacht. Figaro muss seine ganze Schlauheit aufbringen, um die Pläne des Grafen zu durchkreuzen.

Dass dieser Konflikt nicht immer so glimpflich ausgehen muss wie im *Figaro*, hat Verdi im *Maskenball* geschildert. Hier verliebt sich der Gouverneur Riccardo in Amelia, die Frau seines engsten Freundes und Beraters Renato. Als Renato die sich anbahnende Affäre durch Zufall entdeckt, wird er vom Verbündeten zum erbitterten Feind. Er kündigt Riccardo die Treue, hilft den Verschwörern, die Riccardo ermorden wollen, und führt die Tat schließlich selbst aus.

Warum also trägt die Monogamie zum sozialen Frieden bei? Weil sie die Konkurrenz der Männer um die Frauen zeitlich begrenzt und schwächeren Gruppenmitgliedern einen gewissen Schutz gewährt. Das gilt auch umgekehrt für die sexuelle Konkurrenz der Frauen.

Der versteckte Eisprung und der Sex im Verborgenen stabilisieren die Paarbindung, aber sie machen es auch leichter fremdzugehen. Das muss kein Widerspruch sein. Denn dadurch entsteht eine zusätzliche Motivation, sich umeinander zu kümmern und Nähe zu suchen.

Alles in allem ist es sehr plausibel, dass eine Frau, die für ihren Partner auch während der Zeiten, in denen sie nicht fruchtbar war, sexuell attraktiv blieb, größere Chancen hatte, diesen als Beschützer und Nahrungsbeschaffer an sich zu binden.

Verliebte Paare

Es ist eine bekannte Tatsache, dass frisch verliebte Paare Freundschaften und soziale Kontakte vernachlässigen. Wir empfinden es als selbstverständlich, dass sie in die Flitterwochen verreisen, um sich möglichst ungestört näherzukommen. Dass sie nur noch Augen füreinander haben. Und wir verstehen, warum Romeo bei Julias Anblick in Verzückung gerät: «Nein, ich habe noch nie geliebt – Schwör es, mein Auge; vor dieser glücklichen Nacht wusstest du nicht, was Schönheit ist.»[126]

In ihrer Unbedingtheit erinnert die romantische Liebe an einen biologischen Instinkt. An eine Sucht, die in der Natur des Menschen angelegt ist. Verschiedene Indizien sprechen dafür, dass das tatsächlich der Fall ist: 1) Verliebtheit lässt sich mit Gehirnscans abbilden und man kennt einige der dabei wirksamen chemischen Botenstoffe, allen voran das Dopamin. 2) Fast alle Kulturen erzählen in ihren Geschichten und Liedern vom Glück und Leid der romantischen Liebe.[127]

3) Verliebtheit erfüllt eine wichtige biologische Funktion: Wie bei der Mutterliebe werden Kritik und Vernunft ausgeschaltet. Damit gelingt es, die anfängliche Fremdheit zu überwinden, ein Gefühl der Nähe zu erzeugen und sich auf gemeinsame Lebensziele einzuschwören. Das ursprüngliche gemeinsame Ziel war dabei sicher die Fürsorge für den Nachwuchs. Wenn ein Paar keine Kinder hat oder wenn diese aus dem Haus sind, dann können andere Gemeinsamkeiten und Projekte an ihre Stelle treten – der Beruf, Hobbys, Interessen.

Die Freunde reagieren auf den Rückzug der Verliebten oft mit Eifersucht, er wird misstrauisch kommentiert und als Verrat an der früheren Freundschaft gebrandmarkt. Nicht selten zerbrechen gemischte Freundschaftsverbünde wie Jugendgruppen, sobald sich Paare zusammengefunden haben. Auch die eigene Familie wird oft und zu Recht als Hindernis empfunden. Erst nachdem Mephisto in Goethes *Faust* sowohl Gretchens Mutter als auch ihren Bruder aus dem Weg geräumt hat, kann das Liebespaar unbehelligt seinen Freuden nachgehen.

Die Gefahr, beim Sex gestört zu werden, besteht übrigens auch bei anderen Primaten. Nicht selten werden kopulierende Paare von Jungtieren und erwachsenen Individuen beiderlei Geschlechts belästigt und an der Fortführung ihrer Aktivitäten gehindert.[128]

Nicht nur die Freunde und die Familie stoßen sich an der Intensität der Zweierbeziehungen, sondern sie ist auch den größeren Gemeinschaften ein Dorn im Auge. Dieses Problem tritt schon bei Jägern und Sammlern auf, wenn es beispielsweise um die Verteilung

des erbeuteten Fleisches geht.[129] Darf ein Jäger seine eigene Kleinfamilie bevorzugt versorgen oder muss er die Beute allen zur Verfügung stellen? In den modernen Industriegesellschaften schwelt dieser Konflikt
weiter. Denn die Interessen der Paare sind nur teilweise mit den Zie-
len der größeren Einheiten – des Staates, der Partei, der religiösen
Gemeinschaft, der Firma – vereinbar und nur selten sind sie völlig
deckungsgleich. Das ist einer der Gründe, warum sexuelle Beziehungen zwischen Lehrern und Schülern, zwischen Dozenten und Stu-
denten und zwischen den Mitarbeitern eines Unternehmens missbil-
ligt oder sogar verboten werden. Das Eigeninteresse und der Zusammenhalt der Paare sind vor
allem totalitären Systemen suspekt. Da der emotionale Zusammen-
halt ganz wesentlich auf der gemeinsamen sexuellen Lust beruht, wird
diese mit brachialen Methoden unterdrückt. Wie George Orwell in seinem Roman *1984* eindrucksvoll beschrieben hat, ging es der Partei

> «nicht nur darum, einen immer festeren Zusammenhalt zwischen Män-
> nern und Frauen zu verhindern, den sie vielleicht nicht mehr kontrol-
> lieren konnte. Ihre wahre, unausgesprochene Absicht war es, dem Ge-
> schlechtsakt jegliche Freude zu nehmen.»[130]

Wie passt das mit der Tatsache zusammen, dass Ehebruch in eben-
diesen Systemen so streng bestraft wird? Eine erste Antwort ist, dass
man die Freude an einer Sache vergällen kann, wenn man eine Pflicht
aus ihr macht. Man kann das beim Essen, beim Sport und beim Sex
beobachten. Ob Romeo und Julia sich noch so leidenschaftlich begehrt hätten, wenn sie sich hätten lieben müssen? Wohl kaum.

Eine zweite Antwort ist, dass der Zweck der Sexualmoral nicht
nur darin besteht, Ehe und Familie zu schützen, Vaterschaftssicherheit für die Männer und Ressourcensicherung für die Frauen zu
gewährleisten. Denn ebenso streng wurden und werden oft vorehe-
licher Sex und Homosexualität bestraft. Das spricht dafür, dass es
bei der Sexualmoral auch darum geht, den Machtanspruch der Gesellschaft gegenüber den Individuen und Paaren durchzusetzen.

Wenn der Staat, die Partei, die Kirche oder der Arbeitgeber ausschließliche Solidarität einfordern, dann werden die Liebe zweier

Menschen und der lustvolle Sex zur Sünde und zur Straftat. Einige Paare zerbrechen daran, wie Winston und Julia in Orwells *1984*, die sich unter Todesangst und Folter verraten. Bei anderen verwandelt sich die Liebe in Hass, wie es Leo Tolstoi in der *Kreutzersonate* so eindrucksvoll beschrieben hat. Manche aber können dem Druck standhalten und sogar noch an Kraft gewinnen.

♀ Fazit ♂

Die Lebensweise, bei der Paare in größere Gemeinschaften eingebunden sind, kommt im Tierreich eher selten vor. Das liegt vor allem daran, dass es aufwändig ist, den verschiedenen Bündnissen gleichermaßen gerecht zu werden. Unter schwierigen Umweltbedingungen können solche komplexen sozialen Systeme aber die beste Lösung sein.

Die Paarbindung hat sich wahrscheinlich schon früh in der Evolution der Menschen herausgebildet. Bis heute hat sie nichts von ihrer Attraktivität verloren. Auch die romantische Liebe, ihr anfänglicher emotionaler Kitt, ist keine Erfindung der Neuzeit, sondern es gibt sie schon bei Naturvölkern. Aber die Liebesbande sind selten unangefochten, da sie mit anderen Bindungen konkurrieren, die ebenso Teil unserer Natur sind: mit dem Zusammenhalt in einer Gruppe, mit der Freundschaft zu anderen Männern und Frauen, mit erweiterten familiären Banden sowohl zur väterlichen als auch zur mütterlichen Seite.

Die romantische Liebe und die Intensivierung unseres Sexuallebens lassen sich als evolutionäre Lösungen der damit einhergehenden emotionalen und sozialen Probleme verstehen: Wie lässt sich die Paarbindung in größeren Gemeinschaften stabilisieren, wenn die ständige Bewachung des Partners oder der Partnerin wegen der arbeitsteiligen Nahrungssuche nicht möglich ist?

Die Festigung der Paarbindung führte wiederum dazu, dass sich die Interessenkonflikte und Widersprüche in den größeren Gruppen verschärften. Sie können zum Zerbrechen einer Gemeinschaft führen, wenn die Paare den Weg zurück nicht mehr finden. Sie können aber auch zu großem persönlichem Leid führen, wenn die Liebe zweier Menschen übergeordneten Interessen geopfert wird. Oder wenn die Liebenden nicht die Kraft und den Willen haben, Familie, Freunde und Pflichten für eine gewisse Zeit zu vernachlässigen.

Jean-Paul Sartre hat in seinem Drehbuch *Das Spiel ist aus* die These gewagt, dass es für ein Liebespaar fast unmöglich ist, sich aus den sozialen Verstrickungen zu lösen und das Gefühl «Wir sind allein auf der Welt ...» auch nur für einen einzigen Tag durchzuhalten.[131] So fatalistisch muss man nicht sein, zumal die Konflikte unterschiedlich intensiv ausgeprägt sein können. Dass sie sich gänzlich vermeiden lassen, halte ich aber für ausgeschlossen. Denn letztlich sehen wir hier den Kampf zwischen zwei machtvollen biologischen Erfolgsprogrammen: zwischen der Paarbindung und den allgemeinen sozialen Instinkten.

KAPITEL 13

STRATEGIEN DER LIEBE

Romantische Liebe, Zweierbeziehungen und häufiger Sex gehören zur Natur des Menschen. So zumindest sehen es viele Evolutionsbiologen, wenn sie unser Liebesleben aus der langen und aufwändigen Fürsorge ableiten, die wir unseren Kindern zukommen lassen. Ohne diese Mühen und Anstrengungen, so wird behauptet, gäbe es weder Verliebtheit noch feste Bindungen, noch die besondere Lust beim Sex. Kann das wirklich alles sein? Was ist mit zwei Menschen, die keinen Nachwuchs (mehr) wollen und doch zusammenbleiben? Was ist mit anderen Formen der Liebe? Mit der Liebe zwischen einer Mutter und ihrem Kind? Mit der Liebe zu einem Hund oder einer Katze? Mit der tiefen emotionalen Bindung an ein politisches Ideal oder eine religiöse Idee? Selbst an Gegenständen – an Büchern, Autos und Schuhen – kann man mit ähnlicher Intensität hängen.

Welche tiefen Gefühle des Begehrens, der Fürsorge und der Verlustangst dabei im Spiel sein können, hat Elias Canetti im Roman *Die Blendung* geschildert. Als sich der Wissenschaftler und Büchersammler Peter Kien nach der Heirat mit seiner Haushälterin Therese Krumbholz zwischen seiner Bibliothek und seiner Ehefrau entscheiden muss, fällt ihm die Wahl nicht schwer. Als er seine Bücher trotz aller Bemühungen nicht vor ihrem Zugriff schützen kann, zieht er es vor, sich zusammen mit seiner über alles geliebten Bibliothek zu verbrennen.

Auch diese Formen der Liebe gibt es, und sie sind teils weit von allem entfernt, was an die Fortpflanzung erinnert. Sie können ihr sogar in die Quere kommen, wie man in der *Blendung* sieht. Das ist aber kein Widerspruch zur biologischen Theorie. Denn diese will erklären, warum es bestimmte Gefühle überhaupt gibt und woher sie ihre Kraft beziehen. In der Evolution und im Leben jedes Einzelnen steht die Mutterliebe am Anfang, später wird sie durch die partnerschaftliche Liebe ergänzt und abgelöst.[132] Wenn die Fähigkeit, sich emotional zu binden, erst einmal entstanden ist, dann kann sie auch auf andere Dinge übertragen werden. Beim sexuellen Begehren verhält es sich nicht anders. Sobald es sich aus dem engen Korsett der Fortpflanzung befreit hat, wird es in den unterschiedlichsten Situationen zu den unterschiedlichsten Zwecken eingesetzt.

Bedeutet das, dass Liebe und Sex nichts mehr mit ihrem evolutionären Ursprung zu tun haben? Oder geben die ursprünglichen biologischen Zwecke weiterhin die grobe Richtung und den Rahmen vor? Ich vermute, dass Letzteres der Fall ist. Denn Sexualität und Liebe sind wie komplizierte Werkzeuge, bei denen verschiedene Teile aufeinander abgestimmt sind, die nicht willkürlich verändert werden können, ohne das Funktionieren des Ganzen zu stören. Das beginnt mit dem Bau und der Funktion der Sexualorgane, das gilt für die Partnerwahl, und es trifft auf die Art der Partnerschaften zu.

Warum es Vielfalt geben muss

Warum ist das menschliche Liebesleben trotz alledem so vielfältig? Warum suchen manche ihr Glück in einer langen Reihe flüchtiger Abenteuer, während andere einem Menschen über viele Jahre die Treue halten? Warum gibt es Kulturen, in denen nur ein Partner oder eine Partnerin erlaubt ist, und andere, in denen es mehrere sein dürfen? Warum gibt es Zeiten, in denen unser Liebesleben von Leichtsinn und Experimentierfreude geprägt ist, und solche, in denen die Suche nach Sicherheit und Geborgenheit im Vordergrund steht? Und warum streiten Frauen und Männer darüber, was eine ideale Beziehung ausmacht?

Diese scheinbare Beliebigkeit widerspricht auf den ersten Blick der These, dass unsere Vorlieben von einem in der Evolution entstandenen genetischen Programm bestimmt werden. Und tatsächlich hat der Versuch, das menschliche Verhalten einem der hauptsächlichen Paarungssysteme – Singleleben, Monogamie, Polygamie oder Promiskuität – zuzuordnen, nur Annäherungen gebracht. Dass diese Einteilung zu schematisch ist, um der Lebenswirklichkeit gerecht zu werden, wird auch von den Verhaltensforschern zugestanden. Eine Möglichkeit, um zu differenzierteren Modellen zu gelangen, besteht darin, von primären und sekundären Paarungssystemen sowie von alternativen Fortpflanzungsstrategien zu sprechen.

So gibt es beispielsweise bei den Orang-Utans nicht nur die Strategie der ausgewachsenen und voll ausgebildeten Männchen, die darin besteht, die Rivalen zu vertreiben und ein Weibchen während ihrer fruchtbaren Tage zu begleiten. Alternativ dazu versuchen jüngere Männchen, sich den Weibchen unauffällig zu nähern und heimlich mit ihnen zu kopulieren. Dabei schrecken sie auch vor Gewalt nicht zurück.[133] Das ist ein Beispiel dafür, wie sich sexuelles Verhalten im Laufe des Lebens ändern kann.

Es gibt auch Fälle, in denen ein Individuum zwei Strategien mehr oder weniger gleichzeitig verfolgt. In Kapitel 8 habe ich das am Beispiel des Doppellebens der Männer diskutiert, das darauf abzielt, ein treusorgender Vater zu sein und nebenher sexuelle Abenteuer zu suchen. Ein analoges Verhalten kann sich auch für Frauen auszahlen, wie das Beispiel der Mantelpaviane illustriert. Deren Weibchen kopulieren überwiegend mit einem Männchen, was sie aber nicht daran hindert, ab und zu weitere Bewerber zu akzeptieren. Sie kombinieren also die primäre Strategie der Paarbindung mit der sekundären Strategie der Promiskuität. Wenn sie dabei geschickt vorgehen, können sie sowohl auf den Schutz durch das primäre Männchen zählen als auch auf Toleranz durch die anderen Bewerber.[134]

Einige Strategien genügen zwar grundlegenden biologischen Notwendigkeiten, aber nicht den speziellen Anforderungen der menschlichen Lebensweise. So kann es problematisch sein, wenn eine Frau von vorneherein auf die mit einer Partnerschaft einhergehenden Vorteile verzichtet und sich als alleinerziehende Mutter durchzuschlagen versucht. Ähnliches gilt für Männer, die der Strategie der jungen

Orang-Utans folgen und sich mit Gewalt holen wollen, was sie sonst nicht bekommen.

In beiden Fällen muss der Sex ohne soziale Bindung auskommen, von Liebe ganz zu schweigen. Gehören Sex und Liebe zusammen, oder sind sie ganz verschiedene Dinge, die nur manchmal, mehr oder weniger zufällig, verschmelzen?

Gehören Liebe und Sex zusammen?

Ein Blick ins Tierreich zeigt, dass es die unterschiedlichsten Mischungsverhältnisse von Sex und Liebe gibt. Und er zeigt, dass jede biologische Art ihre jeweils typische Mischung hat. Einzelgänger kennen nur Sex, aber keine Liebe. Paare und Haremsgruppen sind von einer Vertrautheit geprägt, in der wir so etwas wie «Liebe» wiederfinden können, aber sie haben auffallend wenig Sex. In den gemischten Gruppen wiederum gibt es viel Sex und kaum Liebe. Nur in den Patchwork-Gemeinschaften kommt beides zusammen vor. Insofern lässt sich die alte Frage, ob Sex und Liebe zusammengehören *müssen*, mit einem klaren Nein beantworten.

Das gilt auch für das dritte Element: die Fortpflanzung. Manche Tiere können sich ohne Sex reproduzieren; seit es die künstliche Befruchtung gibt, gilt das auch für Menschen. Weder Fortpflanzung noch Sex setzen Liebe voraus. Und so kann jedes der drei Elemente in der Natur und im Leben eines Menschen für sich auftreten.

Aber entspricht die Trennung von Sex, Liebe und Kinderwunsch dem, was Menschen für sich erhoffen? Wenn der Sex ohne Liebe auskommen muss, wenn Kinder ohne Lust und ohne Liebe gezeugt werden und wenn die Liebe ohne sexuelle Erfüllung bleibt? Eher nicht, jedenfalls nicht immer, wenn man Antonias Klage in *Schweine mit Flügeln* ernst nimmt:

Seit «einiger Zeit habe ich das verdammte Gefühl, dass Rocco zu gern mit mir bumst. [...] Ich glaube allmählich fast, daß es ihm mehr an dem gelegen ist, was er alles mit mir machen kann, als an mir als Person. Das heißt, der Ort, wo er glücklich mit mir ist, ist hauptsächlich das Bett. [...] Ich hab Angst, er liebt mich nicht mehr.»[135]

Geschlecht, Alter und Status

Welche Formen unser Liebesleben annimmt, ist von vielen inneren und äußeren Faktoren abhängig. Finden sich nichtsdestoweniger so etwas wie allgemeine Regeln, an denen man sich orientieren kann? Es gibt, so kann man vorausschicken, nicht das eine optimale System, sondern verschiedene Optionen, die aber allesamt nicht perfekt sind, sondern Kompromisse darstellen. So ist es immer in der Biologie: Perfektion als solche ist kein Ziel, sondern die Dinge müssen ihren Zweck nur einigermaßen erfüllen.

Einen Faktor, der darüber entscheidet, wie wir leben und lieben sollten, wenn wir glücklich werden wollen, habe ich schon mehrfach erwähnt: das *Geschlecht*. Die körperlichen Besonderheiten von Frauen und Männern spiegeln sich auch im Verhalten und in den Gefühlen wider. Ob die Unterschiede so groß sind, wie von einigen Evolutionspsychologen und von der populären Presse behauptet wird, würde ich eher bezweifeln. Sie sind aber auch nicht zu vernachlässigen. Darin sind sich die Biologen weitgehend einig.[136]

Ein zweiter Faktor ist das *Lebensalter*. Jeder von uns beginnt als Single und ist nach einer Trennung oder nach dem Tod des Partners zunächst meist wieder allein. Die Singlephase geht oft in eine Zeit der Suche und des Experimentierens über. Hierzu passt die sexuelle Offenheit des Lebens in einer Clique, wie es für die Pubertät und das frühe Erwachsenenalter typisch ist. Auch in späteren Lebensabschnitten kehren viele Menschen in die Geborgenheit eines Freundeskreises zurück. Eine gemischte Nordic-Walking-Gruppe von Rentnern wird zwar in der Regel sexuell nicht so aktiv sein wie eine Studentenclique, aber sie muss auch nicht asexuell sein.

Single- und Cliquenleben werden oft von einer Phase intensiver Paarbindung abgelöst. Es gibt auch Menschen, die sich lieber mit mehreren Partnern oder Partnerinnen umgeben oder die sich zeitweise oder dauerhaft in unbekümmerten Liebeleien ausleben. Aber auch das geschieht meist nicht zufällig, sondern hängt vom Alter ab.

Nicht zu unterschätzen ist der *soziale Status*. Ein hoher Status und ausreichend finanzielle Ressourcen ermöglichen eine weitere Strategie: die Vielehe. Bei den Jägern und Sammlern der Vorzeit spielte diese Lebensweise eine eher untergeordnete Rolle und wurde erst mit Ackerbau und Viehzucht zu einem verbreiteten Phänomen. Das leitet über zu einem weiteren Faktor, der über unser Liebesleben entscheidet: das *Wirtschaftssystem*. Da sich dieses im Laufe der Menschheitsgeschichte mit einer gewissen Regelmäßigkeit geändert hat, kam im 19. Jahrhundert die Vermutung auf, dass sich auch eine mehr oder weniger gesetzmäßige Abfolge von einer promiskuitiven über eine polygame zu einer monogamen Lebensweise beobachten lässt.[137] Auch wenn diese Vorstellung im Detail fehlerhaft und zu schematisch ist, ist der Grundgedanke wohl zutreffend: Besitzverhältnisse, Erbschaftsgesetze und andere wirtschaftliche und rechtliche Faktoren fördern manche Formen der Partnerschaft und benachteiligen andere.

Wenn man also verstehen will, wie die Liebe beim Menschen funktioniert, dann genügt es nicht, die Vor- und Nachteile zu betrachten, die mit den verschiedenen Varianten als solchen einhergehen. Sexuelles Verhalten ist beim Menschen immer in ein kompliziertes Netz aus Interessen, Traditionen, moralischen Regeln und gesetzlichen Vorschriften eingebunden. Und es ist abhängig von den persönlichen Voraussetzungen und Interessen.

♀ Fazit ♂

Jeder Einzelne und jede Kultur kann sich mehr oder weniger willkürlich Regeln geben, nach denen sie das Liebesleben organisieren. Aber diese Regeln müssen sich biologisch bewähren. Tun sie das nicht, wird das Individuum zur evolutionären Sackgasse und die Population stirbt aus. Insofern können Moral und Recht, Sitten und Gebräuche nur für begrenzte Zeit ein Eigenleben entfalten. Letztlich ist die Entscheidung über die richtige, angemessene Form der Partnerschaft deshalb keine Frage der Moral, sondern der Zweckmäßigkeit.

Menschen sehnen sich nach dem Leben in einer Partnerschaft, aber sie sind nicht für die lebenslange monogame Ehe gemacht. Die Forderung «... bis dass der Tod euch scheidet» ist lebensfremd und eine Quelle des Unglücks. Menschen suchen das sexuelle Abenteuer, aber sie sind nicht ständig von einer unersättlichen Gier nach dem nächsten Kick getrieben. Mit diesem Popanz gehen die Boulevardmedien gerne hausieren. Die Extreme beziehen ihre Attraktivität aus den biologisch angelegten Wünschen nach dauerhafter Liebe und sexueller Abwechslung. Aber nicht alles geht. Und nicht immer ist alles erstrebenswert.

Ob jemand jung oder alt, schön oder hässlich, arm oder reich, fit und talentiert oder kränklich und unbegabt ist, ob jemand aus einer einflussreichen Familie stammt oder ohne Unterstützung aufwächst, ob jemand hohen oder niedrigen sozialen Status hat und vieles mehr bestimmt darüber, welche Optionen einem Menschen offenstehen. Entsprechend müssen sich die Strategien der Liebe im Laufe des Lebens abwechseln und können nebeneinander existieren.[138]

In dieser Hinsicht unterscheiden sich Liebe und Sex nicht von anderen Lebensbereichen. Wir wollen unseren Hunger und Durst stillen und wir wollen möglichst gute Nahrungsmittel, um unseren Körper gesund und fit zu erhalten. Aber was wir konkret essen, das hängt vom Einkommen, von der Jahreszeit, dem Alter, dem Geschlecht, dem Wohnort, den kulturellen Traditionen und vielem mehr ab. Insofern wäre es seltsam, wenn alle Menschen während ihres ganzen Lebens auf eine einzige Form der Liebe festgelegt wären. Und wenn das Verhältnis zwischen den Geschlechtern und die Sexualmoral in allen Kulturen gleich wären.

> Die Vielfalt des menschlichen Liebeslebens lässt sich verstehen, wenn man es als lebendigen Kompromiss zwischen dem Wünschenswerten und dem Möglichen sieht. Die Wünsche selbst – nach Lust, Anerkennung, Zärtlichkeit und Kindern – sind biologisch vorgegeben. Aber die Strategien der Liebe müssen variabel und anpassungsfähig sein, da die Lebenssituation jedes Einzelnen und jeder Gesellschaft anders ist.

WIE MAN DIE RICHTIGEN FINDET

KAPITEL 14

DER EIGENSINN DES KÖRPERS

Glaubt man den Märchen von *Aschenputtel* bis zu *Shades of Grey*, dann hat sich am Beuteschema junger Frauen wenig geändert. Dann steht der Reichtum des begehrten Mannes ganz oben auf der Wunschliste, wenn aus dem Frosch ein Prinz werden soll. Und wenn er nicht nur so vermögend ist wie Bill Gates, sondern auch noch so gutaussehend wie George Clooney, so sozial wie Mutter Teresa und so jung wie Justin Bieber, dann fällt es der Heldin nicht schwer, über seine sadomasochistischen Unarten und seine Kontrollsucht hinwegzusehen. Dass die Heldin ihrerseits so sexy und sinnlich ist wie Julia Roberts in *Pretty Woman* und nicht nur jung, sondern auch noch Jungfrau, passt zum märchenhaften Plot.

Shades of Grey war sicher auch ein Medienhype, aber wenn das Buch nicht eine empfängliche weibliche Leserschaft gefunden hätte, wäre es kaum zum Bestseller geworden. Die Begeisterung der Frauen für reiche Männer soll ihr Gegenstück im Faible der Männer für Jugendlichkeit und Schönheit bei ihren Partnerinnen finden.

Natürlich sind das Klischees und Wunschträume, die sich in der Realität meist nicht verwirklichen lassen. Denn großer Reichtum, außergewöhnliche Schönheit und Jugend sind seltene und vergängliche Güter. Glaubt man den Thesen einiger Evolutionspsychologen über die Vorlieben bei der Partnerwahl, dann stehen Reichtum und

Jugendlichkeit auf der Liste der begehrten Eigenschaften trotz alledem weit oben. Und da diese Qualitäten in allen Kulturen gleichermaßen geschätzt werden, sollen sie in der Natur des Menschen angelegt sein.[1] Kann das wirklich so stimmen? Materiellen Reichtum gab es bei unseren Vorfahren, den Jägern und Sammlern, nicht. Wie also soll sich eine entsprechende Vorliebe in der Evolution entwickelt haben? Und war ein junges, pubertierendes Mädchen tatsächlich die erste Wahl, wenn ein Mann nach einer Gefährtin suchte, die im realen Leben eine Hilfe war und die sich unter schwierigen Bedingungen behaupten konnte? Die mehr war als eine Trophäe, die der Eitelkeit schmeichelte?

Wenn Frauen reiche Männer wollen und Männer magisch von sehr jungen Frauen angezogen werden, dann ist das nur teilweise biologisch erklärbar. Nur unter bestimmten kulturellen, rechtlichen und wirtschaftlichen Voraussetzungen können diese Qualitäten so an Bedeutung gewinnen, dass sie schließlich ganz im Vordergrund stehen. Ändert sich die Lebensweise, werden die Karten neu gemischt. Dann zählen andere Dinge – Erfahrung beispielsweise oder Mut.

Eines aber scheint zu allen Zeiten gegolten zu haben: Wenn sich eine Frau aus Vernunftgründen für einen reichen oder mächtigen Mann entscheidet, ohne auf ihr Bauchgefühl zu hören, und wenn ein Mann eine Frau bevorzugt, nur weil sie Signale der Fruchtbarkeit zeigt, dann gehen sie ein hohes Risiko des Scheiterns ein. So zumindest sehen es die Dichter.

Als Anna Karenina beim Anblick ihres ungeliebten Ehemannes ein «peinigendes Gefühl körperlichen Abscheus» empfindet, das «sie sich zum Vorwurf machte, aber nicht überwinden konnte», fasst ihr Bruder die Situation mit den Worten zusammen:

> «Du hast einen Mann geheiratet, der zwanzig Jahre älter ist als du. Du hast ohne Liebe geheiratet oder ohne die Liebe zu kennen. Das war, nehmen wir an, ein Fehler.»[2]

Was für die Anfänge einer Liebe gilt, bestimmt auch ihr Ende. Auch hier kann die Vernunft allein wenig ausrichten. Wenn das Interesse am Sex schwindet oder die Kinder aus dem Haus gehen, dann verlieren sich die ursprünglichen biologischen Zwecke, und es kann schwierig werden, einen gleichwertigen Ersatz zu finden. Eine Trennung muss also nichts mit Versagen oder gar mit Schuld zu tun haben, sondern sie ist oft Ausdruck der Tatsache, dass ein neuer Lebensabschnitt mit neuen Herausforderungen ansteht.

Zudem ist die Partnersuche meist kein einmaliges Ereignis, das nur zu Beginn des Erwachsenenlebens eine Rolle spielt und mit der Familiengründung abgeschlossen ist. Wenn sie in späteren Jahren wieder zum Thema wird, haben sich die persönlichen Interessen oft völlig gewandelt. Dann geht es nicht mehr um Kinder und Familie, sondern um eine gemeinsame berufliche Zukunft oder darum, mit einem gleichgesinnten Menschen schöne Dinge zu erleben.

Vielleicht muss deshalb die Hoffnung, den *einen richtigen Menschen* für das ganze Leben zu finden, enttäuscht werden. Und Sándor Márai hatte recht, als er schrieb, dass es «die Richtigen nicht gibt. Weder auf Erden noch im Himmel. Es gibt ihn nicht, jenen einzigen. Es gibt nur Menschen, und in jedem Menschen ist eine Prise vom Richtigen.»[3] Aus biologischer Sicht klingt das plausibel, denn im Leben geht es nicht um unerreichbare Ideale und um abstrakte Perfektion, sondern darum, ob etwas seinen Zweck erfüllt. In diesem pragmatischen, nüchternen Sinn jedoch kann es die Richtigen durchaus geben, wenn auch nur für bestimmte Bereiche des Lebens und vielleicht auch nur für begrenzte Zeit.

Subtile Signale

In Patrick Süskinds Roman *Das Parfum* werden die Menschen durch einen perfekten Duft dazu gebracht, in Jean-Baptiste Grenouille zu sehen, was jeder begehrt:

«Alle hielten den Mann im blauen Rock für das schönste, attraktivste und vollkommenste Wesen, das sie sich denken konnten: Den Nonnen erschien er als der Heiland in Person, den Satansgläubigen als strahlender Herr der Finsternis, den Aufgeklärten als das Höchste Wesen, den jungen Mädchen als ein Märchenprinz, den Männern als ein ideales Abbild ihrer selbst. [...] Es war, als [...] habe er jedem der zehntausend Menschen, die ihn umgaben, die Hand aufs Geschlecht gelegt und liebkose es auf just jene Weise, die jeder einzelne, ob Mann oder Frau, in seinen geheimsten Phantasien am stärksten begehrte.»[4]

Das ist nicht so weit hergeholt, wie es auf den ersten Blick scheint. Denn auch im wirklichen Leben werden wir von einem Blick, einem Duft oder einem anderen subtilen Signal bezaubert, ohne dass wir sagen können, was genau geschieht. Das ist nicht weiter dramatisch: Denn in der Regel wissen wir intuitiv, was die richtige Entscheidung ist, und zwar auch ohne dass dieser Vorgang bewusst wird und wir die Gründe benennen können.[5]

Wenn das stimmt ist, dann stehen die Umfragen zu den Vorlieben bei der Partnerwahl auf tönernen Füßen. Dann ändert es auch nichts, wenn man Tausende Frauen und Männern aus allen Weltgegenden befragt (Anhang, Tabelle 3). Denn die Studienteilnehmer können ja nur die Beweggründe nennen, die sie sich selbst zugestehen und die gesellschaftlich akzeptabel sind.

Folgt daraus, dass die Gründe verborgen bleiben müssen? Dass der Zufall und individuelle Launen herrschen? Selbstverständlich nicht. Der Evolutionsbiologie zufolge hat die Partnerwahl eine klar umrissene Aufgabe: den besten verfügbaren Kandidaten zu finden und an sich zu binden. Einen Partner, der gute Erbanlagen verspricht, der sich für das Wohlergehen des Nachwuchses einsetzt und der zu einem passt. Das heißt, es geht nicht nur um Ressourcen und Fruchtbarkeit, sondern auch um gute Gene, um genetische Kompatibilität und um vieles mehr.

Im Folgenden werde ich immer wieder auf diese grundlegenden biologischen Qualitäten zu sprechen kommen, obwohl es in vielen Partnerschaften nicht oder nicht mehr um Kinder geht. Ist das nicht ein Widerspruch? Nicht unbedingt, wenn man annimmt, dass die biologischen Mechanismen bei der romantischen Liebe unabhängig vom Alter und von der Lebenssituation weiterwirken, selbst wenn sie ihre ursprüngliche reproduktive Funktion längst verloren haben. Stimmt das?

Bei manchen Kriterien wie beim Charakter oder bei der Intelligenz liegt die Antwort auf der Hand, da man auch im Alter Besseres zu tun hat, als sich zu ärgern oder zu langweilen. Aber was ist mit dem Äußeren? Wird sich ein Mann mit siebzig eher in eine schöne Frau seines Alters verlieben und eine Frau mit achtzig in einen körperlich noch attraktiven Mann, oder spielt das alles keine Rolle mehr? Beides ist denkbar. Man sollte also auf Überraschungen gefasst sein, aber nicht aus den Augen verlieren, wozu die romantische Liebe und der Sex in der Evolution und im Leben jedes Einzelnen einmal gut waren.

Ein Kampf der Geschlechter?

Die Anstrengungen der Partnersuche sind aus biologischer Sicht auf jeden Fall die Mühe wert. Das gilt nicht nur für den Aufwand, der nötig ist, um die eigenen Qualitäten ins rechte Licht zu rücken, sondern ebenso für die Sorgfalt, die erforderlich ist, um die Absichten und Eigenschaften des potentiellen Partners oder der Partnerin einzuschätzen. Wenn der Philosoph Arthur Schopenhauer recht hat, dann müssen wir so handeln, wenn wir den Sinn des Lebens nicht verfehlen wollen:

> «Der tiefe Ernst, mit welchem wir jeden Körpertheil des Weibes prüfend betrachten, und sie ihrerseits das Selbe thut, die kritische Skrupulosität, mit der wir ein Weib, das uns zu gefallen anfängt, mustern, der Eigensinn unserer Wahl, die gespannte Aufmerksamkeit, womit der Bräutigam die Braut beobachtet, seine Behutsamkeit, um in keinem Theile getäuscht zu werden, und der große Werth, den er auf jedes Mehr oder Weniger, in den wesentlichen Theilen, legt, – Alles dieses ist der Wichtigkeit des Zweckes ganz angemessen.»[6]

Diese Prüfung betrifft die körperlichen Qualitäten. Aber nicht nur. Und wenn es um eine flüchtige Affäre oder ein lockeres Verhältnis geht, wird man ein Auge zudrücken. Aber nicht zu sehr, da die Übergänge zu einer ernsthaften Partnerschaft oft fließend sind.

Während das werbende Geschlecht ein Interesse daran hat, dass die Präsentation der eigenen Qualitäten bei überschaubarem Aufwand möglichst überzeugend ausfällt, muss das wählende Geschlecht auf der Überprüfbarkeit und Ehrlichkeit der Signale bestehen. Wie Tennessee Williams in *Endstation Sehnsucht* gezeigt hat, ist dieser Konflikt nicht gänzlich auflösbar. Zwischen Blanche und ihrem Verehrer Mitch nimmt er die Form eines Kampfes um den Lichtschalter an:

«*Mitch:* (steht auf) Es ist dunkel hier drin.
Blanche: Ich mag es dunkel. Das Dunkel beruhigt mich.
Mitch: Ich glaub, ich habe Sie noch nie bei Licht gesehen. [...] Machen wir hier mal das Licht an.
Blanche (ängstlich): Licht? Welches Licht? Wozu? [...]
Mitch: Damit ich Sie endlich mal klar und deutlich sehen kann!
Blanche: Natürlich meinen Sie das überhaupt nicht beleidigend!
Mitch: Nein, nur realistisch.
Blanche: Ich will keinen Realismus. Ich will Zauber!»[7]

Mit dem klassischen Kampf der Geschlechter hat der Konflikt zwischen Blanche und Mitch nur am Rande zu tun. Der gleiche Dialog wäre bei einem Schwulen- oder Lesbenpärchen denkbar. Vielmehr geht es beim Flirten darum herauszufinden, ob man zusammenpasst, bevor man eine Kooperation eingeht. Denn letztlich sind Liebe und Sex nichts anderes als spezielle und besonders wichtige Formen der Zusammenarbeit. Wenn man dann gemeinsam beschließt, das Licht auszumachen, um sich der «warmen, lebendigen Schönheit der Berührung, die so viel tiefer ist als die Schönheit des Sehens»,[8] hinzugeben und die Magie der Liebe zu genießen, dann sollte dem nichts im Wege stehen.

KAPITEL 15

MIT ZÄHNEN UND KLAUEN

Es gibt unterschiedliche Wege, um einen Partner oder eine Partnerin für sich zu gewinnen. Entweder man präsentiert sich möglichst vorteilhaft, um das andere Geschlecht anzulocken und zu verführen: indem man körperliche und geistige Eleganz und Schönheit demonstriert, durch Geschick, Bildung, Umgangsformen und ein angenehmes Äußeres überzeugt und begehrte Dinge – Geld, Sicherheit, Status und Anerkennung – verspricht. Oder man versucht, die Rivalen oder Rivalinnen einzuschüchtern und zu vertreiben. Dann bleibt dem anderen Geschlecht nichts anderes übrig, als mit dem Sieger oder der Siegerin vorliebzunehmen. Beide Varianten kommen in der Natur vor; in der Wissenschaft werden sie unter dem Begriff der sexuellen Auslese zusammengefasst.

Die zweite Strategie wird bei den meisten Tierarten vor allem von den Männchen verfolgt. Sie führt zur Entwicklung gefährlicher Eckzähne und Klauen, zu körperlicher Kraft und Gewandtheit und zu Aggressivität und Risikobereitschaft. Wenn kämpferische Qualitäten mehr Erfolg versprechen als Langlebigkeit, kommen die Männchen später in die Pubertät, altern schneller und leben kürzer als die Weibchen. Und sie sind meist deutlich größer.[9]

Da Männer einige Merkmale zeigen, die für die direkte sexuelle Konkurrenz charakteristisch sind, muss man davon ausgehen, dass es bei unseren Vorfahren regelmäßig körperliche Auseinandersetzungen um die Gunst der Frauen gab.[10] Ein berühmtes Beispiel aus der Mythologie ist der Trojanische Krieg, der sich an der Entführung der schönen Helena entzündete. Auch in anderen Kriegen der Geschichte und Gegenwart haben sexuelle Motive eine nicht zu unterschätzende Rolle gespielt. Sie waren zudem ein häufiger Anlass für den Kampf Mann gegen Mann, für die Duelle des 19. Jahrhunderts und die Kneipenschlägereien unserer Tage. Was wäre ein James-Bond-Film ohne eine Autoverfolgungsjagd, einen Faustkampf und eine Schießerei? Und ohne ein «Bond-Girl», das beeindruckt und beschützt werden muss?

Wo aber sind die gefährlichen Eckzähne geblieben, die bei unseren nächsten Verwandten im Tierreich, den Schimpansen, so bedrohlich wirken? Aus ihrem Fehlen lässt sich leider nicht schließen, dass Männer friedlicher sind als männliche Schimpansen, sondern dass sie seit mehr als zwei Millionen Jahren auf Waffen wie Steinbeile, Speere und Wurfgeschosse vertrauen und deshalb nur noch im Notfall auf die eigenen Zähne zurückgreifen müssen.

Die männlichen Kämpfe um die Weibchen bzw. Frauen sind so augenfällig und so allgemein bekannt, dass man andere Formen der Auseinandersetzung lange übersehen hat.

Der Krieg der Spermien

Bei einigen Tierarten leben mehrere erwachsene Individuen beiderlei Geschlechts vergleichsweise friedlich in größeren Gemeinschaften zusammen. Bekannte Beispiele aus der Gruppe der Primaten sind die Schimpansen, Bonobos und einige Paviane. Auch in diesen gemischten Gruppen wird die sexuelle Konkurrenz durch Kampf mitentschieden. Aber es kommt nicht zum sexuellen Monopol einzelner Individuen, sondern die Weibchen kopulieren auch mit rangniederen Männchen. Das Interessante ist nun, dass die männliche Konkurrenz dadurch nicht verschwindet, sondern sich lediglich verlagert. Denn nun wird der weibliche Genitaltrakt zur Arena des Kampfes zwischen den Rivalen. Wie muss man sich das vorstellen?

Eine erste Möglichkeit ist, dass am Penis spezielle Vorrichtungen vorhanden sind, die den Zweck haben, das Sperma der Rivalen zu entfernen. Das wurde bei Insekten und Ratten beschrieben. Auch bei einigen Primatenarten ist der Penis mit entsprechenden Borsten versehen.[11]

Eine zweite Möglichkeit besteht darin, mehr Samenzellen zu produzieren. Das führt zur evolutionären Vergrößerung der Hoden und zur beschleunigten Produktion von Spermien. Bei manchen Arten wie den Schimpansen verklumpt das Sperma zudem zu einem sogenannten «Genitalpropfen», der den Zugang zum Eileiter versperrt.[12]

Es wurde auch vermutet, dass es spezielle Typen von Spermien gibt, die nicht der Befruchtung dienen, sondern die Spermien der Konkurrenten blockieren und zerstören sollen. In den 1990er Jahren hat diese Hypothese für beträchtliches Aufsehen gesorgt. Da sich die ursprünglichen Beobachtungen bei weiteren Versuchen aber nicht bestätigen ließen, ist es mittlerweile eher zweifelhaft, ob es bei Primaten sogenannte Kamikaze- und Killerspermien gibt.[13] Schließlich sei daran erinnert, dass die Weibchen bzw. Frauen bei dieser Art der Konkurrenz nicht passiv bleiben, sondern das Ergebnis durch verschiedene physiologische Mechanismen beeinflussen («verborgene weibliche Wahl»).

Welche dieser Formen des verborgenen sexuellen Kampfes lassen sich beim Menschen beobachten? Diese Frage ist auch deshalb interessant, weil die Antwort etwas über das menschliche Beziehungsleben verrät, etwa ob unsere Vorfahren sexuell eher treu waren oder ob sie häufig parallele Liebschaften hatten.

Die Antwort ist, dass beim Menschen keine der genannten Varianten relevant zu sein scheint: 1) Der menschliche Penis weist keine Borsten oder ähnliche Vorrichtungen auf. Die ab und zu vertretene These, dass der große Durchmesser der Eichel und ihr speziell geformter Rand bei stoßenden Bewegungen ein Vakuum erzeugt, durch das das Sperma der Vorgänger entfernt wird, ist jedenfalls höchst umstritten.[14] 2) Die menschlichen Hoden sind um ein Vielfaches kleiner als die Hoden von promiskuitiven Primatenarten wie Schimpansen oder Bonobos. Zudem verklumpt das menschliche Sperma im weiblichen Genitaltrakt nicht. 3) Die Existenz von Kamikaze- und Killerspermien wird bei Primaten ganz allgemein in Zweifel gezogen. 4) Ebenso fraglich ist, ob die verborgene weibliche Wahl beim Menschen eine Rolle spielt.

Nach jetzigem Stand des Wissens haben die Männer ihre sexuellen Rivalitäten also überwiegend wie die Gorillas ausgetragen: durch direkten Kampf.[15] Trotz dieses überwiegend negativen Resultats führten die Spekulationen über den Krieg der Spermien zu wichtigen Fortschritten im Verständnis des menschlichen Sexuallebens. Noch in den 1970er Jahren hatte man beispielsweise unterstellt, dass ein Mann beliebig häufig Sperma von gleichbleibender Qualität produzieren kann. Inzwischen sieht man das differenzierter und betrachtet auch die Tagesform, die allgemeine körperliche und geistige Situation, die Art der Beziehung und vieles mehr.

Dadurch wurde das an eine Karikatur erinnernde Bild der Männer als «Sexmaschinen», die unabhängig von der Partnerin, der Umgebung und der eigenen Situation Erektionen, Orgasmen und Sperma produzieren, durch eine angemessenere Einschätzung abgelöst. Es ist zu hoffen, dass dieser wissenschaftliche Fortschritt allmählich auch zu einer veränderten Sichtweise der männlichen Sexualität in den Medien und im allgemeinen Bewusstsein führen wird.

Kein Vorrecht der Männer

Körperliche Auseinandersetzungen zwischen Frauen sind eher selten, jedenfalls deutlich seltener als zwischen Männern. Zumindest war das in der Vergangenheit der Fall. Ungeachtet der Tatsache, dass in den letzten Jahren zunehmend auch weibliche Actionheldinnen die Filmleinwände bevölkern, scheinen Frauen besser in der Lage zu sein, ihre Aggressionen zu kontrollieren. Sollte es an diesem Punkt einen Unterschied zwischen Männern und Frauen geben, könnte er durch die größeren Risiken zu erklären sein, die eine Eskalation für eine Frau bedeutete. Während der Tod der Mutter oft fatale Folgen für das Überleben ihrer Kinder hatte, ließ sich der Tod des Vaters eher verschmerzen.

Weibliche Aggression gibt es auch im Tierreich. So werden dominante Meerkatzen-Weibchen anderen Weibchen gegenüber aggressiv, wenn sie selbst trächtig sind. Durch Angriffe und Schikanen zwingen sie die rangniederen Weibchen dazu, die Gruppe zeitweilig zu verlassen. Die Attacken und die Vertreibung führen bei den gemobbten Individuen zu massivem Stress, der eine Empfängnis behindern und Fehlgeburten nach sich ziehen kann.[16]

Die Tatsache, dass sich Frauen seltener auf körperliche Auseinandersetzungen einlassen, bedeutet nicht, dass sie nicht gegeneinander kämpfen. Die Waffen sind aber meist subtiler und beschränken sich auf Mobbing, Klatsch, abfällige Blicke und gezielte Desinformation. Durch auffällige Frisuren, Schmuck und teure Kleidung kann man nicht nur die Aufmerksamkeit der Männer erregen, sondern auch andere Frauen einschüchtern. Wenn es darum geht, eine Konkurrentin kaltzustellen, können diese Methoden sehr effektiv sein.

♀ Fazit ♂

Welche Form der sexuellen Auslese steht beim Menschen im Vordergrund – der Kampf innerhalb eines Geschlechts oder die Wahl durch das andere Geschlecht? Verhalten sich Menschen eher wie Paradiesvögel, Amseln und Birkhühner, die durch bunte Federn, schönen Gesang oder aufwändige Balzrituale auf sich aufmerksam machen? Oder sind sie wie Stiere und Gorillas, die einander durch rohe Kraft und Aggressivität vertreiben?

Menschen haben etwas von beidem. Das lässt sich beispielsweise daran erkennen, dass beide Varianten beim Sport gleichermaßen beliebt sind. Das eine Extrem sind direkte Duelle wie Fechten, Schachspielen und Fußball. Auf der anderen Seite gibt es Sportarten wie Eiskunstlauf und Kunstturnen, bei denen die Bewerber nicht direkt aufeinandertreffen und der Sieger durch eine neutrale Instanz gekürt wird. Und es gibt Mischformen. Beim Boxen beispielsweise dominiert die direkte Konfrontation; kommt es nicht zum K. o., entscheiden die Punktrichter.

Beim Menschen kommen beide Formen der sexuellen Auslese vor: Es gibt den direkten Kampf der Rivalen und Rivalinnen und es gibt die Wahl durch das andere Geschlecht. Letztlich kommt es auf die Lebensweise und die Situation an, welche der beiden Varianten im Vordergrund steht. Charles Darwin war in dieser Hinsicht optimistisch.[17] Er glaubte, dass Menschen nicht in erster Linie durch rohen Kampf, sondern durch Anlockung, Verführung und freie Wahl zu dem wurden, was sie sind.

KAPITEL 16

JUGEND UND ERFAHRUNG

Die Frage nach dem Alter kommt mit der Unvermeidbarkeit eines Naturgesetzes. Kaum hat man sich kennengelernt, wird sie gestellt. Manchmal früher, manchmal später, aber irgendwann lässt sie sich nicht mehr umgehen. Bei der Antwort wird erst gezögert und dann geschummelt, was das Zeug hält. Jugendliche machen sich gerne ein wenig älter. Aber bevor man sich's versieht, ist die Freude groß, wenn beim obligatorischen Altersratespiel ein paar Jahre abgezogen werden.

Es ist ein offenes Geheimnis, dass die Altersangaben auf Dating-Portalen mehr mit dem Wunsch als mit der Wirklichkeit zu tun haben. Und die Bilder erzählen oft vom Glanz vergangener Tage. Auf dem Heirats- und Sexmarkt scheinen dieselben Regeln zu gelten wie auf dem Arbeitsmarkt. Mit 40 ist man nur noch schwer vermittelbar, mit 50 gar nicht mehr. In Rente gehen darf man aber erst mit 67.

In gewisser Weise macht die Frage nach dem Alter Sinn, da die Antwort etwas über die Lebensweise und die Interessen eines Menschen verrät. Wer hat mit 60 noch Ambitionen, die Nächte in der Disko durchzutanzen, und wen zieht es mit 20 zum Nordic Walking in den Odenwald? Und sie macht Sinn, weil das Alter etwas über die Zukunftsperspektiven einer Verbindung aussagt. Darüber, wie viel gemeinsame Zeit zwischen den Flitterwochen und dem Seniorenheim bleibt.

Vom Reiz des Unberührten

In Vladimir Nabokovs Roman *Lolita* schildert der alternde Literaturwissenschaftler Humbert Humbert, wie er seiner zwölfjährigen Stieftochter Dolores Haze verfällt. Der besondere Reiz Lolitas, wie er sie nennt, besteht für ihn in der Verbindung eines schon weiblichen Körpers mit einer noch kindlichen Psyche. Mittlerweile sind auch Frauen auf den Geschmack gekommen. Die Popsängerin Madonna und die Schauspielerin Jennifer Lopez umgeben sich mit Liebhabern, die gerade einmal halb so alt sind wie sie selbst, sogenannten «Toyboys».

Die Suche nach den Verlockungen der Jugend ist keine Erfindung unserer Zeit. In früheren Jahrhunderten war sie vor allem eine Domäne der Männer. Mozarts Don Giovanni, der große Verführer, liebt «Frauen jeden Standes, jeder Gestalt, jeden Alters». Seine größte Leidenschaft aber sind «die jungen Anfängerinnen». Goethes Faust kommt beim Anblick von Gretchens körperlicher Frische ins Schwärmen: «Beim Himmel, dieses Kind ist schön! [...] Ist über vierzehn Jahr doch alt.» In seiner Begeisterung droht er, Mephisto die Freundschaft aufzukündigen, «wenn nicht das süße junge Blut Heut nacht in meinen Armen ruht». Auch bei den in Tansania als Jäger und Sammler lebenden Hadza bevorzugen die Männer jüngere Frauen mit festem Busen.[18]

Woher kommt das Faible für sehr junge und jungfräuliche Mädchen? Die Evolutionspsychologen gehen davon aus, dass es sich um eine instinktive Vorliebe handelt, die entstand, weil der reproduktive Wert einer Frau (die Zahl der noch zu erwartenden Kinder) mit fünfzehn Jahren am höchsten ist und die Fruchtbarkeit Mitte zwanzig ihren Gipfelpunkt erreicht. Entsprechend sollen Männer bei Frauen ein kindlich wirkendes Aussehen schätzen: große Augen, breite Wangenknochen, schmale Nasen, zarte Kiefer, schmale Taillen und hohe Stimmen.

Aufgrund dieser Indizien könnte man nun schließen, dass die sexuelle Attraktivität einer Frau mit Anfang zwanzig ihren Höhepunkt erreichen und danach kontinuierlich abfallen sollte. Jungfräulichkeit wiederum wäre begehrenswert, weil sie Vaterschaftssicherheit garantiert.[19]

Bei näherer Betrachtung zeigt sich, dass die Situation keineswegs so eindeutig ist. Denn diese Vorlieben stehen nur in bestimmten Kulturen im Vordergrund, in anderen nicht. Während das Ideal der Jungfräulichkeit in China, Indien und den arabischen Ländern hochgehalten wird, hat es in Europa praktisch keine Bedeutung mehr. Bei einer länderübergreifenden Studie landeten Keuschheit und Jungfräulichkeit in den meisten Ländern abgeschlagen auf einem der hinteren Plätze, wenn es um die begehrten Eigenschaften der Partnerin oder des Partners ging (Anhang, Tabelle 3). Nicht ganz so einfach lässt sich die Frage nach dem perfekten Alter beantworten. Viele Männer bevorzugen jüngere Partnerinnen, aber nicht unbedingt ganz junge. Und auch Erfahrung tut der sexuellen Attraktivität oft keinen Abbruch, im Gegenteil. Das lässt sich auch am Selbstverständnis der Frauen ablesen: Zwischen 27 und 45 Jahren denken sie mehr an Sex, haben intensivere sexuelle Fantasien und häufiger Geschlechtsverkehr als jüngere Frauen.[20] Irgendetwas scheint also am Argument, dass Frauen sexuell umso attraktiver sind, je jünger sie sind, nicht zu stimmen. Der Vergleich mit anderen Menschenaffen gibt einen Hinweis darauf, wo der Fehler liegen könnte.

Warum Erfahrung sexy ist

Bei den Schimpansen bevorzugen die Männchen ältere Weibchen und lassen die jungen links liegen. Das äußert sich darin, dass die Männchen sich häufiger mit den älteren paaren und heftiger um sie konkurrieren. Warum werden Schimpansinnen mit den Jahren attraktiver? Zum einen haben ältere Individuen meist einen höheren sozialen Rang und größere Erfahrungen als Mütter. Beide Faktoren verbessern die Chancen des Nachwuchses. Zum anderen haben Weibchen, die älter werden, allein schon dadurch bewiesen, dass sie eine gute genetische Konstitution besitzen.[21]

Auch bei den Orang-Utans reagieren ausgewachsene Männchen zögerlich und abweisend auf Weibchen, die noch nicht geboren haben. Diese wiederum können regelrecht zudringlich werden und die desinteressierten Männchen schlagen oder in die Genitalien zwicken.[22] Ältere Schimpansinnen und Orang-Utan-Weibchen sind also aus genau den Gründen sexuell attraktiv, aus denen ältere

Männer beim Menschen einen Bonus haben: Sie haben oft einen höheren Status als jüngere, sind lebenserfahrener und haben sich bewährt.

Warum gilt das für Frauen nicht in gleichem Maße? Die naheliegende biologische Erklärung ist, dass Schwangerschaft und Stillzeit körperlich sehr belastend sind und von jüngeren Frauen eher bewältigt werden können. Insofern ist Jugendlichkeit beim Menschen neben Schönheit und Gesundheit tatsächlich ein wichtiger Garant für Fruchtbarkeit und aus diesem Grund attraktiv. Ältere Individuen können aber mit eigenen Qualitäten aufwarten. Ideal wäre es, wenn sich beides verbinden ließe: die körperliche Fitness der Jugend mit den Vorteilen des Alters.

Eine mögliche evolutionäre Lösung für dieses Dilemma ist die Arbeitsteilung zwischen Müttern und Großmüttern, zwischen jüngeren Frauen, die körperlich leistungsfähig sind, und älteren Frauen, die Erfahrung und sozialen Einfluss beisteuern. Man hat lange gerätselt, warum bei Frauen die Fortpflanzung mit etwa fünfzig Jahren regelrecht abgeschaltet wird, obwohl sie danach noch mehrere Jahrzehnte weiterleben können. Die Antwort der sogenannten Großmutterhypothese ist, dass diejenigen Frauen biologisch letztlich erfolgreicher waren, die sich ganz auf das Wohlergehen ihrer Enkelkinder konzentrierten, und nicht diejenigen, die sich in Konkurrenz zu ihren Töchtern dem Risiko einer weiteren eigenen Schwangerschaft aussetzten.[23]

Eine alternative evolutionäre Lösung besteht darin, einen Kompromiss zwischen körperlicher Fitness und Erfahrung zu finden. Dann hat nicht ein junges Mädchen die maximale sexuelle Attraktivität, sondern eine Frau, die schon ein oder zwei Kinder geboren hat.

Welche der beiden Lösungsstrategien dominiert, hängt auch von den sozialen und kulturellen Bedingungen ab. In Gesellschaften, die lebenslange Monogamie fordern, und solchen, in denen es eine ausgeprägte Arbeitsteilung zwischen Müttern und Großmüttern gibt, macht es für einen Mann Sinn, darauf zu achten, dass die künftige Ehefrau möglichst jung und noch lange fruchtbar ist. Und darauf, dass die Schwiegermutter Erfahrung und Status hat.

Anders sieht es in Gesellschaften aus, in denen sich Partnerschaften lösen lassen und der Zusammenhalt der Generationen lockerer ist. Hier sind ältere und erfahrenere Frauen attraktiver, da diese Qualitäten unmittelbar von Vorteil sind. Die ferne Zukunft und die familiäre Unterstützung sind dann nicht so entscheidend. Unter diesen Umständen sollten Frauen das Maximum ihrer sexuellen Attraktivität um mindestens zehn Jahre später erreichen als in einer traditionellen Kultur mit festen Ehe- und Familienbanden.

Wenn diese Überlegungen richtig sind, dann haben die Möglichkeiten der Ehescheidung und die Schwächung des Zusammenhalts zwischen den Generationen auch einen positiven Nebeneffekt gehabt: Frauen sind jetzt nicht mehr gezwungen, innerhalb weniger Jahre ihr Liebesglück zu finden. Ihre Situation hat sich also derjenigen der Männer angenähert, die sich schon früher mehr Zeit lassen konnten. Aber nicht unbegrenzt.

Ist das der Grund dafür, warum wir peinlich berührt sind, wenn Gretchen im *Faust* gerade einmal vierzehn Jahre alt sein soll und Don Giovanni von den jungen Anfängerinnen schwärmt? Und warum es kaum mehr nachvollziehbar ist, dass Sándor Márai noch in den 1940er Jahren schreiben konnte: Sie war «eine alte Jungfer geworden [...] – sie war schon über dreißig».[24]

♀ Fazit ♂

Die evolutionsbiologische These, dass Männer instinktiv pubertierende «Lolitas» oder sehr junge Frauen bevorzugen, ist einfach nicht richtig. Bei diesem Argument hatte man offensichtlich etwas Wichtiges übersehen. Das Beispiel der Schimpansen zeigt, um was es sich handelt: Die größere Erfahrung und der höhere soziale Status einer etwas älteren Frau können die körperlichen Nachteile oft mehr als wettmachen.

Tatsächlich werden Schauspielerinnen heute erst mit dreißig bis vierzig Jahren wirklich begehrenswert. Der eine oder andere wird der jungen Romy Schneider der Sissi-Filme aus den 1950er Jahren den Vorzug geben. Aber zu einem erotischen Weltstar wurde sie erst mit Filmen, die viele Jahre später gedreht wurden. Lässt sich dieses Beispiel verallgemeinern? Ich denke, ja.

An dieser Stelle soll eine Momentaufnahme genügen: Nimmt man die zehn bestbezahlten weiblichen Filmstars des Jahres 2015, dann kommt man auf einen Altersdurchschnitt von sage und schreibe 38,4 Jahren! Das ist fast das Doppelte des in der biologischen Literatur postulierten Attraktivitätsmaximums von Anfang zwanzig. Von wegen Jugendlichkeitswahn. Ich sollte noch erwähnen, das auch die Älteren unter ihnen – Jennifer Aniston, Julia Roberts und Cameron Diaz – mit Sexappeal punkten und nicht etwa mit Mütterlichkeit. Gleichzeitig sieht man ihnen aber an, dass sie nicht mehr zwanzig sind. Liegt hier das Geheimnis ihres Erfolges? Dass sie körperliche Fitness mit Lebenserfahrung verbinden?

KAPITEL 17

SCHÖNHEIT

Wenn es um die Wahl des Partners geht, sind Menschen störrisch und eigensinnig. Und wenn ihre Vorlieben nicht mit dem übereinstimmen, was gerade angesagt ist, sind sie irritiert. In Haruki Murakamis Roman *Gefährliche Geliebte* besteht der Erzähler mit trotzigem Stolz auf seinem eigenen privaten Gefühl von Schönheit:

«Von sehr wenigen Ausnahmen abgesehen, machen mich sogenannte ‹schöne Frauen› nicht sonderlich an [...] und die makellosen Gesichter von Schauspielerinnen und Models sagen mir schon gar nichts. [...] wann immer die Verliebtheit ihr allmächtiges Haupt erhob, reichte ein schönes Gesicht nie aus, um mich in Fahrt zu bringen [...] Was mich von jeher anzog, war keine meßbare äußere Schönheit, sondern etwas Inneres, Tiefes, etwas Absolutes.»[25]

Murakamis Erzähler ist es nicht egal, welche Eigenschaften eine Frau haben muss, damit er sie begehren kann. Seine Kriterien sind nicht weniger streng als die des Massengeschmacks, sie sind nur anders.

In den letzten Jahrzehnten haben Biologen und Evolutionspsychologen große Anstrengungen unternommen, um zu verstehen, welche Kriterien bei der Partnerwahl relevant sind. Ein kaum überraschendes Ergebnis war, dass körperliche Schönheit im Sinne von

Proportion, Symmetrie und Gleichmäßigkeit eine entscheidende Rolle spielt. Wenn auch nicht unbedingt die glatte, polierte Form von Schönheit, wie sie in Zeitschriften und auf Werbetafeln propagiert wird. Und es wurde klar, dass Schönheit kein Selbstzweck ist, sondern für etwas anderes steht. Aber wofür?

Das Auge des Betrachters und die Grenzen der Perfektion

Wie andere Gefühle ist auch das Schönheitsempfinden eng an das biologisch Nützliche gekoppelt. Schönheit liegt zwar «im Auge des Betrachters», aber ebendieses «Auge» ist in der Evolution entstanden. Eigenschaften wie glatte Haut, elegante Bewegungen, dichtes Haar und allgemein ein schöner Körper sind relativ zuverlässige Zeichen für gute Gene, Gesundheit, Jugendlichkeit und Fruchtbarkeit.[26]

Wenn das stimmt, dann ist unser Sinn für Schönheit und Hässlichkeit kein Ausdruck kurzlebiger Moden, die kommen und gehen. Dann lässt er sich auch nicht auf das individuelle Geschmacksempfinden reduzieren, über das sich nicht streiten lässt. Die zeitlichen, kulturellen und individuellen Unterschiede hingegen – mal sollen die Frauen etwas rundlicher sein, dann wieder schlanker, mal sind bei Männern Bärte angesagt, dann wieder glattrasierte Gesichter – lassen sich als Feintuning von relativ stabilen Grundpräferenzen verstehen.

Dass es sich tatsächlich so verhält, wird offensichtlich, wenn man das menschliche Schönheitsempfinden mit dem anderer Tiere vergleicht. In einigen Fällen, wie bei bunten Federn, gibt es ähnliche Vorlieben. Manche Geruchssignale können wir nicht wahrnehmen. Und wieder andere Merkmale, wie die grellroten, geschwollenen Genitalien der Schimpansen und Paviane, empfinden wir als hässlich. Wenn sich unser Schönheitsempfinden wirklich ganz unabhängig von der Biologie entfalten würde, dann wäre zu erwarten, dass sich etwas in der Art auch in einer der vielen menschlichen Kulturen durchgesetzt hätte.

Aus biologischer Perspektive muss man also davon ausgehen, dass Menschen einen angeborenen Sinn für Schönheit haben, der vergleichsweise geringen Schwankungen unterliegt. Warum aber ist perfekte Schönheit dann oft gerade nicht das, was wir begehren? Warum kann sie so leicht langweilig, kitschig oder steril wirken? Zum einen kann Perfektion einschüchtern. Auf dieses Problem hat Sigmund Freud schon vor mehr als einem Jahrhundert hingewiesen. Ihm war aufgefallen, dass die sexuelle Befriedigung leidet, wenn der Respekt vor dem Sexualpartner übermächtig wird. Er diskutierte dies am Beispiel von Männern aus dem Bürgertum, die es bei einer Frau ihrer eigenen sozialen Schicht nicht wagten, sich der sexuellen Lust hinzugeben. Eine Möglichkeit, dieses Problem zu umgehen, sei die «so häufig zu beobachtende Neigung von Männern der höchsten Gesellschaftsklassen, ein Weib aus niederem Stande zur dauernden Geliebten oder selbst zur Ehefrau zu wählen».[27]

Wenn die Scheu vor der Perfektion ein allgemeines Phänomen ist, dann schadet es nicht, wenn der Partner oder die Partnerin einen kleinen Makel hat. Ist das der Grund, warum Murakamis Erzähler es schätzt, dass seine «gefährliche Geliebte»[28] wegen einer Kinderlähmung leicht behindert ist?

Zum anderen kann perfekte, glatte Schönheit ihrerseits ein Hinweis auf einen Mangel sein – auf einen Mangel an Lebenserfahrung. Und schließlich geht es bei der Partnerwahl noch um andere Dinge als um körperliche Schönheit. Und um andere Sinne als um das Sehen.

Warum wir küssen

Eine besonders angenehme Art und Weise, einem Menschen näherzukommen und bei der Gelegenheit zu überprüfen, ob man zusammenpasst, ist das Küssen. Man muss sich das nicht bewusstmachen, aber so oder so wird sich das beim Küssen empfundene Gefühl darauf auswirken, ob man sich auf einen Menschen einlassen möchte oder ob man es dabei bewenden lässt.

Romantische Küsse auf den Mund gibt es in mehr als 90 Prozent aller Kulturen. Bei den wenigen Ausnahmen, die diese Form des Kusses nicht kennen, finden sich oft analoge Verhaltensweisen, bei denen sich die Partner mit den Gesichtern leicht berühren und dabei tief einatmen, sich lecken oder aneinanderreiben.[29] Die wissenschaftliche Erforschung des Küssens steht noch am

Anfang. Sicher ist aber, dass es eine sehr effektive Möglichkeit ist, an subtile Informationen über einen potentiellen Partner zu kommen, die anders schwer zu gewinnen sind. Durch den Tast-, Geschmacks- und Geruchssinn ergeben sich Hinweise auf den genetischen Status, die allgemeine Gesundheit und die Kompatibilität der Immunsysteme. Auf diese Weise werden die optischen und sozialen Kriterien der Partnerwahl durch eine Vielzahl weiterer Sinneseindrücke ergänzt.[30]

Man hat den Duft eines Menschen mit einem individuellen Parfüm verglichen. Er ist etwas Besonderes und Charakteristisches, das nur die Personen anzieht, die auch zu einem passen. Was aber geschieht, wenn dieser ganz eigene Duft nicht mehr wahrnehmbar ist? Wenn er durch Hygiene reduziert und durch künstliche Aromen überdeckt wird? – Dann kann es passieren, dass die Informationen, die wir beim Küssen und Schnuppern gewinnen, unvollständig oder sogar irreführend sind. Dann lässt sich nur noch undeutlich erkennen, ob man wirklich zusammenpasst.[31]

Diese Bedenken sind nicht von der Hand zu weisen, aber sie sind vielleicht nicht so schwerwiegend, wie man vermuten könnte. Denn es scheint einen unbewussten Mechanismus zu geben, der gegensteuert: Es ist nämlich kein Zufall, welches Parfum oder welches Körperpflegemittel man wählt, sondern man bevorzugt instinktiv einen Duft, der zum eigenen Körpergeruch passt und ihn verstärkt.[32]

Wenn die subtilen körperlichen Signale bei der Partnerwahl tatsächlich so unverzichtbar sind, dann sollte es zu Problemen kommen, wenn sie gänzlich wegfallen. In früheren Zeiten war das bei arrangierten Ehen der Fall. Heute sind es die Partnervermittlungen im Internet; trotz computergestützter Vorauswahl erzielen sie vergleichsweise geringe Trefferquoten.

Schwierigkeiten könnte es auch bei der künstlichen Befruchtung geben, denn bei einem anonymen Samenspender fallen die körperlichen Signale unter den Tisch. Man kann nur hoffen, dass der Körper der Frau sich nicht täuschen lässt und eine «verborgene weibliche Wahl» vornimmt, indem er nur geeigneten Samen akzeptiert.

Haut und Haare

Schöne, glatte Haut und volle Haare – wer hätte das nicht gerne. Biologisch macht das Sinn, da es kaum bessere Anhaltspunkte für das Alter, die Gesundheit und die Lebensumstände eines Menschen gibt. Die unvermeidbaren Falten und Fältchen sind ein verräterischer Spiegel des Charakters. Ganz falsch ist es also nicht, wenn es heißt, dass man ab 40 für sein Gesicht selbst verantwortlich ist. Durch Tätowierungen, Ritzungen, Bemalungen und Piercings lässt sich die Haut zudem künstlerisch gestalten und zum Werbeträger für allerlei Botschaften machen.[33]

Die Haut wurde beim Menschen zum unübersehbaren Signal, weil die Haare mit Ausnahme weniger Stellen am Kopf, in den Achselhöhlen und im Genitalbereich kaum zu sehen sind. Entfernt man die verbliebenen Haare, dann werden Körperpartien sichtbar, die normalerweise verborgen sind. Dass Männer das Gesicht rasieren, ist so selbstverständlich, dass man kein Wort darüber verliert. Allgemein akzeptiert und vielfach üblich ist auch, dass viele Frauen und einige Männer die Bein- und Achselhaare entfernen.

Ganz im Gegensatz dazu ist die Entfernung der Schamhaare emotional hochbesetzt; und zwar sowohl im Lager der Befürworter als auch der Gegner. Man könnte vermuten, dass ein Teil der Widerstände daher kommt, dass es diese Mode in Europa erst seit wenigen Jahren gibt. Ganz so einfach ist die Erklärung aber wahrscheinlich nicht, da die Genitalbehaarung kein überflüssiges Relikt ist, sondern wichtige Funktionen erfüllt.

Zum einen fördern Scham- und Achselhaare die Verdunstung von biochemischen Signalstoffen, den Pheromonen. Diese dienen nicht nur als Sexuallockstoffe; sie haben zudem eine individuelle Note und liefern so wichtige Informationen für die Partnerwahl.[34] Ich habe diesen Punkt schon im Zusammenhang mit dem Küssen angesprochen. Das Bewusstsein jedenfalls, dass der natürliche Körpergeruch anziehend wirken kann, ist mittlerweile fast völlig verloren gegangen. Im Gegenteil: Wir setzen alles daran, ihn abzuschwächen und hinter einem industriell produzierten Parfum zu verbergen.

Wie eine neuere Untersuchung gezeigt hat, ist die Angst vor dem

natürlichen Körpergeruch aber weniger begründet als befürchtet.
Das ist noch aus einem ganz anderen Grund wichtig: Es ist kein Geheimnis, dass man beim Sex mit einer ganzen Reihe von Körperflüs-
sigkeiten konfrontiert wird, die intensiv riechen, die kaum vermeid-
bar sind und auf die man normalerweise mit Ekel reagiert: Speichel,
Schweiß, Samen und Scheidensekret. In Anbetracht dieser Tatsache
muss man sich fragen, wie Sex überhaupt lustvoll sein kann.

Die Antwort gibt ein interessantes Experiment. Dabei mussten
die Versuchsteilnehmer schleimige Gegenstände berühren, ohne dass
sie sehen konnten, um was es sich handelt. Danach wurde die Stärke
ihres Ekelgefühls registriert. Ein Teil der Probanden hatte zuvor erotische Bilder gesehen, der andere nicht. Das Ergebnis war, dass die
erste Gruppe deutlich weniger Ekel empfand als die zweite. Bei sexueller Erregung wird also das Gefühl des Ekels stark verringert und
sogar ausgeschaltet. Ähnlich verhält es sich mit der Scham und dem
Schmerz.[35]

Es gibt also biologische Mechanismen, die dafür sorgen, dass wir
lustvollen Sex haben können, obwohl wir dabei Dinge tun, die uns
normalerweise im Traum nicht einfallen würden. Insofern ist die
Angst vor den körperlichen Begleiterscheinungen des Sex unbegründet. Was aber, wenn das Ekelgefühl, die Scham oder der Schmerz
nicht verschwinden? Dann ist das ein Hinweis darauf, dass die sexuelle Erregung ausgeblieben oder zu schwach ist: «Wenn die Leidenschaft tot ist oder nicht da», beobachtete schon D. H. Lawrence,
«dann ist der herrliche Pulsschlag der Schönheit unbegreiflich und
sogar ein wenig verächtlich».[36] Dann sollte man aber vielleicht auch
keinen Sex haben, anstatt zu versuchen, die Warnsignale des Körpers
zu überhören.

Zum anderen dienen die Schamhaare als Sichtschutz. Warum
könnte das wichtig sein? Bereits Leonardo da Vinci hatte beklagt,
dass «der Geschlechtsakt und die dabei gebrauchten Teile so abstoßend sind, dass die Natur die menschliche Art verlieren würde, wenn
da nicht die Schönheit der Gesichter [...] und der erregte Geistes-
zustand wäre».[37] Man muss diese ästhetische Kritik nicht teilen. Aber
sie wird doch so häufig vorgebracht, dass mehr dahinterzustecken
scheint als kulturelle Sexualablehnung.

Wie kann es sein, dass die Genitalien «die Entwicklung der

menschlichen Körperformen zur Schönheit nicht mitgemacht» haben? Dass sie den Eindruck des «Runzeligen», «Schleimig-Gleitenden» machen? Dass unter den Sinnbildern für die Vulva Mollusken dominieren, beispielsweise Schnecken?[38]

> Die Antwort der Biologie auf die Frage, warum die Genitalien für den neutralen Beobachter unansehnlich bis hässlich aussehen, ist, dass sie nicht in erster Linie *schön aussehen* sollen, sondern sich vor allem *gut anfühlen* müssen. Und dass sie Sinnesorgane sind, mit denen man den Partner oder die Partnerin auf eine einzigartige Weise erfahren kann. Das aber erfordert Abstriche beim Aussehen.

Dass die Funktion eines Körperteils unvermeidbare Auswirkungen auf seine Form hat, sieht man beispielsweise beim Ohr. Wäre es glatt und ohne bizarre Windungen, dann würden wir nicht gut hören. Mit einem ähnlichen Funktionsverlust muss man rechnen, wenn man dem Penis oder den Schamlippen das charakteristische Äußere nimmt.

Durch die Entfernung der Schamhaare werden die Genitalien vor allem der Frauen deutlich sichtbar. Damit aber wird ihr Aussehen in ganz anderer Weise zum Thema. Auch dieser Teil des Körpers braucht jetzt den perfekten Look. Insofern ist die in den letzten Jahren zu beobachtende Zunahme der Schönheitsoperationen, bei denen die Schamlippen verkleinert und korrigiert werden, um das sogenannte «Brötchen»-Aussehen zu erzeugen, eine direkte Folge der Mode der Intimrasur.

Dass intimchirurgische Eingriffe in den meisten Fällen überflüssig, ja schädlich sind, mag eine Beobachtung am Rande belegen. «Schnecke» ist ein bis heute gebräuchlicher Kosename für ein hübsches Mädchen und eine begehrenswerte Frau. Zumindest unbewusst scheint Männern die genossene und ersehnte Berührungslust wichtiger zu sein als eine glatte Oberfläche. Zudem ändert sich die ästhetische Bewertung bei sexueller Erregung schlagartig, wie wir sahen.

Und nicht zuletzt sind Schamhaare ein Zeichen sexueller Reife.

Insofern vermitteln rasierte Genitalien nicht nur klinische Sauberkeit, sondern auch Asexualität. Verbirgt sich hinter einer Mode, die fordert, dass Männer es attraktiv finden müssen, wenn ihre Freundinnen wie zehnjährige Mädchen aussehen, mehr als ein Spiel mit dem Neuen und Ungewohnten? Versucht hier unsere angeblich so befreite Gesellschaft unter dem Deckmantel des genitalen Exhibitionismus ein Unbehagen am Animalischen der Liebe zu verstecken?

Wenn der Romanautor Sándor Márai recht hat, dann wird das nicht ohne Folgen bleiben, denn

«das Bett ist Urwald und Wasserfall, Erinnerung an etwas Archaisches, Unbedingtes, an ein Erlebnis, dessen Inhalt und Sinn das Leben ist. Wenn das ausgedünnt und zu einem Park gemacht wird, bleibt etwas sehr Schönes, Gepflegtes und Schmuckes, bleiben angenehm duftende Blumen, pittoreske Baumgruppen, hübsche Büsche, plätschernde, schillernde Springbrunnen, doch mit Urwald und Wasserfall, dem uralten Ort unserer Sehnsucht, hat es ein Ende.»[39]

♀ Fazit ♂

Wir begehren schöne Dinge und schöne Menschen, weil Schönheit biologische Vorteile verspricht: gute Gene, Gesundheit, Fruchtbarkeit und vieles mehr. Insofern ist das Aussehen wichtig, aber es ist nicht alles. Manche Qualitäten lassen sich nur riechen oder schmecken, andere kann man nur hören oder fühlen.

Verzichtet man freiwillig oder gezwungenermaßen auf die Vielfalt der sinnlichen Eindrücke, dann ist die Gefahr der Fehlentscheidung groß. Diese Erfahrung kann man auch in anderen Lebensbereichen machen. Beispielsweise im Supermarkt, wenn sich die lecker anzusehende Tomate oder der scheinbar perfekte Pfirsich als wässrige und geschmacksfreie Enttäuschungen entpuppen.

So prosaisch es klingen mag, aber die einseitige Betonung der visuellen Aspekte bei der Partnerwahl hat ähnliche Folgen. Denn wir benötigen die Informationen aller Sinne, um die richtige Entscheidung zu treffen. Wenn man nur ein Foto oder einen Film sieht und wenn diese noch mit Photoshop oder anderen Programmen technisch bearbeitet wurden, dann stellt sich fast unvermeidlich das Gefühl ein, betrogen worden zu sein.

Seitdem es üblich ist, die Genitalien zu rasieren, werden auch sie fast zwangsläufig einem visuellen Schönheitsideal unterworfen. Moden kommen und gehen. Vielleicht werden die rasierten Genitalien bald so selbstverständlich sein wie die rasierten Gesichter der Männer. Und ihre chirurgische Umgestaltung wird so normal werden wie Zahnspangen oder Ohrlöcher. Vielleicht werden wir aber auch eine Wiederkehr des «Urwaldes» erleben. Denn Penis und Schamlippen müssen nicht in erster Linie schön aussehen, sondern sie sollten sich gut anfühlen und als sensible Sinnesorgane funktionieren. Zumindest wenn es darum geht, beim Sex mit einem begehrten Partner Lust und Nähe zu empfinden.

KAPITEL 18

CHARAKTER UND TALENTE

Körperliche Schönheit sieht man schon von weitem. Kommt man sich näher, kann man spüren, ob sich jemand schön anfühlt, ob er oder sie gut riecht und schmeckt. Die Körperhaltung und die Stimme geben einen Eindruck von der inneren Einstellung eines Menschen, die Kleidung und das Umfeld ergänzen das Bild. Besonders aussagekräftig sind auch sportliche Leistungen sowie künstlerische Begabungen. Analog zum Gesang der Vögel und zum bunten Gesicht der Mandrille kann man die menschlichen Künste als Ornamente verstehen, die entstanden, weil Männer und Frauen sich eher in jemanden verliebten, der schön sang und elegant tanzte, interessante Bilder malte, unterhaltsame Geschichten erzählte und symmetrische Steinwerkzeuge herstellte. Wenn wir eine schwierige Tätigkeit beherrschen, die Kreativität und handwerkliches Geschick erfordert, dann ist das auch «Reklame dafür, wie gut unsere Gene sind».[40]

Dass die bei Feiern und Festen demonstrierten tänzerischen Fertigkeiten die sexuelle Attraktivität von Männern und Frauen fördern, kann wohl jeder aus eigener Erfahrung bestätigen. Mittlerweile gibt es auch wissenschaftliche Studien, die belegen, dass sich körperliche und letztlich genetische Qualitäten an der Eleganz der Bewegungen erkennen lassen und dementsprechend zu Recht hoch geschätzt werden.[41]

Bei anderen, ebenso wichtigen Eigenschaften fällt es dagegen schwerer, auf den ersten Blick eine zutreffende Einschätzung abzugeben. Das gilt gerade auch für den Charakter eines Menschen. Es gibt zwar direkte Indizien, aber oft bleibt ein Rest von Unsicherheit, ob die inneren Werte halten, was das äußere Bild verspricht. Und manchmal drängt sich der Verdacht auf, dass alles nur Show ist, reine Angeberei ohne echte Substanz.

Das Problem der Überprüfbarkeit

Vor dem Problem, dass einige der wichtigsten Eigenschaften eines Individuums erst nach einer gewissen Zeit oder nur indirekt erkennbar sind, stehen nicht nur Menschen. So demonstrieren Tiere mit einem gesträubten Fell oder einer dichten Mähne Kraft und Entschlossenheit. Woher aber kann man wissen, ob sie sich im Ernstfall auch entsprechend verhalten werden? Woher kann beispielsweise eine Löwin wissen, ob der neue Rudelführer genügend Ausdauer und Kampfbereitschaft besitzt, um das Rudel zu schützen, bis die Jungtiere auf eigenen Beinen stehen können?

Da diese Informationen entscheidend wichtig sein können, sind in der Evolution vieler Tierarten spezielle Merkmale und Verhaltensweisen entstanden, die den Zweck haben, Eigenschaften zu demonstrieren, die ansonsten nicht auf Anhieb wahrnehmbar sind. Genetische Qualität beispielsweise oder Mut und Zuverlässigkeit. Die Lösung besteht darin, sich einer echten Herausforderung zu stellen. Je schwerer die Aufgabe ist, umso überzeugender ist auch der Beweis.

Nachdem die neuen Rudelführer bei den Löwen ihre Vorgänger im Kampf besiegt haben, müssen sie sich einem mehrere Monate andauernden Vitalitätstest durch die Weibchen unterziehen. In dieser Zeit durchlaufen die Löwinnen mehrere unfruchtbare Zyklen. Zugleich sind sie sexuell besonders aktiv: An bis zu sieben aufeinanderfolgenden Tagen initiieren sie bis zu 100 Kopulationen pro Tag. Nach einer Pause von ein bis zwei Wochen beginnt die nächste Runde; insgesamt durchläuft eine Löwin sechs bis neun solcher Zyklen, bevor sie wieder trächtig werden kann. Das ist aber noch nicht alles, denn in einem typischen Rudel kommen auf jeden männlichen Löwen zwei und mehr Löwinnen.[42]

Im Tierreich gibt es viele solcher Beispiele für Merkmale und Verhaltensweisen, die Bedeutung für die Partnerwahl haben, aber für das Wohlergehen und das Überleben nutzlos und oft sogar schädlich sind. An dieser Stelle sei nur an die bunten Federn der Pfauen und Paradiesvögel und an den lauten Gesang mancher Vogelarten erinnert. In der Biologie spricht man in diesem Zusammenhang von teuren Signalen oder Handikaps.[43]

Psychologische Untersuchungen haben gezeigt, dass sowohl Männer als auch Frauen Personen als Sexualpartner und als Freunde bevorzugen, die größere Risiken eingehen.[44] Dass vor allem jüngere Männer dazu bereit sind, lässt sich jedes Frühjahr beobachten, wenn die Motorradsaison beginnt. Gefahr ist nicht nur ein unverzichtbares Element diverser Sportarten wie Bergsteigen und Drachenfliegen, sondern auch Teil der Faszination, die gesundheitsschädliches Verhalten wie Rauchen, Drogenkonsum und exzessiver Alkoholgenuss für Jugendliche hat.

Inzwischen gehen auch Frauen im Sport und im Beruf größere gesundheitliche und finanzielle Risiken ein. Und es gibt die Risiken der Mode. Ein Beispiel ist der Minirock. Viele Frauen würden ein solches Kleidungsstück gerne tragen, wenn sie sich sicher wären, dass sie die geeignete Figur dafür haben. Ein Minirock macht alle kleineren und größeren körperlichen Mängel schonungslos deutlich. Und es erfüllt eine Frau mit Stolz, wenn sie damit trotz allem gut aussieht.

Wie wichtig ehrliche Signale für die Partnerwahl sind, lässt sich daran erkennen, dass sie oft mit gravierenden Nachteilen verbunden sind. Eine Frau wird es vielleicht verschmerzen können, wenn ein Bewerber um ihre Gunst bei einer Mutprobe sein Leben verliert oder seine Gesundheit ruiniert. Wenn sie aber einen der risikofreudigen Männer wählt, erhöht sich die Wahrscheinlichkeit, dass auch ihre Söhne entsprechend gefährlich leben.

Sport und Mode sind nur zwei von vielen Feldern, auf denen überflüssige, gefährliche oder nutzlose Aktivitäten im Rampenlicht stehen. Ähnliches findet sich im Berufsleben, der Wissenschaft, der Kunst und vielen anderen Lebensbereichen. Immer aber gilt: Im weitesten Sinn teures und riskantes Verhalten ist der beste Beweis für Talente und positive charakterliche Eigenschaften.

Das gilt auch für die sexuelle Treue. Auch sie hat ihren Preis: den Verlust an weiteren Chancen. Und nicht zuletzt gilt das Gesagte für die vielen Dinge, mit denen wir uns umgeben. Je teurer und nutzloser sie sind, umso eher werden sie zu Statussymbolen. Deshalb haben Schmuck und Luxusgegenstände keinen unmittelbar lebenspraktischen Nutzen und sollen ihnen auch nicht haben.

Warum Reichtum sexy macht

Männer sollen vor allem dann begehrenswert sein, wenn sie «besitzen, was Frauen wollen – die Fähigkeit, Ressourcen zu beschaffen». Wenn Frauen bei einem Mann sozialen Status, höheres Alter, Ehrgeiz, Fleiß, körperliche Größe, Fitness und Gesundheit schätzen, dann vor allem, weil es materielle Sicherheit verspricht. Auch Verlässlichkeit, Liebe und eine positive Einstellung zu Kindern sollen nur von Bedeutung sein, weil sie gewährleisten, dass das Geld den Weg ohne größere Verluste in die Haushaltskasse findet und nicht anderweitig versickert oder verschwendet wird.[45]

Es lässt sich kaum bestreiten, dass diese ernüchternde Diagnose ein Körnchen Wahrheit enthält. Aber sie ist sehr einseitig. Denn sie übersieht, dass es bei der Partnerwahl nicht nur auf Ressourcen ankommt. Dass ein hohes Einkommen auf Dauer nicht genug ist, wenn der Mann ein unsensibler Langweiler ist, mit dem es im Bett keinen Spaß macht und der auf der emotionalen Ebene nicht passt. Es ist schwer vorstellbar, dass eine Frau mit einem solchen Mann ihr Leben verbringen möchte, und es ist zweifelhaft, ob sie den gemeinsamen Kindern damit einen Gefallen tut.

Reichtum könnte aber noch aus einem anderen Grund als sexy empfunden werden: weil er mit einer gewissen Wahrscheinlichkeit etwas über die Talente und den Charakter eines Menschen aussagt.[46] Das gilt zumindest für Gesellschaften, in denen man es mit Ehrgeiz, Fleiß und Intelligenz zu Wohlstand bringen kann. Selbst wenn der Reichtum geerbt wurde, könnte noch ein schwacher Zusammenhang bestehen, da die Vererbung der Gene und des Geldes meist Hand in Hand geht.

Ob materieller Wohlstand in unserer Gesellschaft auf individueller Leistung und nicht vielmehr auf der richtigen Herkunft und glücklichen Zufällen beruht, lässt sich nicht pauschal sagen. Ganz unabhängig davon, wie diese Frage im Einzelfall zu beantworten ist, könnten wir aber instinktiv dazu tendieren, den Zusammenhang zu bejahen.

Bei unseren Vorfahren, den Jägern und Sammlern, gab es zwar kaum persönlichen Besitz und schon gar keinen finanziellen Reichtum. Aber mit besseren Fähigkeiten, beispielsweise bei der Jagd, gingen materielle Vorteile einher. In der Regel profitierten die Familien erfolgreicher Jäger unmittelbar. Selbst wenn die Beute in der ganzen Gruppe geteilt wird, bleibt der Jagd- oder Sammelerfolg ein guter Hinweis auf die Fähigkeiten eines Mannes oder einer Frau. Das könnte einer der Gründe dafür sein, warum besser verdienende Frauen bei der Partnersuche sogar noch mehr Wert darauf legen, dass der potentielle Partner vermögend ist, als schlechter gestellte Frauen.[47]

♀ Fazit ♂

Im modernen Leben gibt es so viele unterschiedliche Berufe und Lebensbereiche, dass sich die charakterlichen Qualitäten, die Talente und die Begabungen einer Person oft nur schwer abschätzen lassen. Deshalb legen wir so großen Wert auf indirekte Hinweise: auf Reichtum beispielsweise oder auf Statussymbole.

Im Mittelpunkt stehen dabei nicht die Menschen selbst, sondern die äußerlichen Verzierungen und Gegenstände. Das Auto, der Schmuck, die Kleidung, die Uhr, die Wohnung sollen ansonsten verborgene Fähigkeiten und innere Werte demonstrieren. Solange es eine gewisse Übereinstimmung zwischen den Besitztümern eines Menschen und seinen Talenten gibt, ist es aus biologischer Sicht nicht ganz verfehlt, Reichtum und Statussymbole auch unabhängig von der Frage der Ressourcen als sexy zu empfinden. Ganz unproblematisch ist diese Schlussfolgerung allerdings auch nicht. Denn sie beruht auf indirekten Indizien, ist anfällig für Täuschungen und kann in die Irre leiten.

Ganz allgemein spielen bei der menschlichen Partnerwahl teure Signale eine enorm wichtige Rolle. Mit «teuer» ist dabei nicht nur materieller bzw. finanzieller Aufwand gemeint. Es geht auch um wertvolle Lebenszeit, die beispielsweise für das Üben eines Musikinstruments aufgewendet wird, und nicht zuletzt darum, die eigene Gesundheit und das Leben aufs Spiel zu setzen, indem man sich beim Sport oder bei anderen Aktivitäten in Gefahr bringt. Es sind die Schwierigkeiten und Hürden, die ein Verhalten oder ein Merkmal erst interessant und attraktiv machen. Und wenn es dann auch noch leicht aussieht, umso besser.

KAPITEL 19

GELD UND GEWALT

Sex mit einer reizvollen Partnerin oder einem attraktiven Partner ist eines der wichtigsten Ziele im Leben vieler Menschen. Das macht biologisch Sinn. Nicht nur, weil es mit dem ursprünglichen Lebenssinn, der Fortpflanzung, verbunden ist. Und nicht nur, weil wir so besondere Lust empfinden können. Wenn es gelingt, mit einer begehrenswerten Person zu schlafen, dann ist das auch ein Beweis der eigenen Attraktivität. Wer auf dem Feld der Liebe punktet, dem ist soziale Anerkennung sicher.

Weil Sex, zumal guter Sex mit der oder dem Richtigen, ein knappes Gut ist, kann er zu einem wertvollen Geschenk werden und zu einer Ware, die gegen andere Dinge eingetauscht wird. Er kann als Waffe dienen, mit der man andere bestraft. Und er lässt sich im Kampf um Status und Reputation und zur Karriereplanung einsetzen. Eines haben diese Optionen gemeinsam: Sie haben nur am Rande mit sexuellen Bedürfnissen zu tun und damit, dass man einen Menschen begehrt. Stattdessen wird der Sex zum Mittel, um sich ganz andere Dinge zu verschaffen.

Die Folge: Unser Liebes- und Sexleben ist von Mischformen, Übergängen und Grautönen geprägt, die es manchmal schwer machen zu sagen, worum es geht, wenn zwei Menschen miteinander schlafen. Besonders kritisch kann das werden, wenn Geld im Spiel ist.

Sex als Geschenk und als Ware

Schimpansen tauschen Fleisch gegen Sex. Diese Beobachtung war Wasser auf die Mühlen einiger Evolutionspsychologen, die behauptet hatten, dass die «meisten sexuellen Akte nur stattfinden», nachdem die Männer Zahlungen und weitere Sicherungsleistungen getätigt haben.[48]

Friedrich Engels hatte noch geglaubt, dass rein geschäftsmäßige sexuelle Beziehungen zwischen Mann und Frau nur unter bestimmten ökomischen Bedingungen vorkommen. Ein Beispiel sei die traditionelle Hausfrauenehe. Die finanzielle Abhängigkeit der Ehefrau habe zur Folge, dass sie sich von «der gewöhnlichen Kurtisane nur dadurch unterscheidet, daß sie ihren Leib nicht als Lohnarbeiterin zur Stückarbeit vermietet, sondern ihn ein für allemal in die Sklaverei verkauft».[49] Diese Kritik verband er mit der Hoffnung, dass die Liebe eine Chance hat, sobald die finanziellen Nebenabsichten verschwunden sind. Das Schimpansen-Beispiel schien nun zu belegen, dass der geschäftsmäßige Aspekt in der Natur der Sexualität angelegt ist.

Stimmt es, dass Schimpansen Sex gegen Fleisch tauschen? Ja und nein. Tatsächlich ließ sich zeigen, dass weibliche Schimpansen häufiger mit Männchen kopulieren, die ihnen etwas von der Jagdbeute abgeben. Dieser Austausch findet aber nicht nur in Zeiten der Fruchtbarkeit statt, sondern im Rahmen einer freundschaftlichen Beziehung, die über einen längeren Zeitraum Bestand hat. Es sieht also weniger nach einem direkten Tausch von Sex gegen Fleisch aus, sondern als würden zwischen befreundeten Männchen und Weibchen sowohl begehrte Dinge wie Fleisch geteilt als auch die sexuellen Kontakte intensiviert.[50]

Insofern unterscheidet sich das Verhalten der Schimpansen von dem mancher Insekten, bei denen die Weibchen nur zur Kopulation bereit sind, wenn sie zuvor vom Männchen mit Nahrung versorgt wurden. Bei diesem «Werbegeschenk» kann es sich bei einigen Spinnen und Skorpionen auch um das Männchen selbst handeln, das nach der Paarung vom Weibchen verspeist wird.[51]

Und beim Menschen? Für lange Zeiten der Evolution war es sicher so, dass die Frauen auf die Hilfe der Männer angewiesen waren und dass die Männer ein Interesse daran hatten, ihren Kindern möglichst gute Chancen mit auf den Weg zu geben. Wenn die Männer also Jagdbeute herbeischafften oder sich anderweitig nützlich machten, dann haben sie nicht für den Sex bezahlt, sondern sie haben sich an einem gemeinsamen Projekt beteiligt. Mit Prostitution, selbst im weitesten Sinne, hat das nichts zu tun. Eine ähnliche Funktion haben Geschenke, die am Anfang einer Beziehung gemacht werden. Sie sind Ausdruck der Ernsthaftigkeit und keine Bezahlung. Jedenfalls in vielen Fällen.

Seit wann gibt es Prostitution?

Andererseits gab es in der Vergangenheit wohl immer wieder Frauen und Männer, die sich für Gefälligkeiten sexuell revanchierten. Es ist aber schwer vorstellbar, dass in den überschaubaren Jäger-und-Sammler-Gruppen einzelne Individuen so ihren Unterhalt gleichsam gewerbsmäßig bestreiten konnten. Einzelfälle mag es gegeben haben, aber zum Alltagsphänomen konnte das erst mit zunehmender Arbeitsteilung, Verelendung und Anonymität werden, wie sie mit der Zivilisation einhergingen.

Insofern liegt Prostitution eben gerade nicht in der Natur des Menschen, sondern es handelt sich um eine «Zivilisationskrankheit». Warum Krankheit? Weil der Verkauf des eigenen Körpers zum Schlimmsten gehört, was sich ein Mensch aus biologischer Sicht antun kann. Völlige Wahllosigkeit kommt selbst bei promiskuitiven Arten wie den Schimpansen nicht vor.

Übertragen auf Menschen kann das nur heißen, dass man aus freien Stücken mit mehreren, vielleicht sogar mit vielen Partnern oder Partnerinnen schlafen wird, aber sicher nicht mit allen. Insofern kommt der mit vielen Formen der Prostitution einhergehende Zwang, alle Freier akzeptieren zu müssen, aus biologischer Sicht einer Vergewaltigung gleich.

Warum gehen Männer zu Prostituierten? Die Interviewpartner des Sexualforschers Alfred Kinsey nannten eine ganze Reihe von Gründen: Neugierde und den Wunsch nach Abwechslung, die Vorliebe für ungewöhnliche Sexualpraktiken, die Furcht vor Verpflichtungen und Komplikationen, die Schwierigkeiten, eine Partnerin zu finden, und nicht zuletzt finanzielle Erwägungen: «Hunderte von Männern haben darauf bestanden, dass Geschlechtsverkehr mit einer Prostituierten billiger ist als Geschlechtsverkehr mit irgendeinem anderen Mädchen.» Vor dem Zweiten Weltkrieg habe eine Prostituierte zwischen einem und fünf Dollar gekostet. Das war weniger als der Aufwand für einen einzigen Restaurantbesuch bei einer romantischen Verabredung. Die Liberalisierung der Prostitutionsgesetzgebung in Deutschland im Jahr 2001 hatte zur Folge, dass sich in Flatrate-Bordellen mittlerweile ein Preisgefüge eingestellt hat, das dem wieder nahekommt.

Und so kann man umgekehrt fragen, warum Männer nicht häufiger zu Prostituierten gehen oder es sogar völlig ablehnen. Auch hierfür nennen Kinseys Interviewpartner zahlreiche Gründe. Als wichtigster Grund wurde zumindest von den bessergestellten Männern fast einhellig genannt: Der «Geschlechtsverkehr mit einer Prostituierten ist nicht annähernd so befriedigend wie der Geschlechtsverkehr, den man mit anderen Mädchen haben kann». Das liegt nicht nur an den «unästhetischen Umständen», sondern vor allem daran, dass die Prostituierten weder Gefühle zulassen noch sexuelle Erregung zeigen. Es sei bekannt, schrieb Wilhelm Reich schon in den 1920er Jahren, «daß Prostituierte entweder total frigid oder nur bei ihren Geliebten, den sogenannten Zuhältern, orgastisch potent sind».[52]

So wie es aussieht, ahnen die meisten Menschen sehr wohl, dass sie beim käuflichen Sex nicht das bekommen, was sie begehren. Und selbst ein so hartgesottener Prostituiertenverehrer wie Henry Miller fühlte sich geschmeichelt und war gerührt, als seine bevorzugte Dame irgendwann kein Geld mehr für ihre Dienste verlangte:

> «Ich war in Nys verliebt, die sich noch immer im Café Wepler herumtrieb. Wir waren gute Freunde geworden. Geld spielte keine Rolle mehr. Wohl brachte ich ihr kleine Geschenke, aber das stand irgendwie auf einem anderen Blatt.»[53]

Das erinnert an Spielarten der Prostitution, bei denen längerfristige Beziehungen entstehen und die auf gegenseitiger Zuneigung beruhen. In der Kurtisanenromantik des 19. Jahrhunderts spielten entsprechende Szenarien eine große Rolle. Ab und zu werden sie auch in neueren Kinofilmen thematisiert. Bekannte Beispiele sind Luis Buñuels *Belle de Jour* und *Pretty Women* mit Julia Roberts und Richard Gere. Als Ausdruck von Wünschen, die sich nur schwer in Worte fassen lassen, haben diese Fantasien ihre Berechtigung. Mit der Wirklichkeit haben sie, zumal in den Großbordellen der Gegenwart, meist nichts zu tun.

Und bist du nicht willig ...

Ähnlich ambivalent wie das Verhältnis von Sex und Geld stellt sich das Verhältnis von Sex, Macht und Gewalt dar. Die Attraktivität von Macht liegt auf der Hand, denn sie bedeutet Schutz. Schutz vor den Gefahren der Umwelt und Schutz vor anderen Menschen. Auch deshalb kann das erotische Spiel mit Macht und Unterwerfung so reizvoll sein. Nicht nur der Marquis de Sade war ihm verfallen.

Bis heute prallen die Meinungen unversöhnlich aufeinander, ob die spielerische Auseinandersetzung mit sexueller Macht und Gewalt für die psychische Gesundheit eines Menschen unabdingbar ist oder ob es sich um den ersten Schritt in die Inhumanität handelt.[54] Lassen wir die sadistischen und masochistischen sexuellen Fantasien und Spiele an dieser Stelle beiseite und wenden uns der realen Gewalt zu.

Da Männer von einer Vergewaltigung biologisch profitieren können, wenn es zur Schwangerschaft kommt, wäre es denkbar, dass in der Evolution eine entsprechende angeborene Neigung entstanden ist: dass Männer (und vielleicht auch Frauen) sexuelle Gewalt anzuwenden bereit sind, wenn sich eine günstige Gelegenheit ergibt. Die Situation wäre also ähnlich wie beim Fremdgehen oder bei der Vielehe (Kapitel 8 und 10). In Anbetracht der Regelmäßigkeit, mit der sexuelle Übergriffe und Vergewaltigungen in der Geschichte und Gegenwart der Menschheit vorkamen und vorkommen, muss man wohl davon ausgehen, dass es sich tatsächlich so verhält.[55]

Auf der anderen Seite wird sexuelle Gewalt aber von vielen Menschen scharf verurteilt und verabscheut. Wenn überhaupt, wird sie nur in streng reglementierter und institutionalisierter Form zugelassen. So galt beispielsweise in Deutschland Vergewaltigung in der Ehe noch vor wenigen Jahren nicht als Straftat. Das Verbot sexueller

Aggression bezieht sich zudem meistens nur auf die eigene Gruppe; nach außen, den anderen, den Fremden gegenüber ist sie, wie Aggression ganz allgemein, dagegen oft erlaubt. Nichtsdestoweniger bleibt festzuhalten, dass Vergewaltigungen in der Regel eben gerade nicht toleriert oder gutgeheißen werden. Dies liegt sicher auch an anerzogenen Moralvorstellungen. Könnte es darüber hinaus noch eine instinktive Ablehnung von sexueller Gewalt geben?

In der Evolution der Menschheit wäre dann also nicht nur eine latente Bereitschaft zu sexueller Gewalt entstanden, sondern auch ihr Gegenstück. So wie wir Aggression zwar in manchen Situationen akzeptieren, wenn sie uns nützt, sie in der Regel aber ablehnen und zu vermeiden versuchen. Ich denke, dass dies tatsächlich der Fall ist, und zwar aus einem einfachen Grund: Sexuelle Gewalt gefährdet den Zusammenhalt einer Familie und einer größeren Gemeinschaft. Wenn diese Überlegung richtig ist, dann sollten wir eine tiefe und schwer auflösbare Ambivalenz sexueller Gewalt gegenüber verspüren: Faszination ebenso wie Abscheu.

In Giacomo Puccinis Oper *Tosca* schwärmt Scarpia, der Polizeichef des Kirchenstaates, zu Beginn des zweiten Aktes davon, wie erregend er Vergewaltigungen findet:

«Erzwungene Liebe ist schöner als in Liebe schmachten, [...] Gitarre und Blumenhoroskope liegen mir nicht, kann keine verliebten Fischaugen machen oder turteln wie ein Täuberich! Ich begehre. Was ich begehre, muss ich haben.»

Im weiteren Verlauf der Oper führt Puccini dann eine Grenze dieser Strategie vor Augen: Der Vergewaltiger zieht sich den Hass der Frau zu, weil er ihr die Möglichkeit der Wahl nimmt.[56] Da Scarpia sich seiner Macht sicher zu sein glaubt, nimmt er darauf keine Rücksicht und rechnet nicht mit Toscas ebenso trickreicher wie energischer Gegenwehr. Mit den Worten «Das ist Toscas Kuss!» ersticht sie ihren Peiniger schließlich und kommentiert seinen Todeskampf mit den Worten: «Erstickst du nun im Blut? Stirb in Verdammnis! Stirb! Stirb! Stirb!»

Der Versuch, sich Sex mit Gewalt zu nehmen, ist noch aus anderen Gründen riskant. So ist der Streit mit den Männern vorprogrammiert, die ihre Interessen durch das egoistische Vorpreschen eines

Einzelnen gefährdet sehen. Und nicht zuletzt werden ernste Konflikte in der gesamten Gruppe heraufbeschworen, da der soziale Frieden massiv gestört wird. Wenn die beiden letzten Widerstände wegfallen, beispielsweise in Kriegen, oder wenn die Frau in einer schwachen Position ist, dann kann sich eine Vergewaltigung für den Täter lohnen. In der Evolution der Menschen war das aber sicher nicht die Regel. Es wurde schon durch die starke Position der Frauen in den eher egalitären Jäger-und-Sammler-Gruppen verhindert.[57]

Andere Formen der Machtausübung stehen auch Frauen offen. Bei Naturvölkern und im Volksglauben spielt in diesem Zusammenhang der Liebeszauber eine große Rolle. Richard Wagner hat den damit verbundenen Wünschen und Gefahren in seiner Oper *Tristan und Isolde* ein Denkmal gesetzt. Die Initiative geht hier nicht vom Mann, sondern von der Frau aus. Mit Hilfe eines Liebestranks gelingt es Isolde, den zunächst widerstrebenden Tristan in ihren Bann zu ziehen.

Interessanterweise wird Liebeszauber in manchen Kulturen der Hexerei gleichgestellt und wie eine Vergewaltigung bestraft.[58] Im ersten Moment mag das abergläubisch und übertrieben klingen. Bedauerlicherweise ist das nur zum Teil der Fall. Denn geändert haben sich zwar die Methoden, nicht aber die Sache selbst: Wenn heute K.-o.-Tropfen verwendet werden, um die Sexualpartnerin gefügig zu machen, dann spricht man zu Recht von einem «date rape».

Alles in allem lässt sich nicht leugnen, dass Vergewaltigung aus biologischer Sicht eine mögliche Fortpflanzungsstrategie ist. Wobei es zweitrangig ist, ob sie durch körperliche Gewalt, durch «Zauberei» oder durch finanzielle Macht bewerkstelligt wird. In der Regel ist sie für den Täter oder die Täterin aber eine riskante und alles andere als optimale Strategie. Denn Sexualität und Fortpflanzung sind Gemeinschaftsleistungen. Der Versuch, hier Kooperation zu erzwingen, kann den Erfolg des ganzen Projekts gefährden.

♀ Fazit ♂

Unsere Gesellschaft ist sehr nachsichtig, wenn Sex und Liebe durch ökonomische Macht erkauft werden. Hier hält man sich an die vordergründige Fassade, der zufolge finanzieller Zwang nichts mit Erpressung und Gewalt zu tun hat. Wenn die Käuflichkeit ein Minimum an Freiwilligkeit hat, wird sie toleriert, ja gefördert. Vielleicht hatte Friedrich Engels doch recht, als er schrieb, dass wir in unseren Liebesbeziehungen erst dann frei sein werden, wenn «alle die ökonomischen Nebenrücksichten» entfallen sind und bei der Partnerwahl «kein andres Motiv mehr als die gegenseitige Zuneigung» den Ausschlag gibt.[59]

Dass diese Forderung als hoffnungslos romantisch abgetan wird, lässt sich verkraften. Man muss der Boulevardpresse nicht glauben, wenn sie uns weismachen will: «Blowjobs für Getränke? Auf Malle ganz normal!» Man muss es nicht gut finden, wenn junge Mädchen vom Fernsehen darauf getrimmt werden, sich «einen Millionär zu angeln». Und man muss es nicht für ein Zeichen liberaler Gesinnung halten, «Flatrate-Bordelle» akzeptabel zu finden.

Schwieriger dürfte es sein, sich der Problematik der Verquickung von Geld und Liebe im täglichen Leben zu stellen und wenigstens ihre negativsten Ausprägungen – die wirtschaftlich motivierte Vernunftehe und die Prostitution – zu vermeiden. Denn, so beobachtete schon Gustave Flaubert, «eine Bitte um Geld ist von allen Stürmen, die über die Liebe hinwegfegen, der kälteste und der verheerendste».[60]

Sex und Partnerwahl gehören zu den biologisch wichtigsten Dingen im Leben jedes Tieres und jedes Menschen. Aus diesem Grund eignen sie sich nicht als Ware und deshalb werden die käufliche und die erzwungene Liebe immer einen bitteren Nachgeschmack hinterlassen.

KAPITEL 20

WER IN FRAGE KOMMT

Menschen sind soziale Tiere, bei denen die Kinder nicht von einer einzelnen Mutter oder einem Paar versorgt und erzogen werden, sondern von einer Gemeinschaft. Das hat viele Vorteile, aber den Nachteil, dass die Sexualität und die Liebe zweier Menschen zu etwas werden, was indirekt alle betrifft. Entsprechend fühlen sich auch alle, von den Eltern über die Freunde bis zum Rest der Gruppe, berufen, Kommentare abzugeben und Einfluss zu nehmen. Insofern wäre es eine Illusion zu glauben, dass wir in der Liebe völlig frei von gesellschaftlicher Einflussnahme sein könnten.

Was ist von den kulturellen Geboten und Verboten zu halten, die der sexuellen Selbstbestimmung Grenzen setzen? Sind sie bloße Relikte einer überkommenen Sexualmoral oder erfüllen sie weiterhin wichtige Funktionen?

Zu alt und zu jung

Statistisch gesehen sind Männer in Deutschland rund vier Jahre älter als ihre Ehefrauen oder Freundinnen. Extreme Altersunterschiede gibt es, aber sie sind eher selten. Das Lebensalter ist also offensichtlich eines der wichtigsten Kriterien bei der Partnerwahl. Es ist so wichtig, dass es nicht eigens erwähnt werden muss. Ein dreißigjähriger Mann wird sich keine siebzigjährige Freundin suchen. Und eine fünfzigjährige Frau wird kaum Interesse an einem sechzehnjährigen Lebensgefährten haben. Das Alter wird vor allem dann zum alles entscheidenden Kriterium, wenn er oder sie viel zu alt oder viel zu jung ist. Es mag stimmen, dass Sean Connery mit den Jahren an Sexappeal gewann. Zumindest für eine Weile. Und es gibt Männer, die sich zu älteren Frauen hingezogen fühlen. Man kann schon verstehen, warum sich ein Student auf eine Affäre mit der Mutter seiner Freundin einlässt. Zumal, wenn es so überzeugend dargestellt wird wie von Dustin Hoffman in *Die Reifeprüfung*. Aber wenn sich ein Teenager in eine Frau verliebt und mit ihr schlafen will, die seine Großmutter sein könnte, wie im Spielfilm *Harold und Maude* aus dem Jahr 1971 gezeigt, dann wird man diesen Wunsch bei aller Sympathie für die liebenswerten Darsteller nur schwer nachvollziehen können.

Am anderen Ende der Altersskala gibt es eine sehr viel schärfere Grenze. Sexuelles Interesse wird in aller Regel erst ab einer bestimmten körperlichen Reife ausgelöst. Der Übergang erfolgt in der Pubertät, er wird durch auffällige körperliche Merkmale wie Bartwuchs, Schamhaare, Brüste und Körperform signalisiert und geht mit tiefgreifenden psychischen Veränderungen einher. Letztlich unterscheidet sich die Sexualität der Erwachsenen dadurch grundlegend von der kindlichen Sexualität. Insofern macht es Sinn, große Altersunterschiede zwischen Erwachsenen als Geschmacksfrage, den Schutz von Kindern dagegen als gesellschaftliche Aufgabe zu betrachten. Wobei mit Schutz gemeint ist, Kindern das Recht und die Möglichkeit zuzugestehen, eigene Erfahrungen zu machen, ohne dass sie dabei von Erwachsenen in der einen oder anderen Weise behelligt werden.

Die öffentliche Aufmerksamkeit, die der sexuelle Missbrauch von Kindern und die Kinderpornographie im Moment auf sich ziehen, sollte nicht darüber hinwegtäuschen, dass es sich um eine vergleichsweise seltene Störung handelt. Aus biologischer Sicht ist es kaum denkbar, dass daraus ein Massenphänomen wurde, eben weil das sexuelle Begehren an die Signale der Fruchtbarkeit gekoppelt ist.[61]

Es gibt allerdings eine Entwicklung, die diese Grenze verschwimmen lässt: das zunehmend frühere Einsetzen der Pubertät während der letzten Jahrzehnte. Während die erste Regelblutung in einer Jäger-und-Sammler-Kultur wie den !Kung mit knapp siebzehn Jahren erfolgt, geht man in den heutigen Industriegesellschaften von zwölf bis dreizehn Jahren aus.[62]

Der frühe Beginn der Pubertät ist wahrscheinlich auf die moderne Lebensweise, vor allem auf die veränderte Nahrung zurückzuführen. Als Folge entsteht ein Missverhältnis zwischen der körperlichen und der psychischen Reife. Das ist insofern problematisch, als die ursprünglich relativ späte Pubertät einen wichtigen Schutz vor körperlicher und seelischer Überforderung und vor sexueller Konkurrenz darstellt.

Ähnlich oder anders?

Zwei Menschen werden sich in der Regel nur ineinander verlieben, wenn sie in etwa im gleichen Alter sind. Gilt die alte Weisheit «Gleich und gleich gesellt sich gern» auch für andere Eigenschaften? Oder sollte man sich lieber an die Redewendung halten: «Gegensätze ziehen sich an»?

Menschen bevorzugen tatsächlich häufig Sexualpartner, die ihnen ähnlich sind. Das trifft für eine ganze Reihe von Eigenschaften zu: für die soziale Herkunft, das Einkommen und den Beruf, für die Intelligenz und den Bildungsgrad, für körperliche Merkmale und die Attraktivität und nicht zuletzt für die Persönlichkeit.[63]

Biologisch lässt sich die Suche nach einem ähnlichen Partner so erklären: Je mehr zwei Individuen übereinstimmen, umso größer ist die Wahrscheinlichkeit, dass sie die gleichen Gene aufweisen und an dieselbe Umwelt angepasst sind. Beides kann sich biologisch auszahlen. Ähnlichkeit kann auch auf der Ebene der Psychologie und des Verhaltens von Vorteil sein: So ist eine übereinstimmende Lebensauffassung eine wichtige Voraussetzung, um in einer Partnerschaft miteinander auszukommen und sich auf gemeinsame Ziele zu einigen. Wenn einem der beiden der Beruf über alles geht, während sich der andere nach einem intensiven Familienleben sehnt, sind ernste Konflikte kaum zu vermeiden.

Die Vorliebe für ähnliche Partner beruht zum Teil auf instinktiven Mechanismen. So fühlen sich Menschen und andere Tiere sexuell in der Regel nicht zu Individuen einer anderen biologischen Art hingezogen. Damit ist natürlich nur eine sehr grobe Vorauswahl getroffen. Für das Feintuning scheint auch die sexuelle Prägung während der Kindheit von Bedeutung zu sein. Das Aussehen, der Charakter und das Verhalten des gegengeschlechtlichen Elternteils werden dabei zum Modell für die spätere Partnerwahl. Dieser Zusammenhang wurde sich durch Studien bestätigt, die zeigten, dass sich Adoptivtöchter bei der Wahl des Partners am Vorbild ihres sozialen und nicht ihres genetischen Vaters orientieren.[64]

Ähnlichkeit kann aber auch von Nachteil sein. Der ursprüngliche Zweck der Sexualität besteht ja darin, genetische Vielfalt zu erzeugen (Kapitel 5). Wenn beide Partner genetisch weitgehend übereinstimmen, weil sie eng miteinander verwandt sind, dann geht dieser Vorteil verloren. Unterschiedliche Anlagen der Eltern sind beispielsweise wichtig für die Ausbildung eines effektiven Immunsystems, das die Krankheitsanfälligkeit vermindert.[65]

Ganz allgemein sind Vielfalt und Arbeitsteilung oft die bessere Strategie. Bei heterosexuellen Beziehungen ist durch die anatomischen und hormonellen Unterschiede zwischen den Geschlechtern automatisch ein gewisses Maß an Andersartigkeit gegeben. Insofern muss man sich bei der Partnerwahl nicht speziell um kontrastierende Persönlichkeitsmerkmale und Fähigkeiten bemühen, sondern kann sich darauf konzentrieren, Gemeinsamkeiten zu finden. Bei gleichgeschlechtlichen Paaren kann das anders sein.

Bei der Partnerwahl ist also beides wichtig: Gemeinsamkeiten und Verschiedenheiten. Insofern ist zu erwarten, dass die sexuelle Anziehung zwischen zwei Menschen am stärksten ist, wenn sie ein bisschen anders, aber nicht zu unterschiedlich sind.[66]

Wirklich problematisch wird es erst, wenn das Pendel vollständig in der einen oder anderen Richtung ausschlägt. Bei zu großer genetischer Ähnlichkeit – beispielsweise zwischen Eltern und Kindern oder zwischen Geschwistern – kommt es zur Inzucht. Diese führt beim Nachwuchs oft zu geringerer Vitalität und Widerstandsfähigkeit gegen Krankheiten.

Die Unterschiede dürfen aber auch nicht zu groß werden. Auf genetischer Ebene ist die Grenze spätestens erreicht, wenn die Genome nicht mehr zusammenpassen. Das heißt, wenn die Individuen zu zwei verschiedenen biologischen Arten gehören. Interessanterweise gibt es bei beiden Extremen zusätzlich zu den biologischen Mechanismen noch die kulturellen Verbote des Inzests und des Sex mit Tieren.

Das Inzestverbot

Zu den am weitesten verbreiteten Vorschriften, die es in Bezug auf die Partnerwahl gibt, zählt das Verbot, mit den eigenen Nachkommen Kinder zu zeugen, das sogenannte Inzestverbot. Von Ausnahmen abgesehen erstreckt es sich auch auf die Beziehung zwischen Bruder und Schwester. Interessanterweise gibt es im Moment in Deutschland Bestrebungen, die Strafbarkeit des Inzests zwischen Geschwistern aufzuheben, da sich die Betroffenen in ihrer sexuellen Selbstbestimmung eingeschränkt fühlen.

Die Diskussionen darüber, ob es sich bei der Ablehnung des Inzests um einen biologischen Instinkt oder um ein rein kulturelles Verbot handelt, wurden sehr intensiv geführt.[67] Für die biologische Erklärung spricht, dass Inzest auch im Tierreich vermieden wird. Bei Primaten beruht das meist auf einem indirekten Mechanismus: darauf, dass die männlichen oder die weiblichen Jungtiere ihre Geburtsgruppe verlassen. Inzest wird auch aktiv vermieden. Bei Schimpansen beispielsweise kopulieren die Weibchen mit allen Männchen der Horde – abgesehen von ihren Söhnen.[68] Bei Vätern und Töchtern funktioniert das nicht; einfach deshalb, weil nicht klar ist, wer der Erzeuger ist. Deshalb verlassen die jungen Weibchen ihre Geburtsgruppe, sobald sie sexuell reif sind.

Für die kulturelle Erklärung wiederum spricht, dass ein moralisches Verbot mit Androhung schwerster Strafen überflüssig wäre, wenn es einen ausreichend starken, angeborenen Widerwillen gegen den Inzest gäbe.

Da es sowohl eine biologische Inzestvermeidung als auch entsprechende kulturelle Verbote gibt, ist zu vermuten, dass beide einen Sinn haben; dass die besonderen Bedingungen des menschlichen Zusammenlebens eine doppelte Sicherung erfordern. Bei diesen speziellen Bedingungen könnte es sich um die intensiven und dauerhaften emotionalen Bindungen handeln, die für menschliche Gruppen typisch sind. Normalerweise brechen Kinder den Kontakt zu ihrer Familie nicht ab, wenn sie in die Pubertät kommen. Wie wir sahen, ist das aber einer der wichtigsten Mechanismen, mit dem Inzest im Tierreich verhindert wird.

Die biologische Inzestvermeidung wird auch dadurch geschwächt, dass es in der Kindheit zur sexuellen Prägung auf das gegengeschlechtliche Elternteil kommt. Solange es nur darum geht, einen Partner oder eine Partnerin zu finden, die dem eigenen Vater oder der Mutter ähnelt, ist das problemlos. In Gesellschaften, in denen die Heranwachsenden ökonomisch und rechtlich von den Eltern abhängig sind und eng mit ihnen zusammenleben, sind sie aber gleichsam an die ursprünglich begehrten Objekte gekettet.

Da beim Menschen soziale Bindungen auch durch Sex gefestigt werden und da das potentiell für alle Gruppenmitglieder gilt, entsteht so ein Restrisiko, das eine ergänzende kulturelle Absicherung des Inzestverbots erforderlich gemacht hat.

Sex mit Tieren

Verboten oder zumindest missbilligt wird auch eine andere Form der «Partner»-Wahl – sexuelle Kontakte zwischen Menschen und Tieren. Entsprechende Geschichten gibt es in der Mythologie – man denke nur an Leda und den Schwan. Ab und zu werden sie auch in der Gegenwart thematisiert. In Woody Allens Episodenfilm *Was Sie schon immer über Sex wissen wollten, aber bisher nicht zu fragen wagten* verliebt sich der Psychiater Doug Ross so leidenschaftlich in das Schaf Daisy, dass er dieser Beziehung nicht nur seine Ehe, sondern auch seine Karriere opfert. Das ist nicht nur Satire.[69]

Auch bei nichtmenschlichen Tieren werden ab und zu artübergreifende sexuelle Handlungen beobachtet. Erst kürzlich wurde dies am Beispiel einer Robbe und eines Pinguins filmisch dokumentiert. Diese Fälle sind aber selten. Alles andere wäre aus biologischer Perspektive auch höchst verwunderlich, da Sex zwischen verschiedenen Tierarten nicht zu Nachkommen führen kann. Eine genetische Veranlagung, die zur Folge hätte, dass sich ein Individuum zu anderen biologischen Arten hingezogen fühlt, könnte sich aus diesem Grund gar nicht erst in einer Population etablieren.

Insofern stellt sich die Frage, welche Dringlichkeit und welchen tieferen Sinn es hatte, dass der Sex mit Tieren in Deutschland im Jahr 2013 wieder verboten wurde. Im Jahr 1969 war der Strafrechtsparagraph der «widernatürlichen Unzucht» in Westdeutschland aufgehoben worden; jetzt wird sie im Tierschutzgesetz als Ordnungswidrigkeit verfolgt. Ist der Schutz der Tiere vor «artwidrigem» sexuellem Verhalten im Zeitalter der routinemäßigen künstlichen Besamung von Pferden, Rindern und Schweinen wirklich ein vordringliches Problem des Tierschutzes?

Wenn man Menschen daran hindert, «artgemäßen» Sex zu haben, um einmal in der Sprache des Tierschutzgesetzes zu bleiben, dann kann es aus Not zum Sex mit Tieren kommen. Abgesehen davon dürfte es sich eher um mitleiderregende Lebensentwürfe handeln als um einen Fall für den Staatsanwalt.

Zusammenfassend kann man feststellen, dass Menschen trotz ihrer scheinbar unbegrenzten sexuellen Offenheit in ihren Fantasien und im realen Leben meist das ausleben, was auch biologisch zu erwarten ist: den heterosexuellen Vaginalverkehr mit einem nicht näher verwandten Partner der gleichen biologischen Art im richtigen Alter.[70]

Das Rätsel Homosexualität

Wie passt Homosexualität in dieses Bild? Zunächst bestätigt sie die biologischen Annahmen: In den Schwulen- und Lesbenszenen sind vor allem junge, aber sexuell reife und gutaussehende Männer und Frauen gefragt. Die Tatsache, dass der Sexualpartner das gleiche Geschlecht haben soll, widerspricht den Erwartungen hingegen. Ob und inwieweit Homosexualität trotz alledem biologisch erklärt werden kann, lässt sich noch nicht abschließend beantworten. Es gibt aber interessante Überlegungen, die zeigen, in welcher Richtung die Lösung zu vermuten ist.

Seit sich Künstler, Politiker und andere Prominente outen, ohne Nachteile befürchten zu müssen, scheint homosexuelles Verhalten

in unserer Gesellschaft weithin akzeptiert zu sein. Diese demons-
trative Toleranz täuscht darüber hinweg, dass ein großer Teil der
Bevölkerung die traditionellen Vorbehalte keineswegs aufgegeben
hat.

Homosexualität, so lautet ein in diesem Zusammenhang häufig
vorgebrachtes Argument, sei abzulehnen, weil sie unnatürlich ist: Da
das sexuelle Interesse am eigenen Geschlecht die Fortpflanzung verhindert oder zumindest reduziert, sollten die entsprechenden Gene
eher früher als später aussterben. Diesem Argument zufolge kann es
sich also nicht um eine genetische Veranlagung handeln, sondern
man muss davon ausgehen, dass Homosexualität durch hormonelle
Einflüsse im Mutterleib, durch frühkindliche Erfahrungen oder
durch Verführung entsteht.

Tatsächlich gibt es Hinweise, dass die Umwelt eine Rolle spielt;
sie ist aber nicht ausschließlich verantwortlich. Eine stabile sexuelle
Vorliebe für das eigene Geschlecht scheint sich nur zu entwickeln,
wenn eine entsprechende erbliche Veranlagung hinzukommt. Dafür
sprechen Zwillingsstudien, das Vorkommen in allen Kulturen und
Zeiten sowie die Tatsache, dass sich homosexuelle Neigungen weder
durch die Erziehung noch durch «Therapien» dauerhaft unterdrücken lassen.[71]

Eine Zeitlang war es unter Heterosexuellen hip, mit gleichge-
schlechtlicher Liebe zu experimentieren. Im Ergebnis zeigte sich,
dass der individuelle Spielraum meist eher gering war – zumindest
wenn der Sex lustvoll sein sollte. Die wenigsten konnten einfach so
lesbisch oder schwul werden, nur weil es gerade angesagt war. Beruht
diese Aussage nur auf anekdotischer Evidenz oder lässt sie sich auch
wissenschaftlich absichern? Ja und Nein. Es gibt zwar meines Wissens
keine psychologische Studie, in der versucht worden wäre, heterosexuelle Probanden in homosexuelle umzuprogrammieren. Das um-
gekehrte Experiment hat man aber bis in neuere Zeit immer wieder
gemacht. Wie die vielen gescheiterten Versuche, Homosexualität zu
«heilen», eindrücklich belegen, ist es fast unmöglich, die sexuelle
Orientierung zu verändern. Insofern ist die Befürchtung, dass Jugendliche durch Vorbild und Verführung in die eine oder andere
Richtung gedrängt werden, unbegründet.

Was aber ist mit den zwei bis vier Prozent der Menschen, die sich ausschließlich zum eigenen Geschlecht hingezogen fühlen? Inwiefern kann hier eine biologische Veranlagung vorliegen, wenn doch keine Chance auf eigene Kinder besteht? Auf diese Frage kann man zunächst antworten, dass es beim Menschen eine gewisse Arbeitsteilung bei der Fortpflanzung gibt. Sie ist nicht so ausgeprägt wie bei den Bienen, bei denen nur die Königin und wenige Männchen Nachwuchs zeugen. Wie die meisten Säugetiere bevorzugen Menschen es in der Regel, eigene Kinder zu zeugen und auszutragen.

Daneben gibt es aber die bei den sozialen Insekten vorherrschende Strategie der indirekten Fortpflanzung, bei der ein Individuum seinen Verwandten hilft – sei es in bestimmten Lebensphasen, beispielsweise nach den Wechseljahren, oder generell. Da eng verwandte Menschen zahlreiche Gene gemeinsam haben, werden auch die Gene kinderloser Individuen indirekt weitergegeben. Nach diesem Modell erklärt sich das Überleben der Schwulen- und Lesbengene ähnlich wie die lange nichtreproduktive Lebensspanne der Frauen nach den Wechseljahren.[72] Warum aber werden Menschen, die kein Interesse an heterosexuellem Sex haben, schwul oder lesbisch und nicht asexuell?

Auch hier kann man für Schwule, Lesben und Großmütter die gleiche Antwort geben. Frauen werden ja nach den Wechseljahren auch nicht asexuell. Wie ich im ersten Abschnitt gezeigt habe, dient die Sexualität beim Menschen nicht nur der Fortpflanzung, sondern sie hat eine ganze Reihe weiterer Funktionen. Eine der wichtigsten: Sie kann soziale Bindungen festigen.

Sind alle Menschen bisexuell?

Da Menschen in gemischten Gruppen leben, ist es unerlässlich, zu beiden Geschlechtern emotionale Bindungen aufzubauen. Einer der effektivsten Mechanismen, um das zu erreichen, ist die Sexualität, und so wird vermutet, dass alle Menschen eine bisexuelle Veranlagung haben. Damit wird nicht unterstellt, dass das volle Spektrum sexueller Aktivitäten angestrebt wird, sondern emotionale Nähe und körperliche Berührungen können ausreichen. Man unterscheidet also zwischen sexuellen Emotionen und sexuellem Verhalten.[73] Bestätigt sich diese Vermutung in der Realität?

Im Jugendalter kommen gleichgeschlechtliche körperliche Nähe und Verliebtheit häufig vor, ohne dass dies in eine dauerhafte und ausschließliche Homosexualität münden muss. Wie man sich den Übergang vorstellen kann, hat Thomas Mann im *Zauberberg* geschildert. Hans Castorps gleichgeschlechtliche Schwärmerei für seinen Mitschüler Přibislav Hippe wird hier zum Vorbild für seine spätere Liebe zu Clawdia Chauchat.[74] Ein weiteres Beispiel sind die bei Fußballspielern zu beobachtenden Umarmungen nach einem Tor. Wenn sich die halbe Mannschaft daran beteiligt, entsteht eine Konstellation, die an die «Paarungsknäuel» von Schlangen erinnert. Auch in der Ethnologie gibt es Belege dafür, dass bisexuelles Verhalten im weiteren Sinn eine erfolgreiche Strategie ist. Ähnliches gilt für nichtmenschliche Primaten. Auch hier dient es häufig der Aufrechterhaltung von Bündnissen und Freundschaften.[75]

Dieser Theorie zufolge entsteht Homosexualität also auf dem Umweg über eine allgemein menschliche Anlage zur Bisexualität, die wiederum darauf beruht, dass Menschen sowohl soziale als auch sexuell aktive Tiere sind. Warum scheinen dann aber einige Schwule und Lesben gar kein Interesse am anderen Geschlecht zu haben? Warum sind sie homo- und nicht bisexuell? Tatsächlich ist Letzteres häufig der Fall, was sich daran zeigt, dass es nicht wenige schwule Väter und lesbische Mütter gibt, die vor ihrem Coming-out nach dem klassischen Familienmodell gelebt hatten.

Abgesehen davon machen sich ja auch die wenigsten Heterosexuellen bewusst, dass sie vielleicht eine mehr oder weniger ausgeprägte bisexuelle Anlage haben. Sie fühlen sich sexuell nur zum anderen Geschlecht hingezogen und werden alles andere sogar vehement bestreiten. So geht es umgekehrt auch vielen Schwulen und Lesben.

Noch weiß man nicht, welche Gene mitbestimmen, dass sich ein Mensch mehr zu Frauen oder zu Männern hingezogen fühlt. Das ist aber nicht ungewöhnlich. Bis heute ist es beispielsweise schwierig, die relevanten Gene selbst bei eindeutig erblichen Merkmalen wie der Körpergröße zu identifizieren. Aber auch so gibt es schon jetzt gute evolutionsbiologische Gründe anzunehmen, dass Homosexualität zum natürlichen Verhaltensspektrum der Menschen gehört und dass eine unterschwellig vorhandene Bisexualität eine vielleicht unabdingbare Voraussetzung für den Bestand sozialer Gruppen beim Menschen ist.

♀ Fazit ♂

Die menschliche Sexualität dient nicht nur der Zeugung von Kindern, sondern sie erfüllt eine ganze Reihe weiterer Aufgaben. Zu den wichtigsten gehören die Partnerwahl und die Festigung emotionaler Bindungen – in einer Zweierbeziehung, aber auch in größeren Gruppen. Wie bei einigen anderen Tieren kann man deshalb oft nicht eindeutig zwischen sexuellen Handlungen unterscheiden, die der Fortpflanzung dienen, und solchen, in denen der Sex als Mittel für andere Zwecke eingesetzt wird.

> Trotz dieser prinzipiellen Offenheit bewegt sich die sexuelle Partnerwahl beim Menschen in relativ engen Grenzen. Und diese Grenzen sind in erster Linie biologischer Natur. Wenn es die Lebensumstände erfordern – beispielsweise wenn Eltern und Kinder oder Menschen und Tiere für lange Zeiten eng zusammenleben –, kommen noch ergänzende kulturelle Verbote hinzu.

Dass es sich tatsächlich um biologische Grenzen handelt, wird deutlich, wenn man die Partnerwahl der Menschen mit derjenigen der Bonobos vergleicht: «Bonobos beteiligen sich an Sex in praktisch jeder Partnerkombination: männlich–männlich, männlich–weiblich, weiblich–weiblich, männlich–jugendlich, weiblich–jugendlich und so weiter.»[76] So weit gehen Menschen meist nicht. Aber warum nicht? Weil uns überkommene Vorurteile dazu verleiten, die sexuelle Selbstbestimmung einzuschränken? Oder sind die Grenzen der Partnerwahl nützlich und vielleicht sogar unerlässlich für den Bestand unserer Gemeinschaften?

Die Verschiedenheiten zwischen Bonobos und Menschen sind nicht nur eine Folge der kulturellen Sexualmoral, sondern es gibt biologische Unterschiede in der Art und Weise, wie wir leben und lieben (Kapitel 11, 12). Insofern ist das Vorbild der Bonobos, so sympathisch es in vielerlei Hinsicht wirken mag, nur sehr bedingt für uns Menschen geeignet. Und eine vollständige Liberalisierung der sexuellen Partnerwahl wäre weder wünschenswert noch sinnvoll. Einmal ganz abgesehen von der Tatsache, dass nur die wenigsten Menschen überhaupt das Bedürfnis verspüren, sich an diesem Punkt gegen ihre biologische Natur aufzulehnen.

KAPITEL 21

DIE MACHT DER LIEBE

Die Dichter haben die Macht der Liebe besungen und bewundert, religiöse und politische Weltverbesserer haben sie gefürchtet und verfolgt, und noch heute verzweifeln wohlmeinende Eltern am romantischen Eigensinn ihrer Kinder. Und doch waren es diese scheinbar irrationalen Formen der Verliebtheit, die uns zu dem gemacht haben, was wir sind.

Einige unserer faszinierendsten körperlichen und geistigen Anlagen haben sich nur deshalb in der Evolution durchgesetzt, weil Frauen über viele hunderttausend Jahre Partner mit bestimmten Eigenschaften bevorzugten. Und weil die Männer nicht unterschiedslos mit allen Frauen schliefen, sondern eine sorgfältige Auswahl trafen.[77]

Durch die Partnerwahl haben sich die Geschlechter gegenseitig geformt. «Geformt» ist im übertragenen Sinn gemeint, wenn es um den Charakter und die Talente geht. Aber es gilt auch im buchstäblichen Sinn: Die typisch weiblichen Formen, der Busen, die Taille und die Hüften, sind Ausdruck männlicher Vorlieben. So wie umgekehrt viele körperliche und charakterliche Merkmale der Männer das Resultat weiblicher Wünsche sind.

Die Partnerwahl ist so machtvoll, weil es in der Evolution letztlich nicht entscheidend ist, ob ein Individuum überlebt, sondern ob es Nachwuchs hat. Und dazu benötigt es meist einen Partner oder eine Partnerin. Von all dem weiß ein Tier nichts. Und als Mensch will man davon nichts wissen, wenn man verliebt ist. Nichtsdestoweniger kann jede romantische Begegnung eine wenn auch geringe Auswirkung auf das genetische Schicksal der Menschheit haben.

Was das praktisch bedeutet, sollen drei Beispiele verdeutlichen: das Weiße im Auge, der Penis des Mannes und der Busen der Frau.

Das Weiße im Auge

Eine Partnerschaft ist nicht nur eine Quelle des Glücks und gemeinsamer Stärke, sondern auch des Zweifels und des Streits. Das liegt nur zum Teil an den unterschiedlichen biologischen Voraussetzungen von Frauen und Männern, am ewigen Kampf der Geschlechter. Interessenkonflikte gibt es auch unabhängig davon, sonst wären die Beziehungen von Schwulen und Lesben eitel Sonnenschein, was bekanntermaßen nicht der Fall ist.

Menschen sind Meister der Manipulation. Geschichten und Romane, Theaterstücke und Kinofilme erzählen davon, wie sehr unsere Gemeinschaften auch durch ein Netz aus Selbsttäuschungen, eigennützigen Verzerrungen und Lügen zusammengehalten werden. Nur frisch Verliebte leben in der Illusion, hier ausgenommen zu sein. Wie aber lässt sich verhindern, dass das Wettrüsten aus Täuschungen und ihrer Entlarvung in einer Negativspirale aus Misstrauen, Verrat und Liebesleid endet?

Als Gegengewicht sind in der Evolution eine ganze Reihe von vertrauensbildenden Maßnahmen entstanden. Eine davon ist die Kunst, über die wir unsere geheimsten Gedanken und Wünsche austauschen.[78] Eine andere ist der Sex, der die Überwindung der Scham voraussetzt und körperliche Ehrlichkeit erzwingt. Zumindest wenn er lustvoll sein soll.

Was hat das mit dem Weißen im Auge zu tun? Im Gegensatz zu anderen Säugetieren ist es bei Menschen deutlich erkennbar. Warum? Es ist leicht zu überprüfen, dass sich dadurch die Augenbewegung nachverfolgen lässt, was wiederum einen schwer zu fälschenden, ehrlichen Einblick in unsere Gefühls- und Gedankenwelt gibt. Pokerspieler beispielsweise wissen das und verdecken ihre Augen mit dunklen Sonnenbrillen.[79]

Warum aber ist dieses Merkmal in der Evolution entstanden, wenn es doch Gedanken und Absichten verrät, die vielleicht besser verborgen geblieben wären? Die Antwort liegt auf der Hand: weil wir uns lieber mit jemandem verbünden, der sich nicht hinter einer Maske oder einer Sonnenbrille versteckt. Die Erklärung ist also, dass diejenigen unserer Vorfahren, die vertrauenerweckender wirkten, weil sie auch mit den Augen «sprachen», einen Selektionsvorteil hatten. Und das bedeutet in der Währung der Evolution: mehr Kinder.

Schauen sich Verliebte deshalb so gerne in die Augen? Schon unsere Vorfahren jedenfalls haben lieber mit jemandem geschlafen, der oder die Offenheit signalisierte, sonst hätte sich dieses Merkmal nicht durchgesetzt.

Das Weiße im Auge ist nur eines von vielen Beispielen, das die Macht der Partnerwahl demonstriert. Es zeigt, dass sich diese Macht auch auf Merkmale erstreckt, die nicht unmittelbar mit Liebe und Sex zu tun haben. Insofern ist zu erwarten, dass der Einfluss der Partnerwahl bei den romantischen Gefühlen, beim Liebesspiel und nicht zuletzt bei den Sexualorganen mindestens ebenso tiefgreifend war.[80]

Penis und Busen

Verglichen mit anderen Primaten ist der Penis des Mannes in erigiertem Zustand vergleichsweise lang, vor allem aber ungewöhnlich dick.[81] Zudem ist im Laufe der Evolution nicht nur der Penisknochen verschwunden, sondern auch die Borsten auf der Eichel. Beides gibt es bei unseren nächsten Verwandten im Tierreich, den Schimpansen, noch. Es ist schwer vorstellbar, dass diese Besonderheiten durch die natürliche Auslese oder durch die direkte Auseinandersetzung zwischen den Männern entstanden sind.[82] Damit bleibt als Erklärungsmöglichkeit die weibliche Wahl.

Warum aber haben Frauen lieber mit Männern mit längeren, dickeren, glatteren und flexibleren Penissen geschlafen? Eine Möglichkeit ist, dass sie dabei mehr Lust empfanden. Das ist sicher richtig, aber Lust als solche ist noch keine vollständige evolutionäre Erklärung, sondern es muss zudem gezeigt werden, welchen Sinn das Lustgefühl hat.

Eine Option ist, dass die besondere Konstruktion des Penis der Partnerwahl dient. Da die Erektion ausschließlich auf einer funktionierenden Blutzufuhr beruht, wird sie mit zunehmender Größe des Penis störungsanfälliger. Dadurch aber vermittelt sie wichtige Informationen über das Alter, den Ernährungszustand und die Gesundheit, die Lebensumstände, das Selbstvertrauen, den Stresslevel und die Gefühle eines Mannes. Und nicht zuletzt dient sie der Frau als Beweis ihrer eigenen Attraktivität. Fällt dieser Test zur Zufriedenheit aus, dann stehen die Chancen gut, dass sich auch Lust einstellt.

Spielt es eine Rolle, wie der Penis des Mannes aussieht und wie er sich anfühlt, wenn sich eine Frau verliebt? Im ersten Abschnitt habe ich gezeigt, dass sexuelle Zufriedenheit ein wichtiges Element der Partnerwahl und eine oft unverzichtbare Voraussetzung für eine funktionierende Beziehung ist. Um aber plausibel zu machen, dass diese Zufriedenheit auch von der Penisgröße abhängt, müsste sich nachweisen lassen, dass Frauen tatsächlich auf dieses körperliche Detail achten.

In einer kürzlich erschienenen Studie wurde dies an einem Aspekt, der Länge des Penis, überprüft. Im Ergebnis zeigte sich, dass die Länge durchaus relevant ist, allerdings nicht als isoliertes Merkmal, sondern zusammen mit der Körpergröße und Körperform.

Die Studienteilnehmerinnen sollten computergenerierte Bilder von Männern bewerten, die verschiedene Kombinationen von Körpergröße, Schulter-zu-Hüfte-Verhältnis und Penislänge aufwiesen. Bevorzugt wurden größere Männer mit einem maskulineren Körper und einem längeren Penis. Das galt allerdings nur innerhalb bestimmter Grenzen; wurden die Merkmale zu extrem, dann nahm die Attraktivität wieder ab.[83]

Für den Penis ergab sich, dass Längen zwischen 13 und 14 Zentimetern in nichterigiertem Zustand am besten bewertet wurden. Das liegt über dem Bevölkerungsdurchschnitt von neun Zentimetern – entspricht aber genau der Größe in erigierten Zustand! Es sieht also so aus, als wären die Versuchsteilnehmerinnen unbewusst von der

Situation ausgegangen, in der die Penislänge erst wirklich interessant wird.

Und die Männer? Wir haben gesehen, dass auch sie sexuell wählerisch sein mussten und Frauen mit bestimmten körperlichen und geistigen Merkmalen bevorzugten (Kapitel 9, 11). Da es deshalb wahrscheinlich keine sichtbare Stelle am weiblichen Körpers gibt, die nicht von männlichen Wünschen zeugt, soll ein Beispiel genügen: der Busen.

Im ersten Moment könnte man vermuten, dass der Busen den Zweck hat, Milch zu produzieren. Ursprünglich war das ja tatsächlich seine ausschließliche Funktion. Im Unterschied zu den anderen Säugetieren sind die Brüste der Frauen aber auch deutlich sichtbar, wenn sie nicht stillen. Frauen mit großem Busen produzieren zudem nicht mehr Milch als solche mit kleinem Busen; zu viel Fettgewebe kann sogar hinderlich sein. Und nicht zu vergessen: Weibliche Brüste sind erstaunlich unterschiedlich. Sie können klein oder groß, fest oder weich sein, haben verschiedene Formen und verändern sich im Laufe des Lebens. All das macht sie zu auffälligen und aussagekräftigen Signalen, mit denen eine Frau viel über sich verrät, ob sie nun möchte oder nicht.

Insofern verwundert es nicht, dass sich Männer am Busen der Frauen kaum sattsehen können und ihn so gerne berühren. Das beginnt schon im Kindesalter; später entwickeln manche eine ausgeprägte Kennerschaft und höchst persönliche Vorlieben. Haben die Männer in der Evolution also lieber mit Frauen geschlafen, die auch in Zeiten, in denen sie nicht stillten, einen runden Busen hatten? Und haben sie sich dann eher um die gemeinsamen Kinder gekümmert? Die Antwort ist Ja.[84]

Es mag seltsam erscheinen, einem einzelnen Merkmal so viel Aufmerksamkeit zu schenken. Andererseits können körperliche Details eben doch viel verraten. So wie die Größe, Form und Funktion des männlichen Penis mehr ist als eine zu vernachlässigende Kleinigkeit.

All das erklärt, warum der Busen eine Quelle des Stolzes, aber auch der Scham sein kann. Und warum die Versuchung so groß ist, mit Silikon nachzuhelfen. Im Einzelfall mag die Aufmerksamkeit auch unerwünscht sein, aber letztlich kam es darauf an, ob die evolutionären Vorteile die Nachteile überwogen. Wenn das nicht der Fall gewesen wäre, hätte sich der Busen nicht herausgebildet oder er wäre wieder verschwunden.

Partnersuche auf Augenhöhe

Die evolutionären Notwendigkeiten der Partnersuche wirkten sich nicht nur auf körperliche Merkmale aus, sondern auch auf die Vorlieben selbst – einfach deshalb, weil jene Frauen und Männer, die das richtige Gespür bewiesen, mehr Nachwuchs hatten. Die Frage, was richtig ist, lässt sich aber nicht so einfach beantworten. Das möchte ich an der eingangs erwähnten These demonstrieren, der zufolge die finanziellen Ressourcen eines Mannes von entscheidender Bedeutung sein sollen. Bestätigung findet sie durch die weite Verbreitung entsprechender Szenarien in der Literatur, im Theater und im Film. Dass Gretchen Faust in ihr Bett lässt, ist nicht zuletzt dem teuren Schmuck zu verdanken, den er ihr zukommen lässt. Aber lassen sich die Partnerwahl-Präferenzen der Frauen wirklich auf das Schema «Aschenputtel sucht den Prinzen» reduzieren?

Eher nicht, wie eine auf den ersten Blick überraschende Beobachtung zeigt. Im Internet gibt es eine romantische und erotische Literaturform, die als «Slash fiction» bezeichnet wird.[85] Das Wort «Slash» (Schrägstrich) leitet sich davon ab, dass es um zwei Männer geht, die in Filmen oder Büchern gemeinsam auftreten. Also beispielsweise um Kirk/Spock aus Raumschiff Enterprise oder um Sherlock Holmes/Dr. Watson.

Die im Original rein freundschaftliche Beziehung zwischen den beiden Protagonisten wird nun in Internetforen in sexuell expliziter Weise ausgesponnen – Kirk und Spock oder Sherlock Holmes und Watson werden zum Liebespaar. Anfänge der Slash fiction gab es in den 1970er Jahren; mittlerweile dient praktisch jedes bekanntere Männerpaar aus Film und Fernsehen als Vorlage für entsprechende erotische Fantasien.

Das Interessante ist nun, dass die Produzenten und Konsumenten dieser Art von Literatur nicht etwa schwule Männer sind, wie man vermuten könnte, sondern heterosexuelle Frauen. Dass es sich um typische Frauenliteratur handelt, lässt sich u. a. an der Art und

Weise erkennen, wie die Beziehungen beschrieben werden. Dabei geht es auch um Sex, aber der Sex hat immer eine emotionale Komponente und er findet im Rahmen einer festen Beziehung statt. In der Slash fiction spielen also Frauen ihre Wunschvorstellungen von einer heterosexuellen Liebesbeziehung anhand eines Männerpaares durch.[86]

Warum bevorzugen sie diese Konstellation und kein gemischtes Paar? Die Antwort ist, dass es in klassischen Liebesgeschichten meist eine klare Rollenverteilung gibt: Der Mann ist der Held und Krieger, die Frau zurückhaltend, anmutig und schön. Im Gegensatz dazu sind bei den Männerpaaren beide Partner «Krieger», die sich auf Augenhöhe begegnen, füreinander kämpfen und sich gegenseitig retten. Es handelt sich also um eine Fantasie für Frauen, die *mit* einem Mann kämpfen wollen, anstatt *um* einen Mann zu kämpfen, der sie dann nach außen vertritt.

Andere Frauen fühlen sich von den kumpelhaften Beziehungen, wie sie in der Slash fiction thematisiert werden, weniger angesprochen. Sie bevorzugen Geschichten, in denen die traditionellen Rollenmodelle betont werden.[87] Erstaunlicherweise gilt das auch für Frauen, die im Beruf und in der realen Welt auf eigenen Beinen stehen. Sind sie des Kämpfens müde geworden und sehnen sich danach, sich anlehnen zu dürfen? Wollen sie sich auch einmal als Frauen fühlen und nicht nur als geschlechtslose Arbeitsroboter? So wie es Männer schätzen, wenn sie sich großzügig, beschützend und charmant zeigen dürfen, als Männer eben.

Was wollen Frauen, was wollen Männer?

Wie sehr unterscheiden sich die Partnerwahl-Präferenzen von Frauen und Männern? Einige Evolutionspsychologen sehen eher die Gemeinsamkeiten, andere gehen von tiefgreifenden Unterschieden aus. So hat der Evolutionspsychologe Donald Symons behauptet: «In Bezug auf die Sexualität gibt es eine weibliche menschliche Natur und eine männliche menschliche Natur, und diese Naturen sind außerordentlich verschieden.»[88]

Um zu überprüfen, was denn nun stimmt, wurde eine Reihe von Experimenten und Umfragen durchgeführt. Wie erwähnt, sind Umfragen mit Vorsicht zu interpretieren, weil Menschen oft nicht sagen können, was sie wirklich bewegt, und weil sie in der Realität anders handeln, als sie sagen. Stellt man diese Bedenken für einen Moment zurück und sieht sich die Ergebnisse der Umfragen genauer an, dann wartet eine Überraschung: Die angeblich so tiefgreifenden Unterschiede zwischen den Geschlechtern finden sich kaum. Es ist einfach nicht richtig, dass es Frauen vor allem ums Geld, Männern vor allem ums Aussehen geht, wenn man ihren Aussagen glaubt.

In der bislang umfassendsten internationalen Umfrage landete das Kriterium «Gute finanzielle Perspektiven» bei Frauen auf Platz 12 von 18. Wobei auf 1 die begehrteste, auf 18 die am wenigsten gewünschte Eigenschaft stand (Anhang, Tabelle 3). Auch andere Eigenschaften, die in diese Richtung gehen, wie «Ehrgeiz und Fleiß» oder «positiver sozialer Status», fehlten in der Spitzengruppe. Für Männer spielten diese Kriterien eine noch etwas geringere Rolle.

Lässt sich aus den Umfragen wenigstens ablesen, dass Männer die körperliche Attraktivität einer Frau mehr als alles andere schätzen? Auch hier ist die Antwort negativ: «Gutes Aussehen» wurde von Männern erst an zehnter Stelle genannt. Für Frauen war dieser Punkt noch etwas weniger entscheidend. Bei beiden Geschlechtern stand mit großem Abstand auf dem ersten Platz: «Gegenseitige Anziehung – Liebe». Dann kamen Verlässlichkeit, dann emotionale Stabilität und Reife, dann ein angenehmer Charakter.

Das Ergebnis ist also, dass es Unterschiede zwischen den Geschlechtern gibt, aber diese Unterschiede sind nicht besonders ausgeprägt und sie betreffen die weniger wichtigen Kriterien. Es ist schon richtig: Männer und Frauen setzen bei der Partnerwahl andere Schwerpunkte, wie es biologisch auch nicht anders zu erwarten ist, aber von «außerordentlich verschiedenen Naturen» zu reden ist nicht gerechtfertigt. In den entscheidenden Punkten sind sich Frauen und Männer einig und wünschen sich sehr ähnliche Dinge vom Partner oder von der Partnerin.[89]

Die Eltern, der Staat und die Pille

Die Partnerwahl ist ein machtvoller biologischer Mechanismus, aber sie kann sich selten frei entfalten. Einige kulturelle Regeln, die den individuellen Wünschen Grenzen setzen, habe ich in Kapitel 20 diskutiert. Diese Verbote werden durch eine Vielzahl von Geboten ergänzt. Oft reden Eltern und Freunde mit, das soziale Umfeld und Gewohnheiten prägen die Vorauswahl, handfeste wirtschaftliche Interessen üben ihren Einfluss aus, und nicht zuletzt spielen Umweltfaktoren eine oft unterschätzte Rolle.

Eltern haben bekanntermaßen enormes Interesse an der Partnerwahl ihrer Kinder. Welche Emotionen dabei im Spiel sind und welches Konfliktpotential hier besteht, davon zeugen zahlreiche Beispiele aus der Kunst, am bekanntesten vielleicht Shakespeares *Romeo und Julia*. Ein anderes Beispiel findet sich in Thomas Manns Roman *Buddenbrooks*. Obwohl Tony sich heftig sträubt, sind ihre Eltern überzeugt, dass Bendix Grünlich der richtige Mann für sie ist:

> ««Liebe Tony», sagte die Konsulin sanft, [...] ‹Du kannst sicher sein, nicht wahr, daß deine Eltern nur dein Bestes im Auge haben [...]. Einem so jungen Dinge, wie du, ist es niemals klar, was es eigentlich will ... Im Kopfe sieht es so wirr aus wie im Herzen ... Man muß dem Herzen Zeit lassen und den Kopf offen halten für die Zusprüche erfahrenerer Leute, die planvoll für unser Glück sorgen ...›.»[90]

Nicht nur viele Eltern, sondern auch politische und gesellschaftliche Organisationen glauben, die Partnerwahl kontrollieren zu müssen. So schrieb der russische Revolutionär Leo Trotzki im Jahr 1924:

> «Das Menschengeschlecht wird doch nicht darum aufhören, vor Gott, den Kaisern und dem Kapital auf allen vieren zu kriechen, um vor [...] dem Gesetz der blinden Geschlechtsauslese demütig zu kapitulieren!»[91]

Die Überzeugung, dass individuelle Wünsche bei der Partnersuche nicht zählen sollten, weil sie «blind» oder irrelevant sind, ist natürlich keine Erfindung von Trotzki, sondern Ausdruck einer langen Tradition familiärer Sorge und gesellschaftlicher Bevormundung.

Noch heute sind in vielen Ländern arrangierte Ehen und Zwangs-
heiraten an der Tagesordnung.

In den letzten Jahrtausenden wurde nur selten anerkannt, dass
die sexuelle Selbstbestimmung eine wichtige Voraussetzung für das
Wohlergehen der nächsten Generationen ist. Vom individuellen
Glück ganz zu schweigen. Das spricht aber nicht gegen die These,
dass es den Wunsch gibt, sich frei zu entscheiden, dass er in der Evolution der Menschen eine entscheidende Rolle gespielt hat und dass
er ein Teil unserer Natur ist. Warum sonst wäre unser Liebesbegeh-
ren so schwer beherrschbar? Und warum kommt es immer wieder zu
teils tragisch endenden Konflikten zwischen individuellen Sehnsüchten und gesellschaftlichen Interessen?

Ist die sexuelle Auslese tatsächlich blind, wie das Thomas Manns
Konsulin, Leo Trotzki und viele andere glauben? Selbstverständlich
nicht. Vielmehr handelt es sich um einen höchst effektiven biologischen Mechanismus, der sich in vielen Millionen Einzelentscheidun-
gen in jeder Generation stets aufs Neue bewährt hat. Es ist kein
Zufall, dass gerade diejenigen Eigenschaften, die man an einer Frau
oder einem Mann besonders schätzt, durch die Partnerwahl entstanden sind. Denn das ist ihr eigentlicher Zweck: Wenn Menschen
fürsorglich und sinnlich, schön und anmutig sind, dann wollen sie
gefallen.

In den letzten Jahren kam der Verdacht auf, dass dieses einge-
spielte System ungewollt durch die Antibabypille gestört wurde. Hintergrund ist, dass sich die unbewussten Präferenzen der Frauen im
Verlauf des Monatszyklus ändern. Um den Eisprung herum bevorzugen sie eher maskuline Partner und sind sexuell attraktiver. Durch
die Pille wird nun der Eisprung gehemmt und ein hormoneller
Zustand erzeugt, der dem einer Schwangerschaft ähnelt. Dadurch
scheinen sie sich eher zu fürsorglicheren und genetisch ähnlicheren
Männern hingezogen zu fühlen und ihrerseits stärker auf diesen
Männertypus zu wirken.

Das aber hat Folgen für die Haltbarkeit der Beziehungen. Wenn
Frauen beim Kennenlernen ihrer Partner die Pille genommen hatten,
waren sie zufriedener mit der Fürsorglichkeit ihrer Partner, aber un-
zufriedener mit ihrem Sexleben. Hatten sie keine Pille genommen,
trat der gegenteilige Effekt ein.[92]

Die elterlichen Ratschläge, die staatlichen Interventionen und die unüberschaubare Fülle der Lebensstilfaktoren werden nicht immer schaden, aber sie greifen auf schwer absehbare Weise in die Partnerwahl ein. Welche Konsequenzen es haben wird, wenn das bewährte System aus Gedankenlosigkeit oder aus Angst vor der Natur des Menschen aufs Spiel gesetzt wird, lässt sich schwer abschätzen. Dass es gänzlich folgenlos bleiben wird, ist aber unwahrscheinlich.

Warum sich über die Liebe nicht streiten lässt

Was kann man aus all dem für die persönliche Partnersuche lernen? Die vielleicht wichtigste biologische Erkenntnis ist, dass es eine Vielzahl unterschiedlicher und in sich widersprüchlicher Anforderungen gibt, deren Gewichtung von den persönlichen Voraussetzungen, der Lebenssituation und den Lebenszielen abhängt. Das gilt es zu beachten, wenn man das eigene Liebesglück nicht durch unrealistische Erwartungen aufs Spiel setzen will.

Die persönlichen Wünsche müssen auch nicht unbedingt dem entsprechen, was Familie und Freunde, Gesellschaft und Zeitgeschmack bevorzugen. Das mit Abstand wichtigste Kriterium, «gegenseitige Anziehung – Liebe», steht für eine höchst private Entscheidung, über die sich nicht streiten lässt. Dabei geht es nicht nur um die absolut gesehen besten Voraussetzungen, sondern auch darum, ob sich zwei Menschen ergänzen und ob sie zueinanderpassen; charakterlich, von Alter her, in den Interessen, in der Lebenseinstellung und nicht zuletzt bei den Genen.

Einige der dabei entscheidenden Faktoren sind nicht auf Anhieb erkennbar, sondern werden erst deutlich, wenn man sich näherkommt. Im Alltag, beim Küssen und nicht zuletzt beim Sex. In *Die Liebe in den Zeiten der Cholera* erzählt Gabriel García Márquez von der leidenschaftlichen Liebe zweier junger Menschen, die durch äußere Umstände getrennt werden. Es gelingt ihnen, ihre Liebe über alle Schwierigkeiten hinweg am Leben zu erhalten, bis sie sich nach Jahren endlich treffen. In dem Moment aber fühlte die junge Frau

«nicht die Erschütterung der Liebe, sondern stand vor einem Abgrund der Ernüchterung. In einem Augenblick enthüllte sich ihr das ganze

Ausmaß ihres Selbstbetrugs, und voll Entsetzen fragte sie sich, wie ein so bösartiges Hirngespinst über so lange Zeit in ihr hatte wachsen können.»[93]

García Márquez sagt nicht, was zu diesem schockierenden Sinneswandel führt. Aber eine Möglichkeit ist, dass durch die erlebte Nähe neue Informationen hinzukamen – der individuelle Geruch, die Stimme, die körperliche Ausstrahlung –, die alles andere in den Hintergrund treten ließen.

Aus biologischer Sicht sollte man sich also nicht zu früh, zu streng und nur aufgrund weniger Eigenschaften auf einen Kandidaten oder eine Kandidatin festlegen, sondern bei jedem Schritt immer nur diejenigen beiseitelassen, die definitiv nicht in Frage kommen. Nur so bleiben für die nächste Runde noch genügend Optionen. Denn vieles von dem, was wirklich entscheidend ist, lässt sich erst nach und nach erkennen.

Wenn die Biologie recht hat, dann können wir uns dabei weitgehend von unseren Instinkten leiten lassen. Man könnte sogar argumentieren, dass es eher stört, wenn man sich zu viele Gedanken macht. So ist es sicher nicht empfehlenswert, darüber nachzugrübeln, welche genetischen Vorteile der Partner hat und welche chemischen Botenstoffe eine Rolle spielen, wenn man sich gerade verliebt hat. Vielmehr sollte man darauf vertrauen, dass unser Körper in der Regel die richtigen Entscheidungen trifft.

In schwierigen Situationen und in Zweifelsfällen kann es aber hilfreich sein, weitere Informationen einzuholen: von den Erfahrungen anderer Menschen zu lernen und sich von Ratgebern, Schriftstellern, Künstlern und Wissenschaftlern inspirieren zu lassen.

Die Wahlmöglichkeiten werden größer, wenn man selbst an Attraktivität gewinnt. Die Anforderungen, denen wir dabei gerecht werden müssen, können hoch sein. Manchmal zu hoch. Aber vielleicht ist es ein kleiner Trost, wenn man sich vorstellt, wie das Leben aussehen würde, wenn man sich nicht anstrengen müsste, um zu gefallen.

Nicht zuletzt ist die Partnerwahl davon abhängig, wie wir leben wollen und was wir begehren. Beides aber kann sich im Laufe der Jahre ändern. Das erklärt, warum die meisten Leser wohl in verschiedenen Abschnitten des Buches vertraute Gefühle und Erfahrungen wiedergefunden haben: in der Ungebundenheit des Singlelebens ebenso wie der Vielfalt der Polygamie, im leichtsinnigen, unverbindlichen Sex ebenso wie in der Zärtlichkeit, die aus Vertrautheit erwächst, in einer erotisch aufgeladenen Clique ebenso wie im eifersüchtigen Klammern an einen Partner. Insofern sollte man sich die Freiheit nehmen, die Chancen zu ergreifen, die jedes Lebensalter bietet, ohne vergangenen Zeiten und verlorenen Gelegenheiten zu sehr nachzutrauern.

Wer die Vielfalt der Erfahrungen nicht selbst durchleben will, der kennt sie vielleicht aus dem Bekannten- und Freundeskreis. Oder aus den eigenen und kollektiven Wunschträumen, aus Romanen und Spielfilmen, aus dem Theater, der Oper und aus Fernsehserien. Denn nicht jeder muss alles mögen und alles selbst ausprobieren. Das gilt für die Liebe und für den Sex sowieso.

Ist das nicht alles verwirrend, kompliziert und vielleicht sogar undurchführbar? Ja. Aber genau so ist die Liebe. Wäre alles ganz einfach, dann müssten wir uns keine Gedanken machen.

ANHANG

Tabelle 1: Kopulationen pro Geburt
bei ausgewachsenen weiblichen Primaten

Biologische Art	Zyklen pro Geburt	Sexuell aktive Tage pro Zyklus	Kopulationen pro sexuell aktiver Tag	Kopulationen pro Geburt	Anzahl männlicher Partner pro Geburt
Pavian	5	18–19	12	1110	8
Gibbon	2	3	0,5	3	1
Orang-Utan	2	5–6	0,5	5–6	1–2
Gorilla	3	2	4	24	1
Schimpanse	3–4	10–12	4–20	135–700	12–13
Bonobo	24–34	15–20	0,3–3	120–1200	9
Mensch / !Kung	24–36	25	0,2–1	120–600	1–2
Mensch / Westliche Länder	24–84	25	0,2–0,5	200–1000	1–2

Verändert nach Wrangham (1993: 49).

Tabelle 2: Paarungssysteme

Soziales System		Sexualverhalten
Einzelgänger	Ein Weibchen lebt mit seinem Nachwuchs in einem eigenen Revier und trifft nur zur Paarungszeit mit einem oder mehreren Männchen zusammen	gelegentlicher Sex
Paare	Ein Weibchen und ein Männchen leben für längere Zeit zusammen	Monogamie
Harems (Polyandrie / Polygynie)	Ein Weibchen lebt dauerhaft mit mehreren Männchen bzw. ein Männchen mit mehreren Weibchen zusammen	Polygamie
Singles in Gruppen (Polygynandrie)	Mehrere erwachsene Weibchen und Männchen leben zusammen, ohne dass sich dauerhafte Untereinheiten bilden	Promiskuität
Paare und/oder Harems in Gruppen («Patchwork»)	Innerhalb einer Gruppe aus mehreren erwachsenen Weibchen und Männchen gibt es dauerhafte Untereinheiten	Mono- bzw. Polygamie

Tabelle 3: Internationale Studie zu Vorlieben bei der Partnerwahl

Rang	Männer wünschen:	MW	SA	Frauen wünschen:	MW	SA
1.	Gegenseitige Anziehung – Liebe	2,81	0,16	Gegenseitige Anziehung – Liebe	2,87	0,12
2.	Verlässlicher Charakter	2,50	0,46	Verlässlicher Charakter	2,69	0,31
3.	Emotionale Stabilität und Reife	2,47	0,20	Emotionale Stabilität und Reife	2,68	0,20
4.	Angenehmer Charakter	2,44	0,29	Angenehmer Charakter	2,52	0,30
5.	Gute Gesundheit	2,31	0,33	Bildung und Intelligenz	2,45	0,25
6.	Bildung und Intelligenz	2,27	0,19	Geselligkeit	2,30	0,28
7.	Geselligkeit	2,15	0,28	Gute Gesundheit	2,28	0,30
8.	Wunsch nach Heim und Kindern	2,09	0,50	Wunsch nach Heim und Kindern	2,21	0,44
9.	Gepflegtheit, Sauberkeit	2,03	0,48	Ehrgeiz und Fleiß	2,15	0,35
10.	Gutes Aussehen	1,91	0,26	Gepflegtheit, Sauberkeit	1,98	0,49
11.	Ehrgeiz und Fleiß	1,85	0,35	Ähnliche Erziehung	1,84	0,47
12.	Gutes Kochen und Haushalten	1,80	0,48	Gute finanzielle Perspektive	1,76	0,38
13.	Gute finanzielle Perspektive	1,51	0,42	Gutes Aussehen	1,46	0,28

14.	Ähnliche Erziehung	1,50	0,37	Positiver sozialer Status oder Beurteilung	1,46	0,39
15.	Positiver sozialer Status oder Beurteilung	1,16	0,28	Gutes Kochen und Haushalten	1,28	0,27
16.	Keuschheit (Jungfräulichkeit)	1,06	0,69	Ähnlicher religiöser Hintergrund	1,21	0,56
17.	Ähnlicher religiöser Hintergrund	0,98	0,48	Ähnlicher politischer Hintergrund	1,03	0,35
18.	Ähnlicher politischer Hintergrund	0,92	0,36	Keuschheit (Jungfräulichkeit)	0,75	0,66
	Mittelwert	1,87	0,57	Mittelwert	1,94	0,63

MW = Mittelwert / SA = Standardabweichung

Für die Studie wurde 9474 Individuen aus 33 Ländern aus allen geographischen Regionen befragt. Das allgemeine Durchschnittsalter war 23 Jahre und schwankte zwischen den Ländern zwischen 17 und 30 Jahren. Die Studienteilnehmer sollten für jede der 18 Eigenschaften angeben, wie wichtig oder wünschenswert sie bei der Wahl eines Partners oder einer Partnerin ist. Verwendung fand eine Vier-Punkte-Skala von 3 («unerlässlich») bis 0 («unwichtig oder unerheblich»). Die 18 Eigenschaften konnten nicht frei gewählt werden, sondern wurden aus früheren Untersuchungen zu Partnerwahlpräferenzen übernommen (Buss et al. 1990).

ANMERKUNGEN

Warnhinweis

1   García Márquez ([1985] 2004: 326).

Warum wir Sex haben

1   In den ersten fünf Jahren einer Beziehung haben Paare im Durchschnitt etwas mehr als zweimal pro Woche Geschlechtsverkehr; nach zwanzig Jahren noch mehr als einmal pro Woche (Laumann et al. 1994: 86–93; Schmidt et al. 2006: 121–126). Diese Zahlen stammen aus Europa und Nordamerika. Inwieweit sie auf andere Länder und Zeiten übertragbar sind, werde ich im weiteren Verlauf des Kapitels noch näher diskutieren. Selbst wenn die Angaben zu hoch gegriffen sein sollten, wie Berk et al. 1995 vermuten, würde sich nur wenig am Missverhältnis zwischen der Häufigkeit des Sex und der geringen Zahl der Kinder ändern.

2   Conard 2009; Conard & Kieselbach 2009.

3   Shostak [1981] 2001: 251–252; Wrangham 1993: 49. Vergleichbare Zahlen ergaben sich beim südamerikanischen Jäger-und-Sammler-Volk der Yanomamö (Symons 1995: 90).

4   *Konkret*, Nr. 6 (10. März 1969): 28. Bei dem Artikel handelt es sich um einen Auszug aus McLuhan & Leonard 1967.

5   Häufige Kopulationen werden auch bei einigen Großkatzen wie Löwen und Leoparden beobachtet (Eaton 1978). Die Sonderstellung des Menschen beim

nichtreproduktiven Sex ist vor allem durch die Beobachtungen an Bonobos hinfällig geworden. Es ist Frans de Waal zu verdanken, dass diese Erkenntnisse seit den späten 1980er Jahren einer breiten Öffentlichkeit zugänglich wurden (de Waal & Lanting 1998). Es gibt Hinweise, dass der nichtreproduktive Sex schon früh in der Evolution der Primaten, vor vielleicht fünfzig Millionen Jahren, entstanden ist (Dixson 2012: 49–51). In Anbetracht dieser Beobachtungen ist es nicht haltbar, den Menschen eine im Tierreich einzigartige «Hypersexualität» zuzusprechen, wie das einige Autoren tun (Morris 1968: 58; Degen 2004: 17–43; Ryan & Jethá 2010: 85).

6   Hunter et al. 1993; Thornhill & Gangestad 2008: 37–55.

7   Shostak [1981] 2001: 250.

8   Die These, dass Menschen vor allem deshalb so häufig nichtreproduktiven heterosexuellen Geschlechtsverkehr haben, weil er im biologischen Interesse der Frauen ist, wird aus unterschiedlichen Gründen bestritten. Sie widerspricht sowohl dem traditionellen Bild der weiblichen Sexualität, das den Frauen eine passive Rolle zuspricht, als auch bestimmten feministischen Positionen. So behauptete Alice Schwarzer, dass «die Penetration in der Heterosexualität» den «natürlichen Bedürfnissen» der Frauen zuwiderläuft, und forderte, dass sie auf die Zeugung beschränkt bleiben sollte (1975: 204). Wenn meine Analyse stimmt, dann ist das von Schwarzer artikulierte Unbehagen an der sexuellen Liberalisierung der 1960er und 70er Jahre nicht einfach aus der Natur der weiblichen Sexualität zu erklären. Vielmehr entstand es aus anderen Gründen: beispielsweise weil nicht alle Frauen (und Männer) wegen ihrer Erziehung und ihrer Lebensziele von den neuen Freiheiten profitieren konnten. Oder weil man sich nun vielfach sexuell ausleben *musste*, wenn man mit der Zeit gehen wollte.

9   Lawrence [1928] 1999: 228–229.

10 Brodkey [1973] 1992: 302–303.

11 Mah & Binik 2001; Komisaruk et al. 2006: 1–6.

12 Die These, dass der weibliche Orgasmus ein Nebeneffekt des männlichen ist, wurde von Donald Symons (1979: 75–95), Stephen Jay Gould (1987) und Elisabeth A. Lloyd (2005) vertreten. Seither haben sich weitere Autoren zu dieser These bekannt (z. B. Degen 2004: 125–188; Dixson 2012: 631).

13 Dixson 2012: 175.

14 Morris 1968: 57.

15 Symons 1979: 89; Ford & Beach [1951] 1968: 37.

16 Dixson 2012: 175–184.

17 Reich 1927: 24.

18 Baker & Bellis 1995: 234–240; Singh et al. 1998.

19 Mah & Binik 2001: 826–827; Komisaruk et al. 2006: 11–12.

20 Reich 1927: 171.

21 Kinsey et al. 1953: 173, 393; Klusmann 2002; Lloyd 2005: 36.

22 Dixson 2012: 179.

23 Mit der Klitoris sollen die Frauen zudem «das einzige menschliche Organ» besitzen, «das ausschließlich für den Sexualakt und die Lustgefühle bestimmt ist» (Millett 1974: 159–161).

24 Angier 2000: 70. Bei Masters und Johnson heißt das so: «Masturbierende Frauen, die sich nur auf ihre eigenen sexuellen Bedürfnisse konzentrieren, ohne die psychischen Ablenkungen durch einen Koituspartner, können viele aufeinanderfolgende orgasmische Erfahrungen genießen [...]. Normalerweise beendet nur körperliche Erschöpfung eine solche aktive masturbatorische Sitzung» (1966: 65; vgl. Kinsey et al. 1953: 375–376; Komisaruk et al. 2006: 217–218).

25 «Der betrogene Ifrit» in *Tausendundeine Nacht* (2004: 17–19).

26 Zur «Refraktärphase» vgl. Dixson 2012: 142–144.

27 «Sowohl klinische Beobachtungen als auch Interviews mit Frauen zeigen, dass es ein beunruhigendes Ungleichgewicht zwischen einer Frau gibt, die zu mehreren aufeinanderfolgenden Orgasmen fähig ist, und einem männlichen Partner, der typischerweise nur zu einem Höhepunkt pro kopulatorischer Runde fähig ist» (Hrdy 1988: 122).

28 Kinsey et al. 1953: 376.

29 Carmichael et al. 1987; Krüger et al. 2003; Panksepp 2004: 128–130; Bancroft 2005. Weil sexuelles Begehren und Liebe durch eine komplexe Abfolge und das Zusammenspiel einer Vielzahl von Neurotransmittern und Hormonen gesteuert werden, könnte es schwierig werden, eine perfekte «Liebesdroge» zu entwickeln (Walter 2003: 382–388; Bergner 2013).

30 King et al. 2011.

31 Vilar [1971] 1987: 68.

32 Vance & Wagner 1976.

33 de Waal 1998: 156–158.

34 Alexander & Noonan 1979: 450–451; Voland 2013: 107.

35 de Waal 1998: 37; vgl. Troisi & Carosi 1998; Dixson 2012: 172–175.

36 Freud [1912] 1943: 90–91.

37 Márai [1941–48] 2004: 290.

38 McNulty et al. 2013; vgl. auch Eastwick & Finkel 2008.

39 Angier 2000: 79.

40 Choderlos de Laclos [1782] 2007: 322.

41 Die Partnerwahl gilt mittlerweile als die plausibelste Erklärung für die Existenz des weiblichen Orgasmus. Zu dieser Neubewertung haben verschiedene Faktoren beigetragen. Zum einen wird die Bedeutung der weiblichen Wahl in der Biologie ganz allgemein viel stärker betont als noch vor wenigen Jahrzehnten (Eberhard 1996; Dixson & Anderson 2001). Zum anderen können alternative Erklärungen wie die schwangerschaftsfördernde Funktion nicht oder nur teilweise überzeugen (Hunter et al. 1993; Miller

2000: 224–241; Buss 2003: 228–234; Barash & Lipton 2010: 171–217; Puts et al. 2012).

42 Symons 1979: 86. Ähnlich argumentierten Ford und Beach: Für den männlichen Orgasmus sei «körperlich nichts weiter nötig, als daß der Penis eingeführt wird und dann in der Vagina Stoßbewegungen [...] vollzogen werden» ([1951] 1968: 28).

43 Verringerte Fruchtbarkeit in der Pubertät («adolescent sterility») gibt es nicht nur bei Menschen, sondern auch bei anderen Tieren (Montagu 1979).

44 Malinowski 1929: 63. Vgl. auch Davenport 1977: 145–147. Das gilt auch für die Industrienationen der Gegenwart (Wellings et al. 1994: 97; Garcia et al. 2012).

45 Symons 1995: 90.

46 Ford & Beach [1951] 1968: 24; vgl. Schmidt et al. 2006: 131–132; Herbenick et al. 2010. Damit ist nicht gesagt, dass es keine Störungen des Sexualverhaltens gibt («Paraphilien»). Einige der schon von Richard von Krafft-Ebing in seiner *Psychopathia sexualis* (1912) beschriebenen Verhaltensweisen wird man auch heute noch als pathologisch bezeichnen müssen.

47 Dixson 2012: 144–149.

48 «Cryptic female choice» (Eberhard 1996).

49 Zeh & Zeh 1996, 1997; Dixson 2012: 122–124, 339–340.

50 Baker & Bellis 1993: 888.

51 Kritisch werden diese Thesen gesehen von Moore et al. 1999; Lloyd 2005: 179–219; Dixon 2009: 71–79.

52 Brodkey [1973] 1992: 262–263, 264, 268, 271, 280.

53 Lloyd 2005: 87.

54 Nin 1987: 170.

55 Angier 2000: 80; vgl. Wellings et al. 1994: 269–270; Miller 2000: 238–241; Heiman et al. 2011: 748.

56 Laumann et al. 1994: 373.

57 Neueren Messungen zufolge ergeben sich folgende Werte: Im Durchschnitt ist der menschliche Penis in schlaffem Zustand 9,16 cm lang und hat einen Umfang von 9,31 cm. In erigiertem Zustand ist die Länge 13,12 cm bei einem Umfang von 11,66 cm (Veale et al. 2015).

58 Waldinger et al. 2005 bzw. Pusey 2001: 26; de Waal 2009: 132.

59 Eaton 1978.

60 Miller 2000: 241.

61 Tolstoi [1875–77] 2009: 443–444. Weitere bekannte Beispiele sind *Madame Bovary* von Gustave Flaubert (1857), *Effi Briest* von Theodor Fontane (1896) und *Lady Chatterley's Lover* von D. H. Lawrence (1928).

62 Der Zoologe Desmond Morris hat vermutet, dass regelmäßiger Sex die Funktion hat, «die Paarbindung dadurch [zu] vertiefen, daß [er] den Partnern wechselseitig Lust verschafft» (1968: 60). Für den Soziobiologen E. O. Wilson hat sexuelle Lust «alles mit Bindung zu tun. [...] Liebe und Sex gehö-

ren in der Tat zusammen» (1978: 141). Der Zusammenhang zwischen sexuellem Wohlbefinden und der Zufriedenheit mit einer Partnerschaft wurde in vielen wissenschaftlichen Studien bestätigt (vgl. Kinsey et al. 1953: 358; Henderson-King & Veroff 1994; Byers 2005; Rosen & Bachmann 2008; Holmberg et al. 2009; Heiman et al. 2011; Galinsky & Sonenstein 2013; Mark et al. 2013; Yoo et al. 2014).

63   Dzara 2010; vgl. auch Sprecher 2002.

64   Flaubert [1857] 2014: 251; vgl. Masters & Johnson 1966: 264-265.

65   Boccaccio [1349-53] 1999, Bd. 1: 281, 284 (Dritter Tag, sechste Geschichte) .

66   Heiman et al. 2011: 749. Vgl. auch Karney & Bradbury 1995; Rosen & Bachmann 2008; Holmberg et al. 2009.

67   Bartens 2013: 66-70. Vgl. auch Heiman et al. 2011: 751. Im Gegensatz dazu scheint es einen direkten Zusammenhang zwischen der Häufigkeit, mit der sich Paare *küssen*, und der Zufriedenheit in einer Beziehung zu geben (Wlodarski & Dunbar 2013).

68   Schmidt et al. 2006: 121-126.

69   Bartens 2013: 69.

70   Betzig 1989: 658-662; Bodenmann et al. 2002; Previti & Amato 2004; Lampard 2014.

71   Tolstoi [1875-77] 2009: 23-24.

72   Tolstoi [1890] 1984: 52, 56-57.

73   Die sexuelle Dauerbeziehung beruht auf «gemeinsamen lustvoll-sinnlichen Erlebnissen»: Sie «hat einen starken Einschlag von sexueller Dankbarkeit, die sich auf die genossene [Lust]» bezieht. Und von «sexueller Anhänglichkeit [...], die sich auf die noch zu erwartende Sexuallust bezieht. Beide zusammen sind die Grundelemente der natürlichen Liebesbeziehung» (Reich [1936] 1971: 129-130).

74   Pollet et al. 2011; Gettler et al. 2011, 2012. Da in fast allen menschlichen Kulturen körperliche Berührungen zwischen Vätern und Kindern üblich sind, wird so auch die Bindung zwischen den Eltern gefestigt (Eibl-Eibesfeldt 1986: 284-295).

75   Shapiro & Dewsbury 1990.

76   Walter 2003: 370-377; Ditzen et al. 2009; Romero et al. 2014.

77   Coan et al. 2006; Ditzen et al. 2007; Heiman et al. 2011; Floyd et al. 2009.

78   Fourier [1808-35] 1977: 106, 156-157.

79   de Waal & Lanting 1998: 101-105.

80   Dixson 2012: 200-216.

81   Ryan & Jethá 2010: 9-10. Schon für Friedrich Nietzsche lag hier der tiefere Sinn kollektiver Rauschzustände: «Jetzt ist der Sclave freier Mann, jetzt zerbrechen alle die starren, feindseligen Abgrenzungen, die Noth, Willkür oder ‹freche Mode› zwischen den Menschen festgesetzt haben. Jetzt [...] fühlt sich

jeder mit seinem Nächsten nicht nur vereinigt, versöhnt, verschmolzen, sondern eins» ([1872] 1988: 29).

82 Ryan & Jethá 2010: 101. Die Idee, dass die Menschen ursprünglich in promiskuitiven Gruppen lebten, wurde schon im 19. Jahrhundert vertreten (Morgan 1877: 505-515; Engels [1884] 1962: 38-43).

83 De Dreu et al. 2011; Miller 2013. Auch bei Fourier durfte eine Liebesorgie keine «zufällige und wirre Vereinigung» sein, die sich in «nackter sinnlicher Lust, bar jeder Gefühlsregung» erschöpft. Es ging ihm vielmehr um eine «dauerhafte Gesellschaft», die «durch die Illusionen edler Leidenschaften verschönt wird» ([1808-35] 1977: 60, 156-157). Der Automatismus, mit dem die Unterscheidung zwischen der eigenen Gruppe und den Fremden entsteht, spricht dafür, dass es sich um einen biologischen Mechanismus handelt (*Science* 2012).

84 Heider 2014: 64. Interessanterweise findet das Gegenstück zum «Biedermann», die spießige Hausfrau, in diesem Zusammenhang keine Erwähnung. Wollten diese Frauen nicht zur Achtundsechziger-Bewegung stoßen, oder wurden sie toleriert, bis sie von selbst das Weite suchten? In Doris Dorries Kinofilm *Männer* (1985) jedenfalls empfindet der in einer alternativen WG lebende, arbeitslose Künstler Stefan (Uwe Ochsenknecht) die Affäre mit der frustrierten Hausfrau Paula (Ulrike Kriener) durchaus als sexuelle Bereicherung. Ähnliche Fälle gab es auch in der Realität. Man denke nur an Rudi Dutschkes Ehefrau Gretchen, die sich für Kinder, Küche, Kirche und Heirat begeistern konnte (Kätzel 2002: 277-293).

85 Wetz 2013: 136-137, 127, 142.

86 Wellings et al. 1994: 267-269; Klusmann 2002.

87 Meston & Buss 2007.

88 Williams 1975; Maynard Smith 1978; *Science* 1998; Meyer 2015: 84-103.

89 Masters & Johnson 1966: 86; Maier 2009: 60-65.

90 Orwell [1949] 2000: 84.

91 Cousineau & Domar 2007; Marci et al. 2012.

92 Wie viele andere Autoren des 19. und 20. Jahrhunderts war Freud der Ansicht, dass wir *nur* wegen der sexuellen Perversionen «zur Behauptung berechtigt [sind], daß Sexualität und Fortpflanzung nicht zusammenfallen». Denn es sei «offenkundig, daß sie sämtlich das Ziel der Fortpflanzung verleugnen» (1916/17 [1940]: 331-333). Diese Aussage beruht auf einem Zirkelschluss, da alle Formen der Sexualität, die nicht der Fortpflanzung dienen, von vornherein als Perversionen, d. h. als krankhaft, bezeichnet wurden.

93 Lee 1987; Kaplan & Robson 2002.

94 Die Shaker wurden von Leo Tolstoi gelobt ([1890] 1984: 54) und von Arthur Schopenhauer mit Hochachtung erwähnt ([1859] 2006: 728-729).

95 Meston & Buss 2010: 126-129.

96 Henscheid [1973] 2014: 63.

97 Scheele et al. 2012.

98 Nagasawa et al. 2015.

99 Roth 2002: 43-47. Neueren Studien zufolge beschreibt Philip Roth hier einen sozialen Trend, der das Leben vieler älterer Männer *und* Frauen verändert hat (Rosen & Bachmann 2008: 293-294; vgl. auch Degen 2004: 243-285).

100 García Márquez [1985] 2004: 67.

101 Dannecker 2014.

102 Seidl 2015. Zweifelhaft ist auch, ob Pornographie zu negativen und verachtenden Einstellungen Frauen gegenüber führt, wie oft behauptet wurde. Wie eine neuere Studie zeigt, scheint es sich gerade umgekehrt zu verhalten: Männer und Frauen, die pornographische Filme konsumieren, sprachen sie eher für Gleichberechtigung und Emanzipation aus als solche, die das nicht tun (Kohut et al. 2016).

103 Roth [1969] 2011: 24-27.

104 Dixson 2012: 149-159.

105 Reich 1927: 177; Kinsey et al. 1953: 362-364, 370. Der Begriff «Missionarsstellung» geht auf Kinsey et al. (1948: 373) zurück. Da diese Stellung bei den in der Südsee lebenden Trobriandern (und anderen außereuropäischen Kulturen) unüblich war, wurde sie den Europäern (den «Missionaren») zugeschrieben.

106 Morris 1968: 67-68. Ähnlich argumentiert Fellmann (2010: 242-243).

107 Ford & Beach [1951] 1968: 28-30.

108 Masters & Johnson 1966: 59.

109 Kobelt 1844; O'Connell 2005; Beck 2006.

110 Komisaruk et al. 2010: 23-24.

111 Kinsey et al. 1953: 364. Wird aber «an der ‹normalen› Art der Kohabitation dauernd festgehalten, ist jede Abwechslung tabu [...], so stumpft die genitale Strebung sehr bald ab» (Reich 1927: 182; vgl. auch Morris 1968: 66).

112 Márai [1941-48] 2004: 212-213.

113 Lombardo Radice & Ravera [1976] 1985: 9-15, 96-104. Vgl. Leitenberg & Henning 1995.

114 Vgl. hierzu allgemein Wuketits 2012. Zu diesem Ergebnis kommen auch empirische Studien zum Sexualverhalten (Schmidt et al. 2006: 131-132; Joyal et al. 2015).

Was wir lieben

1 Ryan & Jethá 2010: 270, 9-10.

2 In der soziobiologischen Literatur gibt es eine Debatte über die korrekte Verwendung der Worte «Strategie» und «Taktik» (Voland 2013: 118-120). Ich werde im Folgenden keine der speziellen Definitionen übernehmen, sondern dem üblichen Sprachgebrauch folgen und unter einer Taktik eine

kurzfristige, situationsabhängige Aktivität, unter einer Strategie eine längerfristige, planvolle Vorgehensweise verstehen.

3   Herwig 2015: 40–41.

4   Lukas & Clutton-Brock 2013: 526.

5   Kleist [1808] 1993: 3.

6   Das gilt auch für die Gegenwart. Wie Schmidt et al. konstatieren, ist das Sexualleben der Singles häufig «eher karg» und «die oft präsentierten Geschichten über das ungestüme, bunte, intensive und abenteuerliche Sexualleben der Singles [sind] vor allem mediale Phantasien». Das spiegelt sich in der geringen Popularität dieser Lebensform wieder. Abgesehen von den über 60-jährigen Frauen bevorzugten nur ein bis drei Prozent der Befragten ein Leben ohne feste Beziehung (2006: 74, 31).

7   Schnitzler [1925] 1992: 71.

8   Trivers bezog die Menschen ausdrücklich in seine Überlegungen ein (1972: 145–146). Seine Hypothese wurde zum Ausgangspunkt für eine Fülle von Studien der sogenannten Evolutionspsychologie. Der bekannteste Vertreter dieses Ansatzes ist David Buss, der in seinen Büchern und Artikeln immer wieder betont hat, dass Männer aus biologischen Gründen eher flüchtige sexuelle Abenteuer suchen als Frauen. Zahlreiche gut bestätigte Indizien sollen für «eine lange evolutionäre Geschichte [sprechen], in der Männer Kurzzeitpaarungen mit einer Vielzahl an Frauen suchten» (2014: 188).

9   Buss 2014: 182–183.

10   Ellis & Symons 1990; Leitenberg & Henning 1995; Wilson 1997; Petersen & Hyde 2010.

11   Symons 1979: 300.

12   Dies ist unter günstigen klimatischen Bedingungen und bei ausreichendem Nahrungsangebot beispielsweise durch tropische Früchte möglich (Cockburn 2006).

13   Diamond 1997: 53–81.

14   Goethe [1808] 1999: 4508–10; Hrdy 1979.

15   Dass der bereits geleistete Aufwand ein wichtiger Faktor ist, lässt sich durch das Verhalten der Vögel erhärten. Verglichen mit Säugetieren findet bei Vögeln ein längerer Teil der Entwicklung außerhalb des weiblichen Körpers statt. Von der Paarung bis zum Ausschlüpfen der Küken vergehen oft nur einige Tage. Da die Vogelmutter die Jungen zudem nicht säugt, können die Väter schon früh einen großen Teil der Fürsorge übernehmen. Völlig ausgeglichen ist die Lastenverteilung allerdings auch nicht, da die Weibchen die Produktion der Eier übernehmen. Das erklärt, warum in den Fällen, in denen die Fürsorge nur von einem Elternteil übernommen wird, es auch bei den Vögeln überwiegend die Weibchen sind. Bei acht Prozent der Vogelarten kümmern sich nur die Weibchen um den Nachwuchs, bei einem Prozent nur die Männchen (Cockburn 2006).

16 Auf humoristische Weise wird diese Problematik in der Filmkomödie *Der bewegte Mann* (1994) abgehandelt. Da Doro (Katja Riemann) nicht ein weiteres Mal abtreiben will, ist sie bemüht, ihren unzuverlässigen Freund Axel (Til Schweiger) gegen alle Widerstände an sich zu binden.

17 Goethe [1808] 1999: 4508–10.

18 Goethe [1808] 1999: 3570–73, 3658–62.

19 Symons 1980: 172, 181.

20 Dawkins [1976] 1989: 164.

21 Clark & Hatfield 1989. Diese Ergebnisse werden relativiert in Schützwohl et al. 2009 und Conley 2011.

22 Buss 2014: 201; vgl. Thornhill & Gangestad 2003.

23 Jong 1976: 25. Die Übersetzung mit «Spontanfick» ist missverständlich, da es Jong in erster Linie um Sex ohne Verpflichtungen und Nebenabsichten geht. Einen Überblick zu den Vor- und Nachteilen von Kurzzeitpaarungen für Frauen gibt Buss (2014: 189–197).

24 Hrdy 2000: 278–309; Beckerman & Valentine 2002.

25 Paik 2010.

26 Bulgakow [1929–40] 2005: 327, 332. Rascher und häufiger Partnertausch ist in ritualisierter und abgeschwächter Form beim Flirten und Tanzen zu beobachten. Zumindest in unserer Kultur wird allgemein akzeptiert, dass Frauen in kurzer Folge mit mehreren, auch unbekannten Partnern tanzen.

27 Nin 1987: 253, 233.

28 Die Sterilität eines Partners ist vielen Kulturen ein Scheidungsgrund (Betzig 1989: 662–664). Gene gelten als «gut», wenn sie drei Kriterien erfüllen: Sie müssen absolut vorteilhaft sein, mit den eigenen Genen zusammenpassen und sich von ihnen unterscheiden (Qualität, Kompatibilität, Vielfalt) (Voland 2013: 104–106; vgl. auch Pryke et al. 2010).

29 Little et al. 2007.

30 Herwig 2015.

31 «Besonders angesagt waren eine Zeitlang Mütter mit mehreren Kindern von verschiedenen Männern, mit denen sie nichts zu tun hatten oder die sie den Kindern nicht einmal zuordnen konnten» (Heider 2014: 190; vgl. Bronnen 1978).

32 Die Chancen auf eigenen Nachwuchs verringern sich auch, wenn man als Mann lange abwesend ist. Eine soziobiologische Analyse des Avunkulats findet sich bei Alexander (1979: 168–175).

33 Matrilineare Verwandtschaftssysteme kommen bei immerhin 160 der 1250 Ethnien vor, bei denen die Abstammungslinie bekannt ist (12,8 %; *Ethnographic atlas codebook*, Gray 1998: Nr. 43).

34 Muller 1963: 260.

35 Erdal & Whiten 1994; Boehm 1997.

36 Fourier [1808–35] 1977: 92, 98.

37 Eibl-Eibesfeldt 1986: 302.

38 Fisher 1992: 98-117.

39 Die romantische Liebe galt als «aufgesetzter Mythos» und als «Machtmittel der Männer im Geschlechterkampf» (Schwarzer 1975: 181, 206). Und man fragte sich, warum eine Frau «eine Art von Sexualverbindung bevorzugen sollte, die sie sexuell einengt» und ihre Unterwerfung «unter den Willen eines anderen notwendig macht» (Millett 1974: 159).

40 Maupassant [1889] 2014: 141, 143-144.

41 Umgekehrt gibt es, von Ausnahmen abgesehen, nur dann väterliche Fürsorge, wenn eine stabile Paarbindung besteht (Lukas & Clutton-Brock 2013: 527).

42 In einer aktuellen Studie wurde Infantizid bei fast der Hälfte der untersuchten Säugetierarten nachgewiesen (bei 119 von 260 Arten) (Lukas & Huchard 2014; vgl. auch Opie et al. 2013). Bei manchen Arten töten auch Weibchen fremde Neugeborene. Der Hauptgrund scheint Nahrungskonkurrenz zu sein (Pusey 2001: 23-24; Young et al. 2006).

43 Daly & Wilson 1988; Voland 2013: 194-200.

44 Schützwohl & Koch 2004; Levy & Kelly 2010.

45 Morris 1968: 57-60; Gavrilets 2012; Chapais 2013; Fletcher et al. 2015. Allgemein zur Evolution des Menschen vgl. Junker 2008.

46 Dass das männliche Interesse an der Vaterschaftssicherheit erst mit Ackerbau und Landbesitz in die Welt kam und wieder gänzlich verschwinden kann, wie Ryan und Jethá behaupten (2010: 104), ist aus biologischen Gründen unwahrscheinlich.

47 Fellmann 2011: 105. Ähnlich argumentieren Morris 1968: 59; Lovejoy 1981; Eibl-Eibesfeldt 1986: 302; Fisher 1992: 73; de Waal 2009: 176.

48 Daly & Wilson 1988; Hill & Hurtado 1996: 434-439.

49 Shostak [1981] 2001: 233-234.

50 Peter Murdocks *Ethnographic atlas* führt 1231 Gesellschaften auf. Davon sind nur 186 überwiegend monogam (15 Prozent). 453 sind gelegentlich polygyn, 588 häufig polygyn und vier polyandrisch (*Ethnographic atlas codebook*, Gray 1998: Nr. 9; vgl. Ford & Beach [1951] 1968: 114-117). In fast allen Industrienationen der Gegenwart ist die Vielehe gesetzlich verboten. In Deutschland beispielsweise wird ein Verstoß mit einer Freiheitsstrafe von bis zu drei Jahren geahndet, selbst wenn alle Beteiligten mit der erweiterten Ehe einverstanden sind. Das Verbot gilt aber nur vor dem Standesamt. Wenn polygame Beziehungen ohne den Segen des Staates auskommen, werden sie toleriert. Es ist ein offenes Geheimnis, dass viele Männer und Frauen Nebenbeziehungen haben. Und das oft über Jahre.

51 Lévi-Strauss [1949] 1981: 88.

52 Von grch. polys «viel» und gyne «Frau». Da das deutsche Wort «Vielweiberei» abwertend klingt, werde ich das Fremdwort «Polygynie» verwenden. Die

Tatsache, dass es im Deutschen keinen neutralen Begriff für diese Lebensweise gibt, spiegelt ihre weitverbreitete Ablehnung wider. Bei den Primaten kommen Harems unterschiedlich häufig vor. Bei den Halbaffen werden sie gar nicht beobachtet, bei den Neuweltaffen selten. Bei den Altweltaffen Afrikas und Asiens sind sie bei einigen Arten wie den Husarenaffen, den schwarz-weißen Stummelaffen und den Gorillas anzutreffen. Manchmal, wie bei den Mantelpavianen und den Dscheladas, sind die Haremsgruppen in größere Gemeinschaften eingebunden (Dixson 2012: 39–48; vgl. Alexander et al. 1979).

53 Packer et al. 1988: 373.

54 Da die Weibchen bei den Gorillas ganz überwiegend nur mit einem Männchen kopulieren, kommt es kaum zur Spermienkonkurrenz. Das erklärt, warum Gorilla-Männchen die kleinsten Hoden aller großen Menschenaffen haben; sowohl absolut als auch relativ zum Körpergewicht (Bradley et al. 2005; Dixson 2012: 43–44).

55 Wrangham 1993: 49; Short 1979: 135–139.

56 Levi-Strauss [1949] 1981: 88–89; Mayr 1963: 651–653; Alexander et al. 1979: 417–434; Short 1979: 147; Symons 1979: 27, 149; Dixson 2012: 43.

57 Clutton–Brock 1985; Plavcan & van Schaik 1997.

58 Marlowe 2010: 55, 181; Hill et al. 2011.

59 Insofern macht es Sinn, zwischen der in allen menschlichen Kulturen vorkommenden «begrenzten» Polygynie und der «weitgehenden» Polygynie zu unterschieden, die sich erst nach der Neolithischen Revolution herausbilden konnte (van den Berghe 1979: 65–69, 94–95; Ridley 1993: 171–207). Genetische Untersuchungen, die einen noch nach Jahrtausenden messbaren Reproduktionserfolg einzelner Männer dokumentieren, beziehen sich auf die Zeit nach der Entstehung der Feudalstaaten der Antike und des Mittelalters (Karmin et al. 2015). Ein Beispiel ist das mutmaßliche genetische Erbe von Dschingis Khan und seiner männlichen Verwandten (Zerjal et al. 2003).

60 Der Ethnologe Claude Lévi-Strauss hat auf die für uns befremdliche Tatsache hingewiesen, dass man in vielen traditionellen Kulturen «die Gleichstellung der Frauen mit Gebrauchsgütern [...], die einerseits knapp und andererseits für das Leben der Gruppe wesentlich sind», beobachten kann ([1949] 1981: 87).

61 Das ähnelt der Situation bei Tierarten, bei denen die Männchen knappe Ressourcen wie Nahrung oder Brutplätze kontrollieren. Auch hier kann ein polygynes Arrangement für ein Weibchen vorteilhaft sein (Davies 1991: 285–289).

62 Gruenbaum 2001.

63 Das heißt, «daß die meisten Menschen in Wirklichkeit in Einehe leben, obwohl es bei den meisten Gruppen dem Mann erlaubt ist, mehr als eine

Sexualpartnerin zu unterhalten, sofern er dies ermöglichen kann» (Ford &
Beach [1951] 1968: 132; vgl. auch Levi-Strauss [1949] 1981: 88; Alexander et al.
1979: 418–419).

64 Henrich et al. 2012.

65 Von grch. polys «viel» und andros «Mann». Vgl. Gray 1998: Nr. 4. Zu einem
ähnlichen Verhältnis kommen Ford & Beach [1951] 1968: 114–117.

66 Dixson 2012: 38–39.

67 Crook & Crook 1988; Levine & Silk 1997; Voland 2013: 147–150.

68 Dumas [1848] 1999: 125–126.

69 Mahler-Werfel [1960] 1999. Die serielle Monogamie von Frauen ist keine
Erfindung der Industriegesellschaft, sondern kommt auch beim Jäger-und-
Sammler-Volk der !Kung vor (Howell 2000: 236–242; Shostak [1981] 2001).

70 Dumas [1848] 1999: 124–125.

71 Shostak [1981] 2001: 233; Marlowe 2010: 175; Hrdy 2000: 293.

72 Maupassant [1885] 2011: 88.

73 Der Hamburger Studie aus dem Jahr 2006 zufolge wünscht sich ca. jeder
dritte Mann und jede siebte Frau eine nichtmonogame Beziehung oder
Parallelbeziehungen (Schmidt et al. 2006: 31).

74 Choderlos de Laclos [1782] 2007: 443.

75 Süskind 1985: 303.

76 Boyle 2003: 19.

77 Fourier [1808–35] 1977: 91–101.

78 Kollontai [1921] 1977: 227, 229. Mit dem Aufkommen des Stalinismus galten
die Ideen der freien Liebe und der Abschaffung der Familie dann als «äußerst
vulgäre Perversionen»; ihre Verfechter verschwanden in psychiatrischen
Anstalten, Gefängnissen und Arbeitslagern (Goldman 1993: 340).

79 *Konkret*, 10. März 1969, S. 30.

80 Kätzel 2002: 221; Millett 1974: 162.

81 Ryan & Jethá 2010: 137–149.

82 de Waal 2001: 41.

83 Layton & O'Hara 2010.

84 Es ist umstritten, wie groß die Wahlmöglichkeiten der Weibchen in der
Realität sind, da die Männchen versuchen, die Weibchen durch aggressives
Verhalten einzuschüchtern (Stumpf & Boesch 2005; Muller et al. 2011).

85 Wroblewski et al. 2009.

86 Bygott et al. 1979; Clutton-Brock 1989: 350–353.

87 «Völlig freie und wahllose Beziehungen werden bei keiner Menschengruppe
gänzlich ungestraft gelassen. In jeder Kultur gibt es Vorschriften, von denen
die Auswahl des oder der Sexualpartner, die für einen Menschen in Frage
kommen, gelenkt und begrenzt wird» (Ford & Beach [1951] 1968: 114).

88 Goethe [1808] 1999: 4046–49.

89 Erster Akt, Szene 15.

90 Wetz 2013: 135, 137.

91 Harcourt et al. 1981; Dixson 2012: 340–358.

92 Ryan & Jethá 2010: 240.

93 Diamond 1986; Simmons et al. 2004.

94 Darwin 1871, Bd. 2: 362.

95 Fourier [1808–35] 1977: 135; Reich [1936] 1971: 134.

96 Heider 2014: 80, 64.

97 Paul & Küster 1993; Junker & Paul 2009: 61–70.

98 Engels [1884] 1962: 77 (vgl. Kollontai [1921] 1977; Reich [1936] 1971: 129).

99 Goldman 1993: 296–336; Heider 2014: 91–109.

100 Bereits im 19. Jahrhundert gab es ein entsprechendes Experiment: die Oneida-Community. Jedes Mitglied der Gemeinschaft durfte mit jedem anderen Sex haben, wenn es Einverständnis gab. Die romantische Liebe galt als egoistisch und exklusive Paarbindungen wurden als schädlich für die Gemeinschaft abgelehnt. Unerwünschte Schwangerschaften wurden verhindert, indem die Männer die Ejakulation unterdrückten («coitus reservatus»; van den Berghe 1979: 56–59).

101 Beckerman & Valentine 2002.

102 Crocker & Crocker 1994: 83–87. Bei den Aché beispielsweise haben Kinder mit nur einem Vater geringere Überlebenschancen, aber auch solche mit zu vielen Vätern. Wird die Unsicherheit über die Vaterschaft zu groß, ziehen sich alle Kandidaten zurück. Am besten haben es Kinder mit einem Erst- und einem Zweitvater (Hill & Hurtado 1996: 444). Vgl. die Diskussion des Avunkulats in Kapitel 8.

103 Hrdy 2000: 290–292; Walker et al. 2010.

104 Crocker 2002: 87, 94, 103–104.

105 Wetz 2013: 140.

106 Ryan & Jethá 2010: 9–10, 101–104.

107 Crocker 2002: 92; Crocker & Crocker 1994: 143–171.

108 Wetz 2013: 137.

109 Boyle 2003: 19.

110 Van den Berghe 1979: 51–60; Ford & Beach [1951] 1968: 116–117.

111 Bizet, *Carmen* (1875), Zweiter Akt, Nr. 16: Duett.

112 Kollontai [1921] 1977: 226; McLuhan & Leonard 1967: 59.

113 Wenn sich unterschiedliche Bindungsformen überlagern, spricht man in der Biologie von Multilevel-, hierarchischen oder modularen Sozialsystemen. Ich habe den Begriff «Patchwork-Gemeinschaft» gewählt, weil er vermittelt, dass mehrere Elemente (Kernfamilien, aber auch Individuen u. a.) eine größere Einheit bilden, ohne sich aufzulösen. Beobachtet werden Patchwork-Gemeinschaften bei Stumpfnasen- *(Rhinopithecus)* und Nasenaffen *(Nasalis larvatus)* sowie bei einigen anderen Säugetierarten, z. B. beim Burchell-Zebra. Und natürlich bei Menschen, bei denen sich die Situation

durch zusätzliche Ebenen und Bündnistypen noch komplexer darstellt (Grueter et al. 2012b).

114 Manchmal gesellt sich noch ein weiteres, untergeordnetes Männchen hinzu. In einem Drittel der Fälle besteht der «Harem» aus einem einzigen Weibchen – es handelt sich also de facto um eine Zweierbeziehung (Kummer 1968; Grueter et al. 2012a: 1005–1007; Swedell & Plummer 2012).

115 Harcourt et al. 1981.

116 Sigg et al. 1982: 485–486.

117 Die Kooperation der Männchen beruht auch auf Verwandtschaft. Dies erinnert an die Brüderhorden der Schimpansen, mit dem Unterschied, dass die Schimpansen mehrere Weibchen gemeinsam bewachen und mit allen gleichermaßen kopulieren, während die Männchen bei den Mantelpavianen die sexuelle Exklusivität der Zweierbeziehungen bzw. Haremsgruppen respektieren und selten versuchen, mit Weibchen aus anderen Kernfamilien desselben Klans oder Verbands zu kopulieren. Die Bündnisse der Weibchen bilden ein drittes soziales Netz von unterschiedlicher Intensität, da sie ihre Geburtsfamilie verlassen, um die Gefahren der Inzucht zu vermeiden. Wenn sie in andere Kernfamilien desselben Klans oder Verbands transferiert werden, die sich in der Nähe aufhalten, können sie ihre Verbindungen aber aufrechterhalten.

118 Rodseth et al. 1991: 237–240; Swedell & Plummer 2012: 1172.

119 Chapais 2010, 2013; Foley & Gamble 2009; Hill et al. 2011; Grueter et al. 2012a; Swedell & Plummer 2012: 1168; Fletcher et al. 2015.

120 Damit ist zwar keine sexuelle Ausschließlichkeit verbunden, aber rangniedere Männchen verbessern durch die Begleitung eines Weibchens ihre Chancen (Wroblewski et al. 2009).

121 Hrdy 2000: 310–333; van Schaik & Burkart 2010. Der Fachausdruck ist «cooperative breeding»; man findet es bei Säugetieren wie den Erdmännchen und bei einigen Vogelarten (Emlen 1991).

122 Chapais 2013.

123 Schnitzler [1925] 1992: 10.

124 In der Sprache der Soziobiologie lässt das ganz unromantisch so formulieren: Sozial monogame Tiere reagieren mit «erhöhter Kopulationsfrequenz», wenn außerpaarliche Kopulationen wahrscheinlicher werden (Voland 2013: 111).

125 Anderson 2006. Baker und Bellis gehen davon aus, dass in den 1980er Jahren in Großbritannien ungefähr vier Prozent der Kinder in einer Situation gezeugt wurden, in der die Mütter Sperma von mehreren Männern in ihrem Reproduktionstrakt hatten (1995: xiii).

126 Shakespeare, *Romeo und Julia,* Erster Akt, Fünfte Szene.

127 Eibl-Eibesfeldt 1986: 302–309; Jankowiak & Fischer 1992.

128 Niemeyer & Anderson 1983.

129 Hawkes et al. 2001; Marlowe 2010: 225–254.

130 Orwell [1949] 2000: 82–83.

131 Sartre [1947] 2013: 119.

132 Diese Aussage beruhte zunächst auf Verhaltensbeobachtungen an Tieren und Menschen (Eibl-Eibesfeldt 1986: 212–216). Inzwischen lassen sich die Übereinstimmungen zwischen den verschiedenen Formen der Liebe auch mit Labormethoden nachweisen (Bartels & Zeki 2004; Panksepp 2004: 129; Fisher et al. 2006; Acevedo et al. 2012).

133 Galdikas 1985. Alternative Fortpflanzungsstrategien gibt es bei zahlreichen Tierarten (Voland 2013: 115–118).

134 Swedell & Plummer 2012: 1180.

135 Lombardo Radice & Ravera [1976] 1985: 107; vgl. auch Fisher 2001.

136 Die psychischen Unterschiede zwischen den Geschlechtern werden z. B. von dem Anthropologen Donald Symons (1979: 27) und dem Evolutionspsychologen David Buss (1989, 1994) betont. Ein Überblick zum aktuellen Stand des biologischen Wissens in der Geschlechterfrage findet sich in Axel Meyers *Adams Apfel und Evas Erbe* (2015); vgl. auch Euler 2015; Kutschera 2016.

137 Engels [1884] 1962.

138 Diese Flexibilität prägt mittlerweile die Mehrzahl der Lebensläufe in Deutschland (Schmidt et al. 2006: 23–67).

Wie man die Richtigen findet

1 Symons 1980: 178–180, 1995; Buss 1994.

2 Tolstoi [1875–77] 2009: 642–643, 647.

3 Márai [1941–48] 2004: 149.

4 Süskind 1985: 303.

5 Eastwick & Finkel 2008; McNulty et al. 2013.

6 Schopenhauer [1859] 2006: 637.

7 Williams [1947] 2014, Neunte Szene.

8 Lawrence [1928] 1999: 115.

9 Körperliche Größe kann zudem ein Kriterium der Partnerwahl sein, da sie ein Hinweis auf den Gesundheits- und Ernährungszustand ist (Pawlowski et al. 2000; Nettle 2002). Das gilt aber für beide Geschlechter gleichermaßen und erklärt nicht, warum Männer größer sind als Frauen.

10 Alexander et al. 1979; Bowles 2009; Pinker [1997] 2011: 632–641.

11 Eberhard 1985.

12 Der Fachausdruck ist «sperm competition» (Spermienkonkurrenz). Vgl. Baker & Bellis 1993, 1995; Dixson & Anderson 2004; Shackelford et al. 2005; Pryke et al. 2010.

13 Baker & Bellis 1995: 251–307, bzw. die Kritik an der Kamikaze-Hypothese in Moore et al. 1999 und Dixson 2012: 311–312.

14 Gallup et al. 2003; Dixson 2012: 341–342.

15 Leivers & Simmons 2014.

16 Young et al. 2006. Bei Schimpansen verhält es sich ähnlich. Die Konkurrenz geht so weit, dass höherrangige Weibchen die Neugeborenen niederrangiger Weibchen töten und essen (Pusey 2001: 23–24).

17 Darwin 1871, Bd. 2: 382–384.

18 *Don Giovanni*, 1. Akt, 2. Szene; Goethe [1808] 1999: 2609, 2627, 2636–37; Marlowe 2004: 373.

19 Williams 1975: 128; Symons 1995; Jones 1996. Die Bevorzugung von Jugendlichkeit und Jungfräulichkeit soll sowohl für dauerhafte Beziehungen als auch für kurzfristige Affären gelten (Buss 2014: 106–112, 122–125).

20 Easton et al. 2010.

21 Muller et al. 2006.

22 Galdikas 1981: 289–290.

23 Zur Funktion der Menopause und zur Großmutterhypothese vgl. Alvarez 2000; Hawkes 2003; Barash & Lipton 2009: 219–275; Voland 2013: 203–207.

24 Márai [1941–48] 2004: 101.

25 Murakami 2000: 45.

26 Grammer 1995; Symons 1995; Hejj 1996, Voland & Grammer 2003; Schwarz 2015. Dass die Einschätzung körperlicher Schönheit weitgehend unabhängig von kulturellen Traditionen erfolgt, wird auch durch die Beobachtung bestätigt, dass sich die Kriterien der Partnerwahl bei Jäger-und-Sammler-Völkern von den unseren nur in Nuancen unterscheiden (Marlowe 2004).

27 Freud [1912] 1943: 85–86.

28 Murakami 2000: 9.

29 Eibl-Eibesfeldt 1986: 176–178, 306–307; Kirshenbaum 2011.

30 Wlodarski & Dunbar 2013; Hughes et al. 2007.

31 Grammer et al. 2005. Der Zusammenhang wurde auch von Murakami beobachtet: Es bleibt «eine Tatsache, daß eine bestimmte Kombination von Duftstoffen das andere Geschlecht ebenso fesseln kann wie die Witterung eines brünstigen Weibchens ein männliches Tier. Ein bestimmter Duft wirkt vielleicht auf fünfzig von hundert Personen anziehend; ein anderer Duft zieht vielleicht die anderen fünfzig an. Doch es gibt auch Düfte, die nur ein, zwei Menschen zutiefst erregend finden werden» (2000: 46).

32 Milinski & Wedekind 2001; Milinski 2003.

33 Low 1979; Wohlrab et al. 2009.

34 Grammer et al. 2005; Wedekind 2007.

35 Stevenson et al. 2011; Borg & de Jong 2012. Zur Verringerung des Schmerzempfindens bei Verliebten vgl. Younger et al. 2010.

36 Lawrence [1928] 1999: 115.

37 Leonardo da Vinci (1983): 69. Die Ansicht, dass die Genitalien wegen der «Furcht, Widerwillen zu erregen», verborgen werden müssen, findet sich in

vielen Kulturen (Bloch 1908: 140). Es ist sicher kein Zufall, die sexuelle Verstümmelung von Frauen auch mit ästhetischen Argumenten gerechtfertigt werden soll (Gruenbaum 2001: 67, 71–75).

38   Hassenstein 1982: 104–107. Der erste Teil des Zitats ist von Sigmund Freud: «Die Genitalien selbst haben die Entwicklung der menschlichen Körperformen zur Schönheit nicht mitgemacht, sie sind tierisch geblieben, und so ist auch die Liebe im Grunde heute ebenso animalisch, wie sie es von jeher war» ([1912] 1943: 90).

39   Márai [1941–48] 2004: 167–168.

40   Miller 2000: 104, 258–291; Junker 2013; Lange et al. 2014.

41   Grammer et al. 2003; Brown et al. 2005.

42   Packer & Pusey 1983.

43   Amotz Zahavi hatte dieses Phänomen ursprünglich bei Vögeln beschrieben und später auf Menschen übertragen: «Viele, wenn nicht alle sexuellen Signale gefährden ihre Darsteller. Viele von ihnen scheinen sogar speziell zu diesem Zweck gebaut zu sein. [...] Weil Vögel von guter Qualität größere Risiken eingehen können, ist es nicht verwunderlich, dass sexuelle Signale in vielen Fällen evolutionär entstanden sind, um Qualität zu beweisen. Sie zeigen, welches Risiko ein Vogel eingehen kann und trotzdem überlebt» (1975: 211).

44   Farthing 2005; Junker 2013: 70–72, 98–101.

45   Buss 1994: 249. Vgl. Buss 2014: 142–174.

46   In der Biologie spricht man in diesem Zusammenhang vom «erweiterten Phänotyp» (Dawkins 1982). Damit ist gemeint, dass die Gene eines Organismus nicht nur den Körper und seine unmittelbaren Funktionen (den Phänotyp) bestimmen, sondern beispielsweise auch alles, was ein Tier herstellt: das Vogelnest, den Damm eines Bibers oder einen Termitenbau.

47   Bei den !Kung haben gute Jäger doppelt so viele Kinder wie schlechte Jäger und ihre Kinder haben bessere Überlebenschancen (Wiessner 2002: 419–421). Zur weiblichen Partnerwahl in Abhängigkeit vom Einkommen vgl. Buss 2014: 165–166.

48   Symons 1979: 270. Für Symons handelt es sich beim Sex in aller Regel um eine «weibliche Dienstleistung» (1979: 253–285).

49   Engels [1884] 1962: 73. In den 1970er Jahren wurde die Hausfrauenehe wieder scharf als legale Form der Prostitution kritisiert: Die Frauen würden sich entschließen, «einen Mann für sich arbeiten zu lassen und ihm als Gegenleistung ihre Vagina in bestimmten Intervallen zur Verfügung zu stellen» (Vilar [1971] 1987: 22; vgl. auch Schwarzer 1975: 93).

50   Gomes & Boesch 2009. Vgl. auch Stanford 2001.

51   Albo et al. 2013; Voland 2013: 94–97.

52   Kinsey et al. 1948: 605–609; Reich 1927: 171.

53   Miller [1956] 2011: 56.

54 De Sade [1795] 1995. De Sade trennte sehr wohl zwischen Fantasie und Wirklichkeit. Das zeigt sich beispielsweise in seiner scharfen Kritik an den Hinrichtungen während der Französischen Revolution, die er als «institutionellen Mord» verabscheute (Lever 1998: 460-461). Vgl. auch Kanitscheider 2011: 117-132; Pfister 2014. Zu Kunst und Aggression vgl. Junker 2013: 76-92.

55 Zur Frage, ob die Bereitschaft zu sexueller Gewalt in der biologischen Natur der Menschen angelegt ist, vgl. McDonald Pavelka 1995: 27-31; Thornhill & Palmer 2000; Muller & Wrangham 2009.

56 Sexuelle Selbstbestimmung ist nicht nur bei Menschen ein hohes Gut, das mit großem Einsatz verteidigt wird, sondern auch bei Tieren. Vgl. Kapitel 11; Junker & Paul 2009: 47-77.

57 Friedl 1978.

58 Davenport 1977: 130.

59 Engels [1884] 1962: 82.

60 Flaubert [1857] 2014: 403.

61 Ponseti et al. 2014; Dombert et al. 2016.

62 Dixson 2012: 68, 616-620.

63 Wilson et al. 2006; Tidwell et al. 2013.

64 Bereczkei et al. 2004.

65 Brown 1997; von Holst 2009.

66 Bateson 1978; Rantala & Marcinkowska 2011.

67 Ford & Beach [1951] 1968: 132-133; Davenport 1977: 138-139; Alexander 1979: 195-197; Bischof 1985.

68 Pusey 2001: 19-22; Dixson 2012: 120-122; Lieberman et al. 2003.

69 Den Daten des Sexualforschers Alfred Kinsey aus den 1940er Jahren zufolge hatten 3,6 Prozent der Frauen und 8 Prozent der Männer zu irgendeinem Zeitpunkt ihres Lebens sexuelle Kontakte zu Tieren (1953: 502-509).

70 Vgl. hierzu beispielsweise Dekker & Matthiesen 2015.

71 Sommer 1990; Långström 2000; Meyer 2015: 291-315.

72 Zur Großmutterhypothese vgl. Kapitel 16. Da man bei homosexuellen Männern keinen besonders ausgeprägten Familiensinn nachweisen konnte, wird diese Hypothese im Moment eher in Zweifel gezogen (Rahman & Hull 2005). Es müsste allerdings noch geklärt werden, inwieweit das heutige Verhalten repräsentativ ist, da die verwandtschaftlichen Bindungen in der Industriegesellschaft generell abgeschwächt sind. In ursprünglichen Jäger-und-Sammler-Gemeinschaften kann das durchaus anders ausgesehen haben.

73 Wilson 1978: 143-147; Kirkpatrick 2000: 393-394; Muscarella 2000.

74 Mann [1924] 1991: 129, 168-172, 181.

75 Insofern wird vermutet, dass die Bisexualität der Menschen ein altes Primatenerbe ist (Dixson 2012: 220-224; vgl. auch Vasey 1995).

76 de Waal 2001: 52.

77 Miller 2000: 177–223; Junker & Paul 2009: 47–77.

78 Bei Tieren, schrieb der Anthropologe Michael Tomasello, «die ständig miteinander konkurrieren, hätten sich kollektive Handlungen gar nicht erst entfalten können. An irgendeiner Stelle müssen also zunächst Toleranz und Vertrauen entstanden sein» (2010: 66). Zur Kunst als Mechanismus der Vertrauensbildung vgl. Junker 2013.

79 Morris 2005: 50–51; Tomasello et al. 2007. Die Augen sind noch in anderer Hinsicht verräterisch: Die Tönung der Augenhaut ist ein Hinweis auf den Gesundheitszustand, das Muskelspiel um die Augen und Tränen sind ein Spiegel der Gefühle usw.

80 Das gilt nicht nur für Menschen, sondern ganz allgemein im Tierreich (Eberhard 1985).

81 Im Durchschnitt ist der erigierte Penis beim Menschen 13,12 cm lang und hat einen Umfang von 11,66 cm (Veale et al. 2015).

82 Short 1980: 11–24; Junker & Paul 2009: 65–68. Es ist nicht auszuschließen, dass die Präsentation des erigierten Penis auch zur Einschüchterung und Abwehr von Rivalen dienen kann. Für diese These lässt sich anführen, dass einige männliche Primaten das Genitale als Drohgeste zur Schau stellen. Ähnlich dienen in vielen Kulturen Bilder oder Skulpturen mit erigiertem Phallus als Abwehrsymbole (Wickler 1966). Gegen die Rivalitätsthese spricht u. a., dass der menschliche Penis farblich eher unauffällig ist.

83 Mautz et al. 2013. Noch entscheidender als die Körpergröße und Penislänge war die maskuline Körperform.

84 Interessanterweise wirkt der Busen anziehend, obwohl er den Anschein vermittelt, als würde die Frau gerade stillen. Das heißt, als wäre sie hochschwanger oder hätte gerade geboren. Dieser Eindruck wird durch ein zweites Schönheitsmerkmal relativiert, eine ausgeprägte Taille. Insofern lässt sich die typisch weibliche Sanduhrform als Kombination aus den Signalen für Fruchtbarkeit (Busen u. a.) und für Nichtschwanger verstehen (Marlowe 1998; Barash & Lipton 2009: 115–170).

85 Die Slash fiction ist eine Variante der «Fan fiction», in der populäre Bücher, Filme, Fernsehserien und Computerspiele von Fans weitererzählt werden. Mit dem Aufkommen des Internets wurden die Fangeschichten zu einem Massenphänomen.

86 Salmon & Symons 2004.

87 Whissell 1996.

88 Symons 1980: 181. Die These, dass Männer und Frauen bei der Partnerwahl vor unterschiedlichen Problemen standen und als Folge unterschiedliche Strategien evolviert sind, gehört auch zu den Grundannahmen von David Buss. Entsprechend betont er bei seiner Darstellung der menschlichen Paarungsstrategien die Unterschiede zwischen den Geschlechtern (1994; vgl. auch Pinker [1997] 2011: 570–590). Diese These fand auch Eingang in Lehr-

bücher. In Eckart Volands empfehlenswerter *Soziobiologie* beispielsweise werden die Geschlechtsunterschiede bei der Partnerwahl als «signifikant» bezeichnet (2013: 97). Sie sind zwar vielleicht statistisch signifikant (d. h., es ist unwahrscheinlich, dass sie durch Zufall zustande gekommen sind), aber nicht unbedingt signifikant im Sinne der Alltagssprache (d. h. bedeutsam, wesentlich, groß).

89   Dass die Unterschiede zwischen den Geschlechtern von einigen Autoren übertrieben werden, belegt ein Übersichtsartikel von Hyde (2005). Zu ähnlichen Resultaten kommen Eastwick et al. (2014) bzw. Joel et al. (2015). Dass die Unterschiede in Gesellschaften, in denen die Geschlechter eher gleichgestellt sind, geringer sind, fanden Zentner & Mitura (2012). Beim Jäger-und-Sammler-Volk der Hadza ist das Ergebnis gemischt. Männer schätzen bei Partnerinnen mehr Jugend und Fruchtbarkeit, Frauen Intelligenz und die Fähigkeit, Nahrung zu beschaffen. Ansonsten stimmen die Präferenzen weitgehend überein (Marlowe 2004).

90   Mann [1901] 2005: 102–103. Zum Generationenkonflikt aus evolutionsbiologischer Sicht vgl. Voland & Voland 2014.

91   Trotzki [1924] 1994: 251.

92   Roberts et al. 2008, 2012; Alvergne & Lummaa 2010.

93   García Márquez [1985] 2004: 153.

LITERATUR

Um die Lesbarkeit des Textes zu erleichtern, werden alle fremdsprachigen Zitate in Übersetzung wiedergegeben. Sind in der Literatur die Original-ausgaben aufgeführt, wurden die Zitate vom Autor übersetzt.

Abramson, Paul R., & Steven D. Pinkerton (eds.). *Sexual nature, sexual culture.* Chicago: Chicago: Chicago UP, 1995.

Acevedo, Bianca P., Arthur Aron, Helen E. Fisher & Lucy L. Brown. «Neural correlates of long-term intense romantic love», *Social Cognitive and Affective Neuroscience* 7 (2012): 145–159.

Albo, Maria J., Trine Bilde & Gabriele Uhl. «Sperm storage mediated by cryptic female choice for nuptial gifts», *Proc. R. Soc. Lond. B* 280 (2013): 20131735.

Alexander, Richard D. *Darwinism and human affairs.* Seattle: University of Washington Press, 1979.

Alexander, Richard D., & Katharine M. Noonan. «Concealment of ovulation, parental care, and human social evolution». In Chagnon & Irons (eds.) (1979): 436–453.

Alexander, Richard D., et al. «Sexual dimorphisms and breeding systems in pinnipeds, ungulates, primates, and humans». In Chagnon & Irons (eds.) (1979): 402–435.

Alvarez, Helen Perich. «Grandmother hypothesis and primate life histories», *American Journal of Physical Anthropology* 113 (2000): 435–450.

Alvergne, Alexandra, & Virpi Lummaa. «Does the contraceptive pill alter mate choice in humans?» *Trends in Ecology & Evolution* 25 (2010): 171–179.

Anderson, Kermyt G. «How well does paternity confidence match actual pater-nity? Evidence from worldwide nonpaternity rates», *Current Anthropology* 47 (2006): 513–520.

Angier, Natalie. *Woman: an intimate geography.* New York: Anchor Books, 2000.

Baker, Robin R., & Mark A. Bellis. «Human sperm competition: ejaculate manipulation by females and a function for the female orgasm», *Animal Behaviour* 46 (1993): 887–909.

Baker, Robin R., & Mark A. Bellis. *Human sperm competition: copulation, masturbation and infidelity.* London [u. a.]: Chapman & Hall, 1995.

Bancroft, John. «The endocrinology of sexual arousal», *Journal of Endocrinology* 186 (2005): 411–427.

Barash, David P., & Judith Eve Lipton. *Wie die Frauen zu ihren Kurven kamen. Die rätselhafte Evolutionsbiologie des Weiblichen [How women got their curves and other just-so stories: evolutionary enigmas, 2009].* Heidelberg: Spektrum Akademischer Verlag, 2010.

Bartels, Andreas, & Semir Zeki. «The neural correlates of maternal and romantic love», *NeuroImage* 21 (2004): 1155–1166.

Bartens, Werner. *Was Paare zusammenhält. Warum man sich riechen können muss und Sex überschätzt wird.* München: Knaur, 2013.

Bateson, Patrick. «Sexual imprinting and optimal outbreeding», *Nature* 273 (1978): 659–660.

Beck, Angelika. «Das Schwellkörpersystem der Frau als dreidimensionales Modell», *Sexuologie* 12 (2006): 105–119.

Beckerman, Stephen, & Paul Valentine (eds.). *Cultures of multiple fathers: the theory and practice of partible paternity in Lowland South America.* Gainesville: University Press of Florida, 2002.

Bereczkei, Tamas, Petra Gyuris & Glenn E. Weisfeld. «Sexual imprinting in human mate choice», *Proc. R. Soc. Lond. B* 271 (2004): 1129–1134.

Bergner, Daniel. *What do women want? Adventures in the science of female desire.* New York: Ecco, 2013 (deutsche Ausg.: *Die versteckte Lust der Frauen: ein Forschungsbericht*, 2014).

Berk, Richard, Paul R. Abramson & Paul Okami. «Sexual activities as told in surveys». In Abramson & Pinkerton (eds.) (1995): 371–386.

Betzig, Laura. «Causes of conjugal dissolution: a cross-cultural study», *Current Anthropology* 30 (1989): 654–676.

Bischof, Norbert. *Das Rätsel Ödipus. Die biologischen Wurzeln des Urkonfliktes von Intimität und Autonomie.* München/Zürich: Piper, 1985.

Bloch, Iwan. *Das Sexualleben unserer Zeit in seinen Beziehungen zur modernen Kultur.* 4.–6. Aufl. Berlin: L. Marcus, 1908.

Boccaccio, Giovanni. *Das Dekameron [Il decamerone, 1349–53].* Übers. Albert Wesselski. 2 Bde. Frankfurt am Main: Insel, 1999.

Bodenmann, Guy, Thomas Bradbury & Sabine Maderasz. «Scheidungsursachen und -verlauf aus der Sicht der Geschiedenen», *Zeitschrift für Familienforschung* 14 (2002): 5–20.

Boehm, Christopher. «Impact of the human egalitarian syndrome on darwinian selection mechanics», *The American Naturalist* 150 (1997): S100–S121.

Borg, Charmaine, & Peter J. de Jong. «Feelings of disgust and disgust-induced avoidance weaken following induced sexual arousal in women», *PLoS ONE* 7 (9) (2012): e44111.

Bowles, Samuel. «Did warfare among ancestral hunter-gatherers affect the evolution of human social behaviors?» *Science* 324 (2009): 1293–1298.

Boyle, T. Coraghessan. *Drop City*. Übers. Werner Richter. München: dtv, 2005.

Bradley, Brenda J., Martha M. Robbins, Elizabeth A. Williamson, H. Dieter Steklis, Netzin Gerald Steklis, Nadin Eckhardt, Christophe Boesch & Linda Vigilant. «Mountain gorilla tug-of-war: Silverbacks have limited control over reproduction in multimale groups», *PNAS* 102 (2005): 9418–9423.

Brodkey, Harold. «Unschuld [Innocence, 1973]». In *Unschuld. Nahezu klassische Stories, Bd. 1 [Stories in an almost classical mode, 1988]*. Übers. Karin Graf u. a. Reinbek bei Hamburg: Rowohlt, 1992, S. 251–304.

Bronnen, Barbara. *Mütter ohne Männer. Neue Beziehungen zwischen Mann und Frau*. Düsseldorf/Wien: Econ-Verlag, 1978.

Brown, Jerram L. «A theory of mate choice based on heterozygosity», *Behavioral Ecology* 8 (1997): 60–65.

Brown, William M., Lee Cronk, Keith Grochow, Amy Jacobson, C. Karen Liu, Zoran Popović & Robert Trivers. «Dance reveals symmetry especially in young men», *Nature* 438 (2005): 1148–1150.

Bulgakow, Michail. *Der Meister und Margarita [1929–40]*. Übers. Thomas Reschke. München: Luchterhand, 2005.

Buss, David M. «Sex differences in human mate preferences: evolutionary hypotheses tested in 37 cultures», *Behavioral and Brain Sciences* 12 (1989): 1–49.

Buss, David M. «The strategies of human mating», *American Scientist* 82 (1994): 238–249.

Buss, David M. *The evolution of desire: strategies of human mating*. Rev. ed. New York: Basic, 2003 (deutsche Ausg.: *Die Evolution des Begehrens*, 1997).

Buss, David. *Evolutionary psychology: the new science of the mind*. 4th ed. Pearson new international ed. Harlow: Pearson, 2014.

Buss, David M., et al. «International preferences in selecting mates: a study of 37 cultures», *Journal of Cross-Cultural Psychology* 21 (1990): 5–47.

Byers, E. Sandra. «Relationship satisfaction and sexual satisfaction: a longitudinal study of individuals in longterm relationships», *The Journal of Sex Research* 42 (2005): 113–118.

Bygott, J. David, Brian C.R. Bertram & Jeannette P. Hanby. «Male lions in large coalitions gain reproductive advantages», *Nature* 282 (1979): 839–841.

Canetti, Elias. *Die Blendung [1935]*. Frankfurt am Main: Fischer TB, 1982.

Carmichael, Marie S., Richard Humbert, Jean Dixen, Glenn Palmisano, Walter

Greenleaf & Julian M. Davidson. «Plasma oxytocin increases in the human sexual response», *The Journal of Clinical Endocrinology & Metabolism* 64 (1987): 27–31.

Chagnon, Napoleon A., & William Irons (eds.). *Evolutionary biology and human social behavior.* North Scituate, MA: Duxbury Press, 1979.

Chapais, Bernard. «The deep structure of human society: primate origins and evolution». In Kappeler & Silk (eds.) (2010): 19–51.

Chapais, Bernard. «Monogamy, strongly bonded groups, and the evolution of human social structure», *Evolutionary Anthropology* 22 (2013): 52–65.

Choderlos de Laclos, Pierre-Ambroise-François. *Gefährliche Liebschaften oder Briefe gesammelt in einer Gesellschaft und veröffentlicht zur Unterweisung einiger anderer [Les liaisons dangereuses, 1782].* Übers. Wolfgang Tschöke. München: dtv, 2007.

Clark, Russell D., & Elaine Hatfield. «Gender differences in receptivity to sexual offers», *Journal of Psychology & Human Sexuality* 2 (1989): 39–55.

Clutton-Brock, T. H. «Size, sexual dimorphism, and polygyny in primates». In William L. Jungers (ed.). *Size and scaling in primate biology (Advances in primatology).* New York: Plenum Press, 1985, S. 51–60.

Clutton-Brock, T. H. «Mammalian mating systems», *Proc. R. Soc. Lond. B* 236 (1989): 339–372.

Coan, James A., Hillary S. Schaefer & Richard J. Davidson. «Lending a hand: social regulation of the neural response to threat», *Psychological Science* 17 (2006): 1032–1039.

Cockburn, Andrew. «Prevalence of different modes of parental care in birds», *Proc. R. Soc. Lond. B* 273 (2006): 1375–1383.

Conard, Nicholas J. «A female figurine from the basal Aurignacian of Hohle Fels Cave in southwestern Germany», *Nature* 459 (2009): 248–252.

Conard, Nicholas J., & Petra Kieselbach. «Eindeutig männlich! Ein Phallus aus dem Hohle Fels». In *Eiszeit: Kunst und Kultur.* Ostfildern: Thorbecke, 2009, S. 282–286.

Conley, Terri D. «Perceived proposer personality characteristics and gender differences in acceptance of casual sex offers», *Journal of Personality and Social Psychology* 100 (2011): 309–329.

Cousineau, Tara M., & Alice D. Domar. «Psychological impact of infertility», *Best Practice & Research: Clinical Obstetrics & Gynaecology* 21 (2007): 293–308.

Crocker, William H. «Canela ‹other fathers›. Partible paternity and its changing practices». In Beckerman & Valentine (eds.) (2002): 86–104.

Crocker, William H., & Jean Crocker. *The Canela: bonding through kinship, ritual, and sex.* Fort Worth: Harcourt Brace College Publishers, 1994.

Crook, John H., & Stamati J. Crook. «Tibetan polyandry: problems of adaptation and fitness». In Laura Betzig, Monique Borgerhoff Mulder & Paul

Turke (eds.). *Human reproductive behavior: a Darwinian perspective.* Cambridge: Cambridge UP, 1988, S. 97–114.

Daly, Martin, & Margo Wilson. «Evolutionary social psychology and family homicide», *Science* 242 (1988): 519–524.

Dannecker, Martin. «Die Generierung sexueller Wünsche beim Chatten im Internet». In Merk (Hrsg.) (2014): 165–181.

Darwin, Charles. *The descent of man, and selection in relation to sex.* 2 vols. London: John Murray, 1871 (deutsche Ausg.: *Die Abstammung des Menschen und die geschlechtliche Zuchtwahl,* 1871).

Davenport, William H. «Sex in cross-cultural perspective». In Frank A. Beach (ed.). *Human sexuality in four perspectives.* Baltimore: The Johns Hopkins UP, 1977, S. 115–163.

Davies, Nicholas B. «Mating systems». In John R. Krebs & Nicholas B. Davies (eds.). *Behavioural ecology: an evolutionary approach.* Oxford/London: Blackwell, 1991, S. 263–294.

Dawkins, Richard. *The selfish gene [1976].* New ed. Oxford: Oxford UP, 1989 (deutsche Ausg.: *Das egoistische Gen,* 1994).

Dawkins, Richard. *The extended phenotype: the long reach of the gene.* Oxford: Oxford UP, 1982 (deutsche Ausg.: *Der erweiterte Phänotyp: der lange Arm der Gene,* 2010).

De Dreu, Carsten K. W., et al. «Oxytocin promotes human ethnocentrism», *PNAS* 108 (2011): 1262–1266.

de Sade, Donatien-Alphonse-François. *Die Philosophie im Boudoir oder die lasterhaften Lehrmeister [La philosophie dans le boudoir ou Les instituteurs immoraux, 1795].* Köln: Könemann, 1995.

de Waal, Frans. *Chimpanzee politics: power and sex among apes.* Rev. ed. Baltimore: The Johns Hopkins UP, 1998.

de Waal, Frans B. M. «Apes from Venus: bonobos and human social evolution». In de Waal (ed.) (2001): 39–68.

de Waal, Frans de. *Der Affe in uns. Warum wir sind, wie wir sind [Our inner ape: a leading primatologist explains why we are who we are, 2005].* Übers. Hartmut Schickert. München: dtv, 2009.

de Waal, Frans B. M. (ed.). *Tree of origin: what primate behavior can tell us about human social evolution.* Cambridge, MA: Harvard UP, 2001.

de Waal, Frans, & Frans Lanting. *Bonobos. Die zärtlichen Menschenaffen [Bonobo: the forgotten ape, 1997].* Übers. Monika Niehaus-Osterloh. Basel/Boston/Berlin: Birkhäuser, 1998.

Degen, Rolf. *Vom Höchsten der Gefühle. Wie der Mensch zum Orgasmus kommt.* Frankfurt am Main: Eichborn, 2004.

Dekker, Arne, & Silja Matthiesen. «Studentische Sexualität im Wandel: 1966–1981–1996–2012», *Zeitschrift für Sexualforschung* 28 (2015): 245–271.

Diamond, Jared M. «Ethnic differences: variation in human testis size», *Nature* 320 (1986): 488–489.

Diamond, Jared M. *Why is sex fun? The evolution of human sexuality.* New York: HarperCollins, 1997 (deutsche Ausg.: *Warum macht Sex Spaß? Die Evolution der menschlichen Sexualität,* 2000).

Ditzen, Beate, Inga D. Neumann, Guy Bodenmann, Bernadette von Dawans, Rebecca A. Turner, Ulrike Ehlert & Markus Heinrichs. «Effects of different kinds of couple interaction on cortisol and heart rate responses to stress in women», *Psychoneuroendocrinology* 32 (2007): 565–574.

Ditzen, Beate, et al. «Intranasal oxytocin increases positive communication and reduces cortisol levels during couple conflict», *Biological Psychiatry* 65 (2009): 728–731.

Dixson, Alan F. *Sexual selection and the origins of human mating systems.* Oxford: Oxford Univ. Press, 2009.

Dixson, Alan F. *Primate sexuality: comparative studies of the prosimians, monkeys, apes, and humans.* 2nd ed. Oxford: Oxford UP, 2012.

Dixson, Alan F., & Matthew Anderson. «Sexual selection and the comparative anatomy of reproduction in monkeys, apes, and human beings», *Annual Review of Sex Research* 12 (2001): 121–144.

Dixson, Alan F., & Matthew J. Anderson. «Sexual behavior, reproductive physiology and sperm competition in male mammals», *Physiology & Behavior* 83 (2004): 361–371.

Dombert, Beate, Alexander F. Schmidt, Rainer Banse, Peer Briken, Jürgen Hoyer, Janina Neutze & Michael Osterheider. «How common is men's self-reported sexual interest in prepubescent children?» *The Journal of Sex Research* 53 (2016): 214–223.

Dumas, Alexandre. *Die Kameliendame [La dame aux camélias, 1848].* Übers. Walter Hoyer. Frankfurt am Main: Suhrkamp, 1999.

Dzara, Kristina. «Assessing the effect of marital sexuality on marital disruption», *Social Science Research* 39 (2010): 715–724.

Easton, Judith A., Jaime C. Confer, Cari D. Goetz & David M. Buss. «Reproduction expediting: sexual motivations, fantasies, and the ticking biological clock», *Personality and Individual Differences* 49 (2010): 516–520.

Eastwick, Paul W., & Eli J. Finkel. «Sex differences in mate preferences revisited: do people know what they initially desire in a romantic partner?» *Journal of Personality and Social Psychology* 94 (2008): 245–264.

Eastwick, Paul W., Laura B. Luchies, Eli J. Finkel & Lucy L. Hunt. «The predictive validity of ideal partner preferences: a review and meta-analysis», *Psychological Bulletin* 140 (2014): 623–665.

Eaton, Randall L. «Why some felids copulate so much: a model for the evolution of copulation frequency», *Carnivore* 1 (1978): 42–51.

Eberhard, William G. *Sexual selection and animal genitalia.* Cambridge, Mass.: Harvard UP, 1985.

Eberhard, William G. *Female control: sexual selection by cryptic female choice.* Princeton: Princeton UP, 1996.

Eibl-Eibesfeldt, Irenäus. *Die Biologie des menschlichen Verhaltens. Grundriß der Humanethologie.* 2. Aufl. München/Zürich: Piper, 1986.

Ellis, Bruce J. B., & Donald Symons. «Sex differences in sexual fantasy: an evolutionary psychological approach», *Journal of Sex Research* 27 (1990): 527–555.

Emlen, Stephen T. «Evolution of cooperative breeding in birds and mammals». In John R. Krebs & Nicholas B. Davies (eds.). *Behavioural ecology: an evolutionary approach.* Oxford/London: Blackwell, 1991, S. 301–337.

Engels, Friedrich. «Der Ursprung der Familie, des Privateigentums und des Staats. Im Anschluss an Lewis H. Morgans Forschungen [1884]«. In Karl Marx & Friedrich Engels. *Werke [MEW].* Bd. 21. Berlin: Dietz Verlag, 1962, S. 25–173.

Erdal, David, & Andrew Whiten. «On human egalitarianism: an evolutionary product of machiavellian status escalation?» *Current Anthropology* 35 (1994): 175–183.

Euler, Harald A. «Geschlechterunterschiede». In Lange & Schwarz (Hrsg.) (2015): 62–73.

Farthing, G. William. «Attitudes toward heroic and nonheroic physical risk takers as mates and as friends», *Evolution and Human Behavior* 26 (2005): 171–185.

Fellmann, Ferdinand. «The origin of man behind the veil of ignorance: a psychobiological approach», *Biological Theory* 5 (2010): 240–245.

Fellmann, Ferdinand. «‹Warum mußte ein solches Paar existieren?› Zur Urszene der Menschwerdung», *Allgemeine Zeitschrift für Philosophie* 36 (2011): 95–105.

Fisher, Helen. *Anatomy of love: a natural history of mating, marriage, and why we stray.* New York: Random House, 1992 (deutsche Ausg.: *Anatomie der Liebe: warum sich Paare finden, sich binden und auseinandergehen,* 1993).

Fisher, Helen. «Lust, Anziehung und Verbundenheit. Biologie und Evolution der menschlichen Liebe». In Heinrich Meier & Gerhard Neumann (Hrsg.). *Über die Liebe. Ein Symposion.* München/Zürich: Piper, 2001, S. 81–112.

Fisher, Helen E., Arthur Aron & Lucy L. Brown. «Romantic love: a mammalian brain system for mate choice», *Phil. Trans. R. Soc. B* 361 (2006): 2173–2186.

Flaubert, Gustave. *Madame Bovary. Sitten in der Provinz [Madame Bovary: Mœurs de province, 1857].* Übers. Elisabeth Edl. München: dtv, 2014.

Fletcher, Garth J. O., Jeffry A. Simpson, Lorne Campbell & Nickola C. Overall. «Pair-bonding, romantic love, and evolution: the curious case of *Homo sapiens*», *Perspectives on Psychological Science* 10 (2015): 20–36.

Floyd, Kory, Justin P. Boren, Annegret F. Hannawa, Colin Hesse, Breanna McEwan & Alice E. Veksler. «Kissing in marital and cohabiting relationships: effects on blood lipids, stress, and relationship satisfaction», *Western Journal of Communication* 73 (2009): 113-133.

Foley, Robert, & Clive Gamble. «The ecology of social transitions in human evolution», *Phil. Trans. R. Soc. B* 364 (2009): 3267-3279.

Ford, Clellan S., & Frank A. Beach. *Formen der Sexualität. Das Sexualverhalten bei Mensch und Tier [Patterns of sexual behavior, 1951].* Reinbek bei Hamburg: Rowohlt, 1968.

Fourier, Charles. *Aus der neuen Liebeswelt [1808-35].* Übers. Eva Moldenhauer. Berlin: Wagenbach, 1977.

Freud, Sigmund. «Über die allgemeinste Erniedrigung des Liebeslebens [1912]». In *Gesammelte Werke.* Bd. 8, *Werke aus den Jahren 1909-1913.* London: Imago Publishing Co., 1943, S. 78-91.

Freud, Sigmund. *Vorlesungen zur Einführung in die Psychoanalyse [1916-17].* Gesammelte Werke, Bd. 11. London: Imago Publishing Co., 1940.

Friedl, Ernestine. «Society and sex roles», *Human Nature* 1 (1978): 68-75.

Galdikas, Biruté M. F. «Orangutan reproduction in the wild». In Graham (ed.) (1981): 281-300.

Galdikas, Biruté M. F. «Subadult male orangutan sociality and reproductive behavior at Tanjung Puting», *American Journal of Primatology* 8 (1985): 87-99.

Galinsky, Adena M., & Freya Lund Sonenstein. «Relationship commitment, perceived equity, and sexual enjoyment among young adults in the United States», *Archives of Sexual Behavior* 42 (2013): 93-104.

Gallup, Gordon G. Jr., Rebecca L. Burch, Mary L. Zappieri, Rizwan A. Parvez, Malinda L. Stockwell & Jennifer A. Davis. «The human penis as a semen displacement device», *Evolution and Human Behavior* 24 (2003): 277-289.

García Márquez, Gabriel. *Die Liebe in den Zeiten der Cholera [El amor en los tiempos del cólera, 1985].* Übers. Dagmar Ploetz. Frankfurt am Main: Fischer TB, 2004.

Garcia, Justin R., Chris Reiber, Sean G. Massey & Ann M. Merriwether. «Sexual hookup culture: a review», *Review of General Psychology* 16 (2012): 161-176.

Gavrilets, Sergey. «Human origins and the transition from promiscuity to pair-bonding», *PNAS* 109 (2012): 9923-9928.

Gettler, Lee T., Thomas W. McDade, Alan B. Feranil & Christopher W. Kuzawa. «Longitudinal evidence that fatherhood decreases testosterone in human males», *PNAS* 108 (2011): 16194-16199.

Gettler, Lee T., James J. McKenna, Thomas W. McDade, Sonny S. Agustin & Christopher W. Kuzawa. «Does cosleeping contribute to lower testosterone levels in fathers? Evidence from the Philippines», *PLoS ONE* 7 (2012): e41559.

Goethe, Johann Wolfgang. *Faust. Der Tragödie erster Teil [1808].* Stuttgart: Reclam, 1999.

Goldman, Wendy Z. *Women, the state and revolution: soviet family policy and social life, 1917–1936.* Cambridge: Cambridge UP, 1993.

Gomes, Cristina M., & Christophe Boesch. «Wild chimpanzees exchange meat for sex on a long-term basis», *PLoS ONE* 4 (4) (2009): e5116.

Gould, Stephen Jay. «Freudian slip», *Natural History* 96 (1987), no. 2: 14–21.

Graham, Charles E. (ed.). *Reproductive biology of the great apes: comparative and biomedical perspectives.* New York: Academic Press, 1981.

Grammer, Karl. *Signale der Liebe. Die biologischen Gesetze der Partnerschaft.* München: dtv, 1995.

Grammer, Karl, Viktoria Keki, Beate Striebel, Michaela Atzmüller & Bernhard Fink. «Bodies in motion: a window to the soul». In Voland & Grammer (2003): 295–323.

Grammer, Karl, Bernhard Fink & Nick Neave. «Human pheromones and sexual attraction», *European Journal of Obstetrics & Gynecology and Reproductive Biology* 118 (2005): 135–142.

Gray, J. Patrick. «Ethnographic atlas codebook», *World Cultures* 10 (1998): 86–136.

Gruenbaum, Ellen. *The female circumcision controversy: an anthropological perspective.* Philadelphia: University of Pennsylvania Press, 2001.

Grueter, Cyril C., Bernard Chapais & Dietmar Zinner. «Evolution of multilevel social systems in nonhuman primates and humans», *International Journal of Primatology* 33 (2012a): 1002–1037.

Grueter, Cyril C., Ikki Matsuda, Peng Zhang & Dietmar Zinner. «Multilevel societies in primates and other mammals», *International Journal of Primatology* 33 (2012b): 993–1001.

Harcourt, A. H., P. H. Harvey, S. G. Larson & R. V. Short. «Testis weight, body weight and breeding system in primates», *Nature* 293 (1981): 55–57.

Hassenstein, Bernhard. «Sexualentwicklung des Kindes in verhaltensbiologischer Sicht». In Theodor Hellbrügge (Hrsg.). *Die Entwicklung der kindlichen Sexualität.* München [u. a.]: Urban & Schwarzenberg, 1982, S. 88–110.

Hawkes, Kristen. «Grandmothers and the evolution of human longevity», *American Journal of Human Biology* 15 (2003): 380–400.

Hawkes, Kristen, James F. O'Connell & Nicholas G. Blurton Jones. «Hadza meat sharing», *Evolution and Human Behavior* 22 (2001): 113–142.

Heider, Ulrike. *Vögeln ist schön. Die Sexrevolte von 1968 und was von ihr bleibt.* Berlin: Rotbuch-Verlag, 2014.

Heiman, Julia R., J. Scott Long, Shawna N. Smith, William A. Fisher, Michael S. Sand & Raymond C. Rosen. «Sexual satisfaction and relationship happiness in midlife and older couples in five countries», *Archives of Sexual Behavior* 40 (2011): 741–753.

Hejj, Andreas. *Traumpartner. Evolutionspsychologische Aspekte der Partnerwahl.* Berlin [u.a.]: Springer, 1996.

Henderson-King, Donna H., & Joseph Veroff. «Sexual satisfaction and marital well-being in the first years of marriages», *Journal of Social and Personal Relationships* 11 (1994): 509-534.

Henrich, Joseph, Robert Boyd & Peter J. Richerson. «The puzzle of monogamous marriage», *Phil. Trans. R. Soc. B* 367 (2012): 657-669.

Henscheid, Eckhard. *Die Vollidioten. Ein historischer Roman aus dem Jahr 1972 [1973].* Frankfurt am Main: Schöffling, 2014.

Herbenick, Debby, et al. «An event-level analysis of the sexual characteristics and composition among adults ages 18 to 59: results from a national probability sample in the United States», *The Journal of Sexual Medicine* 7 (suppl. 5) (2010): 346-361.

Herwig, Malte. *Die Frau, die Nein sagt. Rebellin, Muse, Malerin – Françoise Gilot über ihr Leben mit und ohne Picasso.* Hollenstedt: Ankerherz-Verlag, 2015.

Hill, Kim, & A. Magdalena Hurtado. *Ache life history: the ecology and demography of a foraging people.* New York: Aldine de Gruyter, 1996.

Hill, Kim R., Robert S. Walker, Miran Božičević, James Eder, Thomas Headland, Barry Hewlett, A. Magdalena Hurtado, Frank Marlowe, Polly Wiessner & Brian Wood. «Co-residence patterns in hunter-gatherer societies show unique human social structure», *Science* 331 (2011): 1286-1289.

Holmberg, Diane, Karen L. Blair & Maggie Phillips. «Women's sexual satisfaction as a predictor of well-being in same-sex versus mixed-sex relationships», *The Journal of Sex Research* 46 (2009): 1-11.

Howell, Nancy. *Demography of the Dobe !Kung.* 2nd ed. New York: Aldine de Gruyter, 2000.

Hrdy, Sarah Blaffer. «Infanticide among animals: a review, classification, and examination of the implications for the reproductive strategies of females», *Ethology and Sociobiology* 1 (1979): 13-40.

Hrdy, Sarah Blaffer. «The primate origins of human sexuality». In Robert Bellig and George Stevens (eds.). *The Evolution of Sex.* San Francisco: Harper & Row, 1988, S. 101-136.

Hrdy, Sarah Blaffer. *Mutter Natur. Die weibliche Seite der Evolution [Mother Nature: a history of mothers, infants and natural selection, 1999].* Berlin: Berlin-Verlag, 2000.

Hughes, Susan M., Marissa A. Harrison & Gordon G. Gallup, Jr. «Sex differences in romantic kissing among college students: an evolutionary perspective», *Evolutionary Psychology* 5 (2007): 612-631.

Hunter, Fiona M., Marion Petrie, Merja Otronen, Tim Birkhead & Anders Pape Møller. «Why do females copulate repeatedly with one male?» *Trends in Ecology & Evolution* 8 (1993): 21-26.

Hyde, Janet Shibley. «The gender similarities hypothesis», *American Psychologist* 60 (2005): 581–592.

Jankowiak, William R., & Edward F. Fischer. «A cross-cultural perspective on romantic love», *Ethnology* 31 (1992): 149–155.

Joel, Daphna, et al. «Sex beyond the genitalia: the human brain mosaic», *PNAS* 112 (2015): 15468–15473

Jones, Doug. «An evolutionary perspective on physical attractiveness», *Evolutionary Anthropology* 5 (1996): 97–109.

Jong, Erica. *Angst vorm Fliegen [Fear of flying, 1973].* Übers. Kai Molvig. Frankfurt am Main: S. Fischer, 1976.

Joyal, Christian C., Amélie Cossette & Vanessa Lapierre. «What exactly is an unusual sexual fantasy?» *Journal of Sexual Medicine* 12 (2015): 328–340.

Junker, Thomas. *Die Evolution des Menschen.* 2. Aufl. München: Beck, 2008.

Junker, Thomas. *Die Evolution der Phantasie. Wie der Mensch zum Künstler wurde.* Stuttgart: Hirzel, 2013.

Junker, Thomas, & Sabine Paul. *Der Darwin-Code: Die Evolution erklärt unser Leben.* 2. Aufl. München: Beck, 2009.

Kanitscheider, Bernulf. *Das hedonistische Manifest.* Stuttgart: Hirzel, 2011.

Kaplan, Hillard S., & Arthur J. Robson. «The emergence of humans: the coevolution of intelligence and longevity with intergenerational transfers», *PNAS* 99 (2002): 10221–10226.

Kappeler, Peter M., & Joan B. Silk (eds.). *Mind the gap: tracing the origins of human universals.* Berlin/Heidelberg: Springer, 2010.

Karmin, Monika, et al. «A recent bottleneck of Y chromosome diversity coincides with a global change in culture», *Genome Research* 25 (2015): 459–466.

Karney, Benjamin R., & Thomas N. Bradbury. «The longitudinal course of marital quality and stability: a review of theory, methods, and research», *Psychological Bulletin* 118 (1995): 3–34.

Kätzel, Ute. *Die 68erinnen. Porträt einer rebellischen Frauengeneration.* Berlin: Rowohlt, 2002.

King, Robert, Jay Belsky, Kenneth Mah & Yitzchak Binik. «Are there different types of female orgasm?» *Archives of Sexual Behavior* 40 (2011): 865–875.

Kinsey, Alfred C., Wardell B. Pomeroy & Clyde E. Martin. *Sexual behavior in the human male.* Philadelphia: W. B. Saunders, 1948.

Kinsey, Alfred C., Wardell B. Pomeroy, Clyde E. Martin & Paul H. Gebhard. *Sexual behavior in the human female.* Philadelphia: W. B. Saunders, 1953.

Kirkpatrick, R. C. «The evolution of human homosexual behavior», *Current Anthropology* 41 (2000): 385–413.

Kirshenbaum, Sheril. *The science of kissing: what our lips are telling us.* New York: Grand Central, 2011.

Kleist, Heinrich von. *Die Marquise von O... [1808]. Das Erdbeben in Chili. Erzählungen.* Stuttgart: Reclam, 1993.

Klusmann, Dietrich. «Sexual motivation and the duration of partnership», *Archives of Sexual Behavior* 31 (2002): 275–287.

Kobelt, Georg Ludwig. *Die männlichen und weiblichen Wollust-Organe des Menschen und einiger Säugethiere in anatomisch-physiologischer Beziehung.* Freiburg i. Br.: Emmerling, 1844.

Kohut, Taylor, Jodie L. Baer & Brendan Watts. «Is pornography really about ‹making hate to women›? Pornography users hold more gender egalitarian attitudes than nonusers in a representative American sample», *The Journal of Sex Research* 53 (2016): 1–11.

Kollontai, Alexandra. «Theses on communist morality in the sphere of marital relations [1921]». In *Selected writings.* Übers. Alix Holt. London: Allison & Busby, 1977, S. 225–231.

Komisaruk, Barry R., Carlos Beyer-Flores & Beverly Whipple. *The science of orgasm.* Baltimore: The Johns Hopkins UP, 2006.

Komisaruk, Barry R., Beverly Whipple, Sara Nasserzadeh & Carlos Beyer-Flores. *The orgasm answer guide.* Baltimore: The Johns Hopkins UP, 2010.

Krafft-Ebing, Richard von. *Psychopathia sexualis mit besonderer Berücksichtigung der konträren Sexualempfindung. Eine medizinisch-gerichtliche Studie für Ärzte und Juristen.* 14. verm. Aufl. Hrsg. von Alfred Fuchs. Stuttgart: Ferdinand Enke, 1912. Reprint 1997.

Krüger, T. H. C., et al. «Effects of acute prolactin manipulation on sexual drive and function in males», *Journal of Endocrinology* 179 (2003): 357–365.

Kummer, Hans. *Social organization of hamadryas baboons: a field study.* Chicago: University of Chicago Press, 1968.

Kutschera, Ulrich. *Das Gender-Paradoxon: Mann und Frau als evolvierte Menschentypen.* Berlin/Münster: LIT, 2016.

Lampard, Richard. «Stated reasons for relationship dissolution in Britain: marriage and cohabitation compared», *European Sociological Review* 30 (2014): 315–328.

Lange, Benjamin P., Eugen Zaretsky, Sascha Schwarz & Harald A. Euler. «Words won't fail: Experimental evidence on the role of verbal proficiency in mate choice», *Journal of Language and Social Psychology* 33 (2014): 482–499.

Lange, Benjamin P., & Sascha Schwarz (Hrsg.). *Die menschliche Psyche zwischen Natur und Kultur. Die Psychogenese der Menschheit, Band I.* Lengerich: Pabst Science Publishers, 2015.

Långström, Niklas, Qazi Rahman, Eva Carlström & Paul Lichtenstein. «Genetic and environmental effects on same-sex sexual behavior: a population study of twins in Sweden», *Archives of Sexual Behavior* 39 (2010): 75–80.

Laumann, Edward O., John H. Gagnon, Robert T. Michael & Stuart Michaels.

The social organization of sexuality: sexual practices in the United States. Chicago: Chicago UP, 1994.

Lawrence, D. H. *Lady Chatterley [Lady Chatterley's Lover, 1928]*. Reinbek bei Hamburg: Rowohlt, 1999.

Layton, Robert, & Sean O'Hara. «Human social evolution: a comparison of hunter-gatherer and chimpanzee social organization». In Robin Dunbar, Clive Gamble & John Gowlett (eds.). *Social brain, distributed mind*. Oxford: Oxford UP, 2010, S. 83–113.

Lee, Ronald D. «Population dynamics of humans and other animals», *Demography* 24 (1987): 443–465.

Leitenberg, Harold, & Kris Henning. «Sexual fantasy», *Psychological Bulletin* 117 (1995): 469–496.

Leivers, Samantha, & Leigh W. Simmons. «Human sperm competition: playing a defensive strategy», *Advances in the Study of Behavior* 46 (2014): 1–44.

Leonardo da Vinci. *Anatomical drawings from the Royal Library, Windsor Castle*. Prepared by Kenneth Keele and Jane Roberts. New York: Metropolitan Museum of Art, 1983.

Lever, Maurice. *Marquis de Sade. Die Biographie*. Übers. Wolfram Bayer u. a. München: dtv, 1998.

Levine, Nancy E., & Joan B. Silk. «Why polyandry fails: sources of instability in polyandrous marriages», *Current Anthropology* 38 (1997): 375–398.

Lévi-Strauss, Claude. *Die elementaren Strukturen der Verwandtschaft [Les structures élémentaires de la parenté, 1949]*. Frankfurt am Main: Suhrkamp, 1981.

Levy, Kenneth N., & Kristen M. Kelly. «Sex differences in jealousy: a contribution from attachment theory», *Psychological Science* 21 (2010): 168–173.

Lieberman, Debra, John Tooby & Leda Cosmides. «Does morality have a biological basis? An empirical test of the factors governing moral sentiments relating to incest», *Proc. R. Soc. Lond. B* 270 (2003): 819–826.

Little, Anthony C., Danielle L. Cohen, Benedict C. Jones & Jay Belsky. «Human preferences for facial masculinity change with relationship type and environmental harshness», *Behavioral Ecology and Sociobiology* 61 (2007): 967–973.

Lloyd, Elisabeth A. *The case of the female orgasm: bias in the science of evolution*. Cambridge, MA: Harvard UP, 2005.

Lombardo Radice, Marco, & Lidia Ravera [Rocco & Antonia]. *Schweine mit Flügeln. Sex + Politik: ein Tagebuch [Porci con le ali, 1976]*. Übers. Wolfgang Sebastian Baur. Reinbek bei Hamburg: Rowohlt, 1985.

Lovejoy, C. Owen. «The origin of man», *Science* 211 (1981): 341–350.

Low, Bobbi S. «Sexual selection and human ornamentation. In Chagnon & Irons (eds.) (1979): 462–487.

Lukas, Dieter, & T. H. Clutton-Brock. «The evolution of social monogamy in mammals», *Science* 341 (2013): 526–530.

Lukas, Dieter, & Elise Huchard. «The evolution of infanticide by males in mammalian societies», *Science* 346 (2014): 841–844.

Mah, Kenneth, & Yitzchak M. Binik. «The nature of human orgasm: a critical review of major trends», *Clinical Psychology Review* 21 (2001): 823–856.

Mahler-Werfel, Alma. *Mein Leben [1960].* Frankfurt am Main: Fischer TB, 1999.

Maier, Thomas. *Masters of sex: the life and times of William Masters and Virginia Johnson, the couple who taught America how to love.* New York: Basic Books, 2009.

Malinowski, Bronisław. *The sexual life of savages in north-western Melanesia: an ethnographic account of courtship, marriage and family life among the natives of the Trobriand Islands, British New Guinea.* New York: Harcourt, Brace & World, 1929.

Mann, Thomas. *Buddenbrooks. Verfall einer Familie [1901].* Frankfurt am Main: Fischer TB, 2005.

Mann, Thomas. *Der Zauberberg [1924].* Frankfurt am Main: Fischer TB, 1991.

Márai, Sándor. *Wandlungen einer Ehe [1941–48].* Übers. Christina Viragh. München/Zürich: Piper, 2004.

Marci, Roberto, Angela Graziano, Isabella Piva, Giuseppe Lo Monte, Ilaria Soave, Emilio Giugliano, Silvia Mazzoni, Roberta Capucci, Maria Carbonara, Stefano Caracciolo & Alfredo Patella. «Procreative sex in infertile couples: the decay of pleasure?» *Health and Quality of Life Outcomes* 10 (2012): 140.

Mark, Kristen P., et al. «The impact of sexual compatibility on sexual and relationship satisfaction in a sample of young adult heterosexual couples», *Sexual and Relationship Therapy* 28 (2013): 201–214.

Marlowe, Frank W. «The nubility hypothesis: the human breast as an honest signal of residual reproductive value», *Human Nature* 9 (1998): 263–271.

Marlowe, Frank W. «Mate preferences among Hadza hunter-gatherers», *Human Nature* 15 (2004): 365–376.

Marlowe, Frank. *The Hadza hunter-gatherers of Tanzania. Origins of human behavior and culture,* no. 3. Berkeley, Calif. [u. a.]: University of California Press, 2010.

Masters, William H., & Virginia E. Johnson. *Human sexual response.* Boston: Little Brown, 1966 (deutsche Ausg.: *Die sexuelle Reaktion,* 1967).

Maupassant, Guy de. *Bel-Ami [1885].* Übers. Hermann Lindner. München: dtv, 2011.

Maupassant, Guy de. «Ein Abend [1889]». In *Von der Liebe und anderen Kriegen.* Übers. Hermann Lindner. München: dtv, 2014, S. 124–151.

Mautz, Brian S., Bob B. M. Wong, Richard A. Peters & Michael D. Jennions. «Penis size interacts with body shape and height to influence male attractiveness», *PNAS* 110 (2013): 6925–6930.

Maynard Smith, John. *The evolution of sex.* Cambridge: Cambridge UP, 1978.

Mayr, Ernst. *Animal species and evolution.* Cambridge, Mass.: The Belknap Press of Harvard UP, 1963.

McDonald Pavelka, Mary S. «Sexual nature: what can we learn from a cross-species perspective?» In Abramson & Pinkerton (eds.) (1995): 17–36.

McLuhan, Marshall, & George B. Leonard. «The future of sex», *Look Magazine,* 25. Juli 1967, S. 56–63 (auszugsweise abgedruckt in: *Konkret,* 10. März 1969, S. 28–33).

McNulty, James K., Michael A. Olson, Andrea L. Meltzer & Matthew J. Shaffer. «Though they may be unaware, newlyweds implicitly know whether their marriage will be satisfying», *Science* 342 (2013): 1119–1120.

Merk, Agatha (Hrsg.). *Cybersex. Psychoanalytische Perspektiven.* Beiträge zur Sexualforschung, Bd. 97. Gießen: Psychosozial-Verlag, 2014.

Meston, Cindy M., & David M. Buss. «Why humans have sex», *Archives of Sexual Behavior* 36 (2007): 477–507.

Meston, Cindy M., & David M. Buss. *Why women have sex: understanding sexual motivations from adventure to revenge (and everything in between).* London: Vintage, 2010.

Meyer, Axel. *Adams Apfel und Evas Erbe. Wie die Gene unser Leben bestimmen und warum Frauen anders sind als Männer.* München: Bertelsmann, 2015.

Milinski, Manfred. «Perfumes». In Voland & Grammer (2003): 325–339.

Milinski, Manfred, & Claus Wedekind. «Evidence for MHC-correlated perfume preferences in humans», *Behavioral Ecology* 12 (2001): 140–149.

Miller, Geoffrey. *The mating mind: how sexual choice shaped the evolution of human nature.* New York: Doubleday, 2000 (deutsche Ausg.: *Die sexuelle Evolution. Partnerwahl und die Entstehung des Geistes,* 2001).

Miller, Greg. «The promise and perils of oxytocin», *Science* 339 (2013): 267–269.

Miller, Henry. *Stille Tage in Clichy [Quiet days in Clichy, 1956].* Übers. Kurt Wagenseil. 23. Aufl. Reinbek bei Hamburg: Rowohlt, 2011.

Millett, Kate. *Sexus und Herrschaft. Die Tyrannei des Mannes in unserer Gesellschaft [Sexual politics, 1970].* München: dtv, 1974.

Montagu, Ashley M. F. *The reproductive development of the female: a study in the comparative physiology of the adolescent organism.* 3d ed. Littleton, MA: PSG Publishing, 1979.

Moore, H. D. M., M. Martin & T. R. Birkhead. «No evidence for killer sperm or other selective interactions between human spermatozoa in ejaculates of different males *in vitro*», *Proc. R. Soc. Lond. B* 266 (1999): 2343–2350.

Morgan, Lewis H. *Ancient society, or researches in the lines of human progress from savagery, through barbarism to civilization.* London: MacMillan and Co., 1877.

Morris, Desmond. *Der nackte Affe [The naked ape, 1967].* Übers. Fritz Bolle. München: Knaur, 1968.

Morris, Desmond. *The naked woman: a study of the female body.* London [u. a.]: Vintage, 2005.

Muller, Hermann J. «Genetic progress by voluntarily conducted germinal choice». In Gordon Wolstenholme (ed.). *Man and his future.* A Ciba Foundation Volume. Boston/Toronto: Little, Brown & Co., 1963, S. 247–262.

Muller, Martin N., Melissa Emery Thompson & Richard W. Wrangham. «Male chimpanzees prefer mating with old females», *Current Biology* 16 (2006): 2234–2238.

Muller, Martin N., Melissa Emery Thompson, Sonya M. Kahlenberg & Richard W. Wrangham. «Sexual coercion by male chimpanzees shows that female choice may be more apparent than real», *Behavioral Ecology and Sociobiology* 65 (2011): 921–933.

Muller, Martin N., & Richard W. Wrangham (eds.). *Sexual coercion in primates and humans: an evolutionary perspective on male aggression against females.* Cambridge, MA: Harvard UP, 2009.

Murakami, Haruki. *Gefährliche Geliebte.* Übers. Giovanni Bandini & Ditte Bandini. Köln: DuMont, 2000.

Muscarella, Frank. «The evolution of homoerotic behavior in humans», *Journal of Homosexuality* 40 (2000): 51–77.

Nabokov, Vladimir. *Lolita [1955].* Übers. Helen Hessel u. a. Reinbek bei Hamburg: Rowohlt, 1997.

Nagasawa, Miho, Shouhei Mitsui, Shiori En, Nobuyo Ohtani, Mitsuaki Ohta, Yasuo Sakuma, Tatsushi Onaka, Kazutaka Mogi & Takefumi Kikusui. «Oxytocin-gaze positive loop and the coevolution of human-dog bonds», *Science* 348 (2015): 333–336.

Nettle, Daniel. «Women's height, reproductive success and the evolution of sexual dimorphism in modern humans», *Proc. R. Soc. Lond. B* 269 (2002): 1919–1923.

Niemeyer, Carol L., & James R. Anderson. «Primate harassment of matings», *Ethology and Sociobiology* 4 (1983): 205–220.

Nietzsche, Friedrich. «Die Geburt der Tragödie aus dem Geiste der Musik [1872/1886]». In *Kritische Studienausgabe [KSA], Bd. 1.* Hrsg. von Giorgio Colli & Mazzino Montinari. München: dtv, 1988, S. 9–156.

Nin, Anaïs. *Henry, June und ich. Intimes Tagebuch [Henry and June: from the unexpurgated diaries of Anaïs Nin, 1986].* Übers. Gisela Stege. Bern/München/Wien: Scherz, 1987.

O'Connell, Helen E., Kalavampara V. Sanjeevan & John M. Hutson. «Anatomy of the clitoris», *The Journal of Urology* 174 (2005): 1189–1195.

Opie, Christopher, Quentin D. Atkinson, Robin I. M. Dunbar & Susanne Shultz. «Male infanticide leads to social monogamy in primates», *PNAS* 110 (2013): 13328–13332.

Orwell, George. *1984 [Nineteen eighty-four, 1949]*. Übers. Michael Walter. Berlin: Ullstein, 2000.

Packer, Craig, & Anne E. Pusey. «Adaptations of female lions to infanticide by incoming males», *The American Naturalist* 121 (1983): 716-728.

Packer, Craig, Lawrence Herbst, Anne E. Pusey, J. David Bygott, Jeannette P. Hanby, Sara J. Cairns & Monique Borgerhoff Mulder. «Reproductive success in lions». In T. H. Clutton-Brock (ed). *Reproductive success: studies of individual variation in contrasting breeding systems*. Chicago: Chicago UP, 1988, S. 363-383.

Paik, Anthony. «‹Hookups,› dating, and relationship quality: does the type of sexual involvement matter?» *Social Science Research* 39 (2010): 739-753.

Panksepp, Jaak (ed.). *Textbook of biological psychiatry*. Hoboken, NJ: Wiley-Liss, 2004.

Paul, Andreas, & Jutta Küster. «Vater *sein* dagegen sehr? Beziehungen zwischen Primatenmännchen und -kindern». In Eckart Voland (Hrsg.). *Evolution und Anpassung. Warum die Vergangenheit die Gegenwart erklärt*. Christian Vogel zum 60. Geburtstag. Stuttgart: Hirzel, 1993, S. 104-124.

Pawlowski, B., R. I. M. Dunbar & A. Lipowicz. «Evolutionary fitness: Tall men have more reproductive success», *Nature* 403 (2000): 156.

Petersen, Jennifer L., & Janet Shibley Hyde. «A meta-analytic review of research on gender differences in sexuality, 1993-2007», *Psychological Bulletin* 136 (2010): 21-38.

Pfister, Michael. «Die Pornosophie des Marquis de Sade als erotisch-kritisches Fantasieren jenseits eines plumpen Materialismus». In Merk (Hrsg.) (2014): 229-254.

Pinker, Steven. *Wie das Denken im Kopf entsteht [How the mind works, 1997]*. Übers. Martina Wiese & Sebastian Vogel. Frankfurt am Main: Fischer TB, 2011.

Plavcan, J. Michael, & Carel P. van Schaik. «Intrasexual competition and body weight dimorphism in anthropoid primates», *American Journal of Physical Anthropology* 103 (1997): 37-68.

Pollet, Thomas V., Leander van der Meij, Kelly D. Cobey & Abraham P. Buunk. «Testosterone levels and their associations with lifetime number of opposite sex partners and remarriage in a large sample of American elderly men and women», *Hormones and behavior* 60 (2011): 72-77.

Ponseti, J., O. Granert, T. van Eimeren, O. Jansen, S. Wolff, K. Beier, G. Deuschl, H. Bosinski & H. Siebner. «Human face processing is tuned to sexual age preferences», *Biology Letters* 10 (2014): 20140200.

Previti, Denise, & Paul R. Amato. «Is infidelity a cause or a consequence of poor marital quality?» *Journal of Social and Personal Relationships* 21 (2004): 217-230.

Pryke, Sarah R., Lee A. Rollins & Simon C. Griffith. «Females use multiple mating and genetically loaded sperm competition to target compatible genes», *Science* 329 (2010): 964-967.

Pusey, Anne E. «Of genes and apes: chimpanzee social organization and reproduction». In de Waal (ed.) (2001): 9-37.

Puts, David A., Khytam Dawood & Lisa L. M. Welling. «Why women have orgasms: an evolutionary analysis», *Archives of Sexual Behavior* 41 (2012): 1127-1143.

Rahman, Qazi, & Matthew S. Hull. «An empirical test of the kin selection hypothesis for male homosexuality», *Archives of Sexual Behavior* 34 (2005): 461-467.

Rantala, Markus J., & Urszula M. Marcinkowska. «The role of sexual imprinting and the Westermarck effect in mate choice in humans», *Behavioral Ecology and Sociobiology* 65 (2011): 859-873.

Reich, Wilhelm. *Die Funktion des Orgasmus. Zur Psychopathologie und zur Soziologie des Geschlechtslebens.* Neue Arbeiten zur ärztlichen Psychoanalyse, Nr. VI. Leipzig/Wien/Zürich: Internationaler Psychoanalytischer Verlag, 1927.

Reich, Wilhelm. *Die sexuelle Revolution. Zur charakterlichen Selbststeuerung des Menschen [1936].* Frankfurt am Main: Fischer TB, 1971.

Ridley, Matt. *The red queen: sex and the evolution of human nature.* London: Viking, 1993 (deutsche Ausgabe: *Eros und Evolution. Die Naturgeschichte der Sexualität,* 1995).

Roberts, S. Craig, L. Morris Gosling, Vaughan Carter & Marion Petrie. «MHC-correlated odour preferences in humans and the use of oral contraceptives», *Proc. R. Soc. Lond. B* 275 (2008): 2715-2722.

Roberts, S. Craig, Kateřina Klapilová, Anthony C. Little, Robert P. Burriss, Benedict C. Jones, Lisa M. DeBruine, Marion Petrie & Jan Havlíček. «Relationship satisfaction and outcome in women who meet their partner while using oral contraception», *Proc. R. Soc. Lond. B* 279 (2012): 1430-1436.

Rodseth, Lars, Richard W. Wrangham, Alisa M. Harrigan & Barbara B. Smuts. «The human community as a primate society», *Current Anthropology* 32 (1991): 221-254.

Romero, Teresa, Miho Nagasawa, Kazutaka Mogi, Toshikazu Hasegawa & Takefumi Kikusui. «Oxytocin promotes social bonding in dogs», *PNAS* 111 (2014): 9085-9090.

Rosen, Raymond C., & Gloria A. Bachmann. «Sexual well-being, happiness, and satisfaction, in women: the case for a new conceptual paradigm», *Journal of Sex & Marital Therapy* 34 (2008): 291-297.

Roth, Philip. *Portnoys Beschwerden [Portnoy's complaint, 1969].* Übers. Werner Schmitz. Reinbek bei Hamburg: Rowohlt, 2011.

Roth, Philip. *Der menschliche Makel [The human stain, 2000].* Übers. Dirk van Gunsteren. München/Wien: Hanser, 2002.

Ryan, Christopher, & Cacilda Jethá. *Sex at dawn: the prehistoric origins of modern sexuality.* New York: Harper, 2010.

Salmon, Catherine, & Donald Symons. «Slash fiction and human mating psychology», *Journal of Sex Research* 41 (2004): 94–100.

Sartre, Jean-Paul. *Das Spiel ist aus [Les jeux sont faits, 1947].* Übers. Alfred Dürr. Reinbek bei Hamburg: Rowohlt, 2013.

Scheele, Dirk, Nadine Striepens, Onur Güntürkün, Sandra Deutschländer, Wolfgang Maier, Keith M. Kendrick & René Hurlemann. «Oxytocin modulates social distance between males and females», *The Journal of Neuroscience* 32 (2012): 16074–16079.

Schmidt, Gunter, Silja Matthiesen, Arne Dekker & Kurt Starke. *Spätmoderne Beziehungswelten. Report über Partnerschaft und Sexualität in drei Generationen.* Wiesbaden: VS Verlag für Sozialwissenschaften, 2006.

Schnitzler, Arthur. *Traumnovelle [1925].* Frankfurt am Main: Fischer TB, 1992.

Schopenhauer, Arthur. *Die Welt als Wille und Vorstellung II.* 3. verb. Aufl. [1859]. Werke in fünf Bänden. Hrsg. von Ludger Lütkehaus. Bd. 2. Frankfurt am Main: Haffmans Verlag bei Zweitausendeins, 2006.

Schützwohl, Achim, & Stephanie Koch. «Sex differences in jealousy: the recall of cues to sexual and emotional infidelity in personally more and less threatening context conditions», *Evolution and Human Behavior* 25 (2004): 249–257.

Schützwohl, Achim, Amrei Fuchs, William F. McKibbin & Todd K. Shackelford. «How willing are you to accept sexual requests from slightly unattractive to exceptionally attractive imagined requestors?» *Human Nature* 20 (2009): 282–293.

Schwarz, Sascha. «Physische Attraktivität». In Lange & Schwarz (Hrsg.) (2015): 141–149.

Schwarzer, Alice. *Der ‹kleine Unterschied› und seine großen Folgen. Frauen über sich; Beginn einer Befreiung.* Frankfurt am Main: S. Fischer, 1975.

Science. «Special section: The evolution of sex», *Science* 281 (1998): 1979–2008.

Science. «Special issue: Human conflict», *Science* 336 (18 May 2012).

Seidl, Claudius. «Pornographie: Nichts als nackte Wahrheit», *Frankfurter Allgemeine Sonntagszeitung,* 26. Juli 2015. http: //www.faz.net/aktuell/wissen/die-zukunft-des-sex/ein-plaedoyer-fuer-die-pornographie-nichts-als-nackte-wahrheit-13709622.html

Shackelford, Todd K., Nicholas Pound & Aaron T. Goetz. «Psychological and physiological adaptations to sperm competition in humans», *Review of General Psychology* 9 (2005): 228–248.

Shapiro, Lawrence E., & Donald A. Dewsbury. «Differences in affiliative behavior, pair bonding, and vaginal cytology in two species of vole (*Microtus ochrogaster* and *M. montanus*)», *Journal of Comparative Psychology* 104 (1990): 268–274.

Short, R. V. «Sexual selection and its component parts, somatic and genital selection, as illustrated by man and the great apes», *Advances in the Study of Behavior* 9 (1979): 131-158.

Short, R. V. «The origins of human sexuality». In C. R. Austin & R. V. Short (eds.). *Reproduction in mammals*. Book 8: *Human sexuality*. Cambridge: Cambridge UP, 1980, S. 1-33.

Shostak, Marjorie. *Nisa erzählt. Das Leben einer Nomadenfrau in Afrika [Nisa, the life and words of a !Kung woman, 1981]*. Übers. Manfred Ohl & Hans Sartorius. Reinbek bei Hamburg: Rowohlt, 2001.

Sigg, H., A. Stolba, J.-J. Abegglen & V. Dasser. «Life history of hamadryas baboons: physical development, infant mortality, reproductive parameters and family relationships», *Primates* 23 (1982): 473-487.

Simmons, Leigh W., Renée C. Firman, Gillian Rhodes & Marianne Peters. «Human sperm competition: testis size, sperm production and rates of extrapair copulations», *Animal Behaviour* 68 (2004): 297-302.

Singh, Devendra, Walter Meyer, Robert J. Zambarano & David Farley Hurlbert. «Frequency and timing of coital orgasm in women desirous of becoming pregnant», *Archives of Sexual Behavior* 27 (1998): 15 29.

Sommer, Volker. *Wider die Natur? Homosexualität und Evolution*. München: Beck, 1990.

Sprecher, Susan. «Sexual satisfaction in premarital relationships: associations with satisfaction, love, commitment, and stability», *The Journal of Sex Research* 39 (2002): 190-196.

Stanford, Craig B. «The ape's gift: meat-eating, meat-sharing, and human evolution». In de Waal (ed.) (2001): 95-117.

Stevenson, Richard J., Trevor I. Case & Megan J. Oaten. «Effect of self-reported sexual arousal on responses to sex-related and non-sex-related disgust cues», *Archives of Sexual Behavior* 40 (2011): 79-85.

Stumpf, R. M., & Christophe Boesch. «Does promiscuous mating preclude female choice? Female sexual strategies in chimpanzees (*Pan troglodytes verus*) of the Taï National Park, Côte d'Ivoire», *Behavioral Ecology and Sociobiology* 57 (2005): 511-524.

Süskind, Patrick. *Das Parfum. Die Geschichte eines Mörders*. Zürich: Diogenes, 1985.

Swedell, Larissa, & Thomas Plummer. «A papionin multilevel society as a model for hominin social evolution», *International Journal of Primatology* 33 (2012): 1165-1193.

Symons, Donald. *The evolution of human sexuality*. Oxford: Oxford UP, 1979.

Symons, Donald. «Précis of *The evolution of human sexuality*», *Behavioral and Brain Sciences* 3 (1980): 171-181.

Symons, Donald. «Beauty is in the adaptations of the beholder: the evolutionary psychology of human female sexual attractiveness«. In Abramson & Pinkerton (eds.) (1995): 80–118.

Tausendundeine Nacht. Nach der ältesten arabischen Handschrift in der Ausgabe von Muhsin Mahdi. Übers. Claudia Ott. München: Beck, 2004.

Thornhill, Randy, & Craig T. Palmer. *A natural history of rape: biological bases of sexual coercion.* Cambridge, MA: MIT Press, 2000.

Thornhill, Randy, & Steven W. Gangestad. «Do women have evolved adaptation for extra-pair copulation?» In Voland & Grammer (2003): 341–368.

Thornhill, Randy, & Steven W. Gangestad. *The evolutionary biology of human female sexuality.* Oxford: Oxford UP, 2008.

Tidwell, Natasha D., Paul W. Eastwick & Eli J. Finkel. «Perceived, not actual, similarity predicts initial attraction in a live romantic context: evidence from the speed-dating paradigm», *Personal Relationships* 20 (2013): 199–215.

Tolstoi, Lew. *Anna Karenina. Roman in acht Teilen [1875–77].* Übers. Rosemarie Tietze. München: Carl Hanser, 2009.

Tolstoi, Lew. *Die Kreutzersonate [1890].* Übers. Arthur Luther. Frankfurt am Main: Insel, 1984.

Tomasello, Michael. *Warum wir kooperieren [Why we cooperate, 2009].* Berlin: Suhrkamp, 2010.

Tomasello, Michael, Brian Hare, Hagen Lehmann & Josep Call. «Reliance on head versus eyes in the gaze following of great apes and human infants: the cooperative eye hypothesis», *Journal of Human Evolution* 52 (2007): 314–320.

Trivers, Robert L. «Parental investment and sexual selection». In Bernard Campbell (ed.). *Sexual selection and the descent of man 1871–1971.* Chicago: Aldine Publishing Co., 1972, S. 136–179.

Troisi, Alfonso, & Monica Carosi. «Female orgasm rate increases with male dominance in Japanese macaques», *Animal Behaviour* 56 (1998): 1261–1266.

Trotzki, Leo. «Die Kunst der Revolution und die sozialistische Kunst [1924]». In *Literatur und Revolution.* Übers. Eugen Schäfer & Hans von Riesen. Essen: Arbeiterpresse-Verlag, 1994, S. 226–252.

Van den Berghe, Pierre L. *Human family systems: an evolutionary view.* New York: Elsevier, 1979.

Van Schaik, Carel P., & Judith M. Burkart. «Mind the gap: cooperative breeding and the evolution of our unique features». In Kappeler & Silk (eds.) (2010): 477–496.

Vance, Ellen Belle, & Nathaniel N. Wagner. «Written descriptions of orgasm: a study of sex differences», *Archives of Sexual Behavior* 5 (1976): 87–98.

Vasey, Paul L. «Homosexual behavior in primates: a review of evidence and theory», *International Journal of Primatology* 16 (1995): 173–204.

Veale, David, Sarah Miles, Sally Bramley, Gordon Muir & John Hodsoll. «Am I normal? A systematic review and construction of nomograms for flaccid and erect penis length and circumference in up to 15 521 men», *BJU International* 115 (2015): 978–986.

Vilar, Esther. *Der dressierte Mann [1971]. Das polygame Geschlecht. Das Ende der Dressur.* Neuausgabe in einem Band. München: dtv, 1987.

Voland, Eckart. *Soziobiologie. Die Evolution von Kooperation und Konkurrenz.* 4. Aufl. Berlin/Heidelberg: Springer, 2013.

Voland, Eckart, & Renate Voland. *Evolution des Gewissens. Strategien zwischen Egoismus und Gehorsam.* Stuttgart: Hirzel, 2014.

Voland, Eckart, & Karl Grammer (eds.). *Evolutionary aesthetics.* Berlin/Heidelberg: Springer, 2003.

Von Holst, Dietrich. «Liebe bei Tupajas. Warum sind die Weibchen bei der Partnerwahl so wählerisch?» *Biologie in unserer Zeit* 39 (2009): 399–408.

Waldinger, Marcel D., et al. «A mulitnational population survey of intravaginal ejaculation latency time», *The Journal of Sexual Medicine* 2 (2005): 492–497.

Walker, Robert S., Mark V. Flinn & Kim R. Hill «Evolutionary history of partible paternity in Lowland South America», *PNAS* 107 (2010): 19195–19200.

Walter, Henrik. «Liebe und Lust. Ein intimes Verhältnis und seine neurobiologischen Grundlagen». In Wolfgang Buschlinger & Christoph Lütge (Hrsg.). *Kaltblütig. Philosophie von einem rationalen Standpunkt. Festschrift für Gerhard Vollmer zum 60. Geburtstag.* Stuttgart: Hirzel, 2003, S. 333–390.

Wedekind, Claus. «Body odours and body odour preferences in humans». In R. I. M. Dunbar & Louise Barrett (eds.). *Oxford handbook of evolutionary psychology.* Oxford: Oxford UP, 2007, S. 315–320.

Wellings, Kaye, Julia Field, Anne Johnson & Jane Wadsworth. *Sexual behaviour in Britain: the national survey of sexual attitudes and lifestyles.* London: Penguin, 1994.

Wetz, Franz Josef. «Lust am Exzess». In Helmut Fink & Rainer Rosenzweig (Hrsg.). *Das Tier im Menschen.* Münster: mentis, 2013, S. 127–142.

Whissell, Cynthia. «Mate selection in popular women's fiction», *Human Nature* 7 (1996): 427–447.

Wickler, Wolfgang. «Ursprung und biologische Deutung des Genitalpräsentierens männlicher Primaten», *Zeitschrift für Tierpsychologie* 23 (1966): 422–437.

Wiessner, Polly. «Hunting, healing, and *hxaro* exchange: a long-term perspective on !Kung (Ju/'hoansi) large-game hunting», *Evolution and Human Behavior* 23 (2002): 407–436.

Williams, George C. *Sex and evolution.* Princeton: Princeton UP, 1975.

Williams, Tennessee. *Endstation Sehnsucht [A streetcar named desire, 1947].* Frankfurt am Main: Fischer, 2014.

Wilson, Edward O. *On human nature.* Cambridge, MA: Harvard UP, 1978 (deutsche Ausg.: *Biologie als Schicksal*, 1980).

Wilson, Glenn D. «Gender differences in sexual fantasy: an evolutionary analysis», *Personality and Individual Differences* 22 (1997): 27–31.

Wilson, Glenn D., Jon M. Cousins & Bernhard Fink. «The CQ as a predictor of speed-date outcomes», *Sexual and Relationship Therapy* 21 (2006): 163–169.

Wlodarski, Rafael, & Robin I. M. Dunbar. «Examining the possible functions of kissing in romantic relationships», *Archives of Sexual Behaviour* 42 (2013): 1415–1423.

Wohlrab, Silke, Bernhard Fink, Peter M. Kappeler & Gayle Brewer. «Perception of human body modification», *Personality and Individual Differences* 46 (2009): 202–206.

Wrangham, Richard W. «The evolution of sexuality in chimpanzees and bonobos», *Human Nature* 4 (1993): 47–79.

Wroblewski, Emily E., Carson M. Murray, Brandon F. Keele, Joann C. Schumacher-Stankey, Beatrice H. Hahn & Anne E. Pusey. «Male dominance rank and reproductive success in chimpanzees, *Pan troglodytes schweinfurthii*», *Animal Behaviour* 77 (2009): 873–885.

Wuketits, Franz M. *Zivilisation in der Sackgasse. Plädoyer für eine artgerechte Menschenhaltung.* Murnau: Mankau Verlag, 2012.

Yoo, Hana, Suzanne Bartle-Haring, Randal D. Day & Rashmi Gangamma. «Couple communication, emotional and sexual intimacy, and relationship satisfaction», *Journal of Sex & Marital Therapy* 40 (2014): 275–293.

Young, Andrew J., Anne A. Carlson, Steven L. Monfort, Andrew F. Russell, Nigel C. Bennett & Tim Clutton-Brock. «Stress and the suppression of subordinate reproduction in cooperatively breeding meerkats», *PNAS* 103 (2006): 12005–12010.

Younger, Jarred, Arthur Aron, Sara Parke, Neil Chatterjee & Sean Mackey. «Viewing pictures of a romantic partner reduces experimental pain: involvement of neural reward systems», *PLoS ONE* 5 (10) (2010): e13309.

Zahavi, Amotz. «Mate selection – a selection for a handicap», *Journal of Theoretical Biology* 53 (1975): 205–214.

Zeh, Jeanne A., & David W. Zeh. «The evolution of polyandry I: intragenomic conflict and genetic incompatibility», *Proc. R. Soc. Lond. B* 263 (1996): 1711–1717.

Zeh, Jeanne A., & David W. Zeh. «The evolution of polyandry II: post-copulatory defenses against genetic incompatibility», *Proc. R. Soc. Lond. B* 264 (1997): 69–75.

Zentner, Marcel, & Klaudia Mitura. «Stepping out of the caveman's shadow: nations' gender gap predicts degree of sex differentiation in mate preferences», *Psychological Science* 23 (2012): 1176–1185.

Zerjal, Tatiana, et al. «The genetic legacy of the Mongols», *The American Journal of Human Genetics* 72 (2003): 717–721.